产业变动、组织变革与资源集聚
应用型院校专业重构研究

INDUSTRIAL CHANGES ORGANIZATIONAL TRANSFORMATION
AND RESOURCE AGGREGATION:

Research on Specialty Restructuring of
Application-Oriented Universities

张振林 著

社会科学文献出版社
SOCIAL SCIENCES ACADEMIC PRESS (CHINA)

　　本书是 2022 年湖北省社会科学基金一般项目（后期资助）"地方应用型本科高校面向区域产业的专业重构研究"（项目批准号：HBSK2022YB579）、中国高等教育学会院校研究分会"院校研究与高等教育质量提升"研究课题（项目批准号：2021ZSYXYJYB01）的研究成果

目　录

第一章　绪论 …………………………………………………… 001

第一节　问题的提出 …………………………………………… 001

第二节　研究意义 ……………………………………………… 007

第三节　概念界定 ……………………………………………… 009

第四节　文献综述 ……………………………………………… 016

第五节　研究设计 ……………………………………………… 039

第二章　理论基础与分析框架 ………………………………… 048

第一节　理论基础 ……………………………………………… 048

第二节　分析框架 ……………………………………………… 055

第三节　专业重构模式的划分 ………………………………… 072

小　结 …………………………………………………………… 073

第三章　专业重构的高校驱动模式 …………………………… 076

第一节　环境分析：A 学院变革前的内外部环境 …………… 077

第二节　行动策略：组织变革及其过程 ……………………… 083

第三节　专业实现重构的"解释"：差异化竞争战略与资源集聚 … 095

小　结 …………………………………………………………… 115

第四章　专业重构的政府驱动模式 …………………………… 118

第一节　环境分析：B 学院变革前的内外部环境 …………… 119

第二节　行动策略：组织变革及其过程 ……………………… 124

第三节 专业实现重构的"解释"：异地产业园区办学

与资源集聚 …………………………………………… 135

小 结 ………………………………………………………… 157

第五章 专业重构的企业驱动模式 …………………………… 160

第一节 环境分析：C 学院变革前的内外部环境 ………… 161

第二节 行动策略：组织变革及其过程 …………………… 165

第三节 专业实现重构的"解释"："引企入教"与资源集聚 …… 178

小 结 ………………………………………………………… 198

第六章 案例比较：专业重构的共性和个性 ………………… 202

第一节 共生性依赖是专业重构的发生逻辑 ……………… 202

第二节 组织变革是专业重构的行动策略 ………………… 211

第三节 具有跨界能力的学术骨干是专业重构的重要执行者 215

第四节 产业基础和专业基础是专业重构驱动模式差异的根源 …… 220

小 结 ………………………………………………………… 226

第七章 研究结论与展望 ……………………………………… 228

第一节 主要结论 …………………………………………… 228

第二节 创新与不足 ………………………………………… 231

第三节 研究展望 …………………………………………… 235

参考文献 ……………………………………………………… 237

附录一 访谈提纲 …………………………………………… 252

附录二 本书收集到的资料及访谈基本情况 ……………… 255

后 记 ………………………………………………………… 260

图目录

图 1 – 1　影响专业重构的内外部因素及高校组织行动策略的基本框架
　　　　　…………………………………………………………… 017

图 1 – 2　区域产业变动时高校探索路径的逻辑结构 ……………… 029

图 1 – 3　本书结构框架 ……………………………………………… 047

图 2 – 1　地方高校转型发展组织控制策略 ………………………… 052

图 2 – 2　基于资源维度的专业重构示意 …………………………… 065

图 2 – 3　基于组织变革维度的专业重构示意 ……………………… 071

图 2 – 4　"环境变化—组织变革—资源集聚"的专业重构分析框架 … 072

图 2 – 5　地方应用型本科高校专业重构驱动模式划分 …………… 073

图 3 – 1　车辆工程（新能源汽车方向）专业主干课程示意………… 102

图 3 – 2　车辆工程（新能源汽车方向）实践教学与支撑体系示意 … 109

图 3 – 3　A 学院车辆工程专业面向区域汽车产业的专业重构过程
　　　　　与效果 ………………………………………………………… 115

图 4 – 1　B 学院宜兴工程学院环境工程专业课体系 ……………… 148

图 4 – 2　B 学院环境工程专业发挥专业优势面向行业的
　　　　　专业重构过程与效果 ……………………………………… 158

图 5 – 1　以企业为主导构建的"双院制"模式 …………………… 174

图 5 – 2　C 学院数字媒体艺术专业人才培养方案设计过程 ……… 187

图 5 – 3　C 学院数字媒体艺术专业面向区域承接数字产业的
　　　　　专业重构过程与效果 ……………………………………… 199

图 6 – 1　产业基础与专业基础象限 ………………………………… 221

表目录

表 2－1　资源依赖理论的基本假设 …………………………………… 049

表 2－2　三螺旋理论的核心要点 ……………………………………… 054

表 2－3　地方应用型本科高校专业重构所需要的资源分类 ………… 057

表 2－4　不同主体提供专业重构所需的主要资源类型 ……………… 064

表 3－1　A 学院专业设置一览（2008～2017 年） ………………… 087

表 3－2　A 学院二级学院组织结构变迁一览（2009～2017 年） …… 092

表 3－3　A 学院科研平台调整一览（2008～2018 年） …………… 094

表 3－4　A 学院车辆工程（新能源汽车方向）专业基础课程体系 …… 102

表 3－5　A 学院车辆工程专业引进教师情况一览（2007～2019 年）

　　　　………………………………………………………………… 103

表 4－1　B 学院环境科学与工程类专业开办情况一览 ……………… 126

表 4－2　B 学院教学单位一览 ………………………………………… 130

表 4－3　B 学院环境工程专业专业课程与毕业能力要求的对应关系矩阵

　　　　………………………………………………………………… 146

表 4－4　B 学院校友 DKJ《含盐工业废水处理技术及前景》讲座内容

　　　　………………………………………………………………… 150

表 4－5　B 学院环境工程专业主要实践教学环节开展情况 ………… 152

表 4－6　B 学院环境工程专业 2015～2017 届毕业生社会需求与培养

　　　　质量评估 ………………………………………………………… 156

表 5－1　C 学院校企合作共建行业学院一览 ………………………… 173

表 5－2　C 学院产教融合与创新创业中心职能 …………………… 175

表 5－3　C 学院数字媒体艺术专业主要课程一览 ………………… 179

表 5 - 4　C 学院数字媒体艺术专业课程置换情况 ……………………… 184

表 5 - 5　C 学院数字媒体艺术专业面向就业岗位单元和岗位需要的

　　　　　能力单元的课程设计一览 ……………………………………… 188

表 5 - 6　C 学院数字媒体艺术专业学生 2019 年到凤凰教育及其

　　　　　关联企业实习情况 …………………………………………… 195

表 5 - 7　C 学院数字媒体艺术专业重构前后变化情况 ………………… 196

表 6 - 1　高校驱动的专业重构模式中专业获得资源的类别 ………… 222

表 6 - 2　政府驱动的专业重构模式中专业获得资源的类别 ………… 223

表 6 - 3　企业驱动的专业重构模式中专业获得资源的类别 …………… 224

第一章 绪 论

第一节 问题的提出

一 研究背景

2021 年 3 月 25 日，习近平总书记在闽江学院考察，强调地方应用型本科高校要把立德树人作为根本任务，坚持应用技术型办学方向，适应社会需要设置专业、打好基础，培养德智体美劳全面发展的社会主义建设者和接班人。① 习近平总书记的重要讲话指明了应用型本科高校的办学方向，给应用型本科高校广大师生员工和办学利益相关者以巨大的鼓舞，应用型本科高校迎来了最好的发展机遇。应用型本科高校要贯彻落实习近平总书记"不求最大，但求最优，但求最适应社会需要"的办学思想，坚持立德树人，扎根中国大地，融入所在城市，服务区域发展，在新的起点上再出发再发展。② 本书聚焦于地方应用型本科高校高质量发展过程中的专业重构问题，问题来源于实践，主要有以下四个方面。

第一，宏观环境上，地方应用型本科高校进入"专业为王"的时代。较早和长期研究地方应用型本科高校转型发展的顾永安断言，对应用型本科高校而言，这是一个"专业为王"的时代，其标志是"四个一"：专业建设有统一的标准，即教育部组织专家研制并颁布的《普通高等学校本科

---

① 闽江学院：《习近平总书记来校考察调研》，https://www.mju.edu.cn/2021/0326/c4077a106996/page.htm。

② 顾永安：《新起点上应用型本科如何再出发再发展》，《职业技术教育》2021 年第 9 期。

专业类教学质量国家标准》；有一个基于高等教育质量评价的体系，如对接《华盛顿协议》的工程教育认证体系和我国本土的师范类专业认证体系；有一项制度，即专业综合评估制度，通过星级排名推动专业人才培养和特色发展；有一个行动，以新工科、新商科、新医科、新文科"四新"为代表适应新业态，运用新理念，建设新学科专业的战略行为。[①]

当前，"专业为王"还有以下两个重要的观察点。一是教育部实施的专业建设"双万计划"。该计划以建设面向未来、适应需求、引领发展、理念先进、保障有力的一流专业为目标，旨在建设一万个国家级一流本科专业点和一万个省级一流本科专业点。[②] 政府的教育政策会引起高校对专业建设的重视，引发社会对"一流专业"和优质专业的青睐，从而推动专业建设与改革。二是高校招生制度改革。部分改革省份改变"院校 + 专业"招生模式，实施"专业（类）+ 院校"新模式。这意味着专业更加受考生、家长和社会关注，以专业为主导的录取方式也将倒逼高校专业改革。

面对"专业为王"的时代，应用型本科高校"双一流"建设"常熟共识"倡议：在理念上，应用型本科院校要牢固确立"专业为王"的战略地位，树立专业集群战略思维，加强专业内涵建设；在行动上，要实施校院一把手领航专业工程以及专业负责人能力提升工程，统筹好专业认证、专业评估等举措，科学系统化、整体高效地推进专业建设。[③] 由此可见，对地方应用型本科高校而言，专业建设和改革是值得关注的重要议题。

第二，政策导向上，强调地方应用型本科高校专业对接产业。随着地方本科高校转型发展的深入推进，教育主管部门关于专业建设与改革的主要政策导向表现为：专业对接产业，专业链对接产业链和创新链，专业聚焦区域产业转型升级，专业要以校企合作产教融合为动力，形成专业集群。也就是说，区域产业和地方高校专业的关系是重要的主题。

教育部等三部委发布的关于地方本科高校向应用型转型发展的文件是

---

① 顾永安：《"专业为王"时代：高校如何应对》，《教育发展研究》2018 年第 19 期。

② 李依环：《教育部：将实施一流专业建设"双万计划"》，http://www.moe.gov.cn/jyb_xwfb/xw_fbh/moe_2069/xwfbh_2018n/xwfb_20180622/mtbd/201806/t20180625_340918.html。

③ 顾永安：《应用型本科院校"双一流"建设"常熟共识"》，《重庆高教研究》2019 年第 1 期。

应用型本科高校建设的纲领性文件，该文件明确了转型目的之一是服务地方，使一批高校成为有区域影响力的"两中心一基地"（先进技术转移中心、科技服务中心和技术创新基地）；为了融入区域经济社会发展，转型的途径之一是做到"三个对接"，即与区域创新要素资源对接，与区域产业集群创新发展对接，与行业企业人才培养和技术创新需求对接。在专业设置上，要围绕区域产业链、创新链进行调整，形成专业集群。[①]

《国务院办公厅关于深化产教融合的若干意见》（国办发〔2017〕95号）是指导地方本科高校转型发展的又一个重要文件，该文件贯彻了习近平总书记关于供给侧结构性改革的重要论述，文件强调，为了推进人力资源供给侧结构性改革，迫切需要深化产教融合，促进"四链"即教育链、人才链、产业链、创新链融合发展。从高校角度讲，要"推动学科专业建设与产业转型升级相适应。建立紧密对接产业链、创新链的学科专业体系"[②]。对于地方本科高校而言，要紧密围绕区域产业发展需求，加强实践教学，不断提升应用型人才培养能力和水平。

《"新工科"建设复旦共识》和《新工科建设指南（"北京指南"）》提出，"地方高校要对区域经济发展和产业转型升级发挥支撑作用"。《"新工科"建设行动路线（"天大行动"）》提出，"问产业需求建专业"。总之，在国家的政策导向上，地方应用型高校专业链要对接产业链、创新链，促进区域经济发展和产业转型升级。

教育部与工业和信息化部为贯彻国家战略，落实《国务院办公厅关于深化产教融合的若干意见》，制定了《现代产业学院建设指南（试行）》，提出坚持育人为本、产业为要、产教融合、创新发展的四大原则，从七个方面引导高校包括地方应用型本科高校推进现代产业学院建设。[③] 吉林、江西、广西、江苏等省区制定了现代产业学院建设实施办法，推进高校专业紧密对接产业链、创新链，深化产教融合、科教融合，建立高效协同的

---

① 《教育部　国家发展改革委　财政部关于引导部分地方普通本科高校向应用型转变的指导意见》，http://www.moe.gov.cn/srcsite/A03/moe_1892/moe_630/201511/t20151113_218942.html。

② 《国务院办公厅关于深化产教融合的若干意见》，http://www.gov.cn/zhengce/content/2017-12/19/content_5248564.htm。

③ 《教育部办公厅　工业和信息化部办公厅关于印发〈现代产业学院建设指南（试行）〉的通知》，http://www.moe.gov.cn/srcsite/A08/s7056/202008/t20200820_479133.html。

多元主体共建共管共享运行机制，提高人才培养能力。

第三，发展动力上，专业建设和改革涉及聚集资源问题。2016 年 3 月 10 日，时任教育部部长的袁贵仁在十二届全国人大四次会议记者会上就地方本科高校转型发展回答记者提问时指出：

> 转型的关键是调整专业设置，因为设置专业，可能有的学校专业贵的设得少，要花钱，包括工科、理科，相对文科成本就比较低，这个结构就是和国家的经济结构、产业结构不尽匹配，所以转型的首要内容就是要调整专业设置。①

这段话表明，专业建设要花钱，地方高校在升本之初，特别是大众化阶段，可能因为资源匮乏，设置了一些办学成本较低的专业，从而间接造成结构性矛盾。有研究也证实，在高等教育大众化阶段，地方高校因为经费来源渠道少、收入有限，出于办学成本的考虑，更多地选择低成本的人文社科专业来满足规模扩张需求。② 总之，专业建设与改革需要包括资金在内的资源支持。

既然专业建设面临资源约束，就需寻找资源、汇聚资源。合肥学院副院长陈啸曾经表示，应用型高校应当以专业建设为抓手，统筹人力、物力以及其他资源。比如，通过抓专业建设，就抓住了人才调配、资源调配这个关键，也能把握好人才培养的规格、提升人才培养质量这个核心。因此，不管是校内资源，还是校外资源，不管是政府资源，还是社会资源，一定要满足专业发展的需要，以便更好地服务于学生的培养，这是合肥学院统筹各种资源配置的准则。《中国教育报》评论员认为，因为应用技术类学生是否符合社会需要，主要是由其专业决定的，所以，围绕专业配置资源，是应用型高校建设的必然要求。③

第四，实践形态上，专业建设和改革呈现多元化发展趋势。从办学实

---

① 夏可欣：《袁贵仁：高校转型首先是调整专业设置》，http://news.cnr.cn/native/gd/201603 10/t20160310_521581020.shtml。
② 罗丹：《规模扩张以来高校专业结构变化研究》，广东高等教育出版社，2010。
③ 周飞、储召生、俞路石、俞水：《一所地方高校的转型突围——合肥学院十年建设应用型大学之路》，《中国教育报》2014 年 4 月 16 日，第 1 版。

践和文献来看，区域产业发展水平不同，专业建设和改革形态不同。

其一，在经济发达的省份，高校往往建立产业学院和行业学院。比如上海、广东、江苏、浙江等地的地方应用型高校，如上海应用技术大学、东莞理工学院、常熟理工学院、浙江万里学院等纷纷建立了产业学院、行业学院。以常熟理工学院为例，该校采取行业学院发展模式，建成阿特斯光伏科技学院、纺织服装工程学院、康力电梯学院、汽车工程学院等行业学院。时任常熟理工学院党委副书记、副院长的朱林生解释了行业学院办学模式的优点，主要有以下两点。一是相比单纯的校企合作，行业学院因为面向行业培养应用型人才，可以较为迅速地满足行业企业的多样化需求，稳定性强。二是通过校企合作办行业学院，久而久之，课程体系、实践教学场所、企业里的师资等会因为校企双方的合作共赢变成学校的"自有资源"。① 正如黄达人教授在考察该校时指出的，"常熟理工学院是一所没有行业背景却把行业学院做的相当好的地方高校"②。

其二，在经济不发达的中西部地区，专业建设往往采取"引企入教"的形式。比如甘肃陇东学院与达内时代科技集团有限公司共建信息与计算科学、网络工程、公共事业管理专业，与昆山杰普软件科技有限公司共建电子信息工程专业，借鉴企业先进的运营模式和最新的生产技术，改造课程、人才培养流程和实习实训方式，把传统专业升级改造为"四新"专业。③ 贵州工程应用技术学院 2014 年开始与大唐移动通信设备有限公司合作，共建计算机科学与技术专业（移动通信 3G/4G 方向），合作按照专业对接行业的人才培养思路，瞄准通信与网络技术工程师、无线网络优化工程师、无线网络维护工程师、无线室内分布优化工程师等职业岗位培养人才，采取合作双方共建实验室、共制培养方案、共同培养学生、共同安排实习实训、共同安排就业的"5C"模式。④ 上述两所高校，采取的是"引企入教"战略，与企业合作共建专业或学院。

---

① 苏雁、许学建：《常熟理工学院：让人才培养契合社会需求》，《光明日报》2013 年 12 月 21 日，第 4 版。

② 黄达人等：《大学的转型》，商务印书馆，2015，第 3 页。

③ 辛刚国：《陇东学院："九大行动"组合拳振兴本科教育》，《中国教育报》2020 年 7 月 28 日，第 3 版。

④ 贵州工程应用技术学院：《国家教育行政学院第 8 期地方高校转型发展专题研讨班产教融合案例集》，第 84～89 页。

其三，中部地区部分高校以差异化竞争战略建设专业，如皖西学院。2014 年，皖西学院启动了"专业特区"建设，所谓的"专业特区"是在本科专业中遴选产学研基础良好、教学改革成效明显的专业，给予特殊政策，如增加招生计划、增加教育科研课题申报数、自主制订人才培养方案、自主评聘教师、自主使用经费等进行重点建设，目的在于鼓励教学学院在专业建设中，大胆改革和创新，促进该专业建成"高水平"，并辐射带动其他专业建设。① 这种建设专业的策略，实际上是高校组织内部对资源进行二次分配，促进优势专业发展，以服务区域产业。

二 研究问题

地方性、应用型和教学型是地方应用型本科教育的根本特点，② 地方性意味着地方应用型本科高校的人才培养以服务地方为主，专业设置与建设也是面向地方，以服务地方为主③。换言之，地方应用型本科高校面向区域经济与产业格局设置应用型专业，对传统专业进行改造和优化，④ 朝着建设专业集群方向发展。但区域产业是动态变化的，在逻辑上，区域产业变，地方高校的专业建设也要跟着改变。由此，产业和专业的关系成为地方应用型本科高校组织识别、分析、研究和进行组织变革的基础。

基于专业建设实践中产生的问题，结合文献研究结果，本书研究的核心问题是：基于自身实际，面对区域产业变化，地方应用型本科高校原有专业如何适应"专业对接产业"的要求，进行重构？其过程如何？内在逻

---

① 张跃志：《以"三个特区"为抓手推进学校转型发展——皖西学院近年来改革发展实践探索》，《中国教育报》2017 年 7 月 27 日，第 4 版。

② 参见潘懋元《什么是应用型本科？》，《高教探索》2010 年第 1 期；董立平《地方高校转型发展与建设应用技术大学》，《教育研究》2014 年第 8 期；吴仁华《论应用技术大学专业建设的基本特征》，《高等工程教育研究》2016 年第 4 期；钟秉林、王新凤《我国地方普通本科院校转型发展若干热点问题辨析》，《教育研究》2016 年第 4 期；郭建如《地方本科高校转型发展中的核心问题探析》，《黄河科技大学学报》2017 年第 1 期；陈小虎、黄洋、冯年华《应用型本科的基本问题、内涵与定义》，《金陵科技学院学报》（社会科学版）2018 年第 4 期；刘献君《应用型人才培养的观念与路径》，《中国高教研究》2018 年第 10 期；戚务念《应用性追求：中国高等教育人才培养的长时段历史考察》，《重庆高教研究》2021 年第 1 期。

③ 潘懋元：《什么是应用型本科？》，《高教探索》2010 年第 1 期。

④ 徐立清、钱国英、马建荣：《地方本科院校转型发展中的专业综合改革探索与实践》，《中国高教研究》2014 年第 12 期。

辑是什么？以期为地方应用型本科高校"面向产业建专业"提供可以参考的实践路径。这一研究包含以下五个具体问题。

（1）地方应用型本科高校为何开展专业重构？

（2）专业重构的内外部机制是什么？

（3）地方应用型本科高校如何进行专业重构？

（4）不同学校的专业重构存在差异的原因是什么？

（5）地方应用型本科高校在实施专业重构过程中遇到哪些问题，如何解决？

第二节　研究意义

一　理论意义

第一，本书构建了一个理论框架，用于解释当前地方应用型本科高校进行专业重构的机理。在强调"专业对接产业""专业链对接产业链、创新链"的语境下，地方应用型本科高校专业重构，首先要分析的是区域产业的情况，再反馈到专业建设与改革上来，然而一个重要的问题在于，专业重构并不是自然而然发生的，这种变化必然有一个中间环节，即高校的组织变革。那么，如何解释专业重构发生的机制呢？资源依赖理论为我们提供了一个重要的理论解释视角，即在区域产业变动的外部环境下，基于高校自身基础，要对原有专业进行重构，而重构存在的困难之一是要突破各种资源的约束，解决困难的办法就是通过高校的组织变革，从组织内部和其他组织中获取资源，以成功实现专业重构，由此形成"环境变化—组织变革—资源集聚"的专业重构解释框架，丰富了资源依赖理论在专业建设与改革领域的运用。

第二，本书发展了三螺旋理论。亨利·埃茨科威兹在《三螺旋：大学·产业·政府三元一体的创新战略》中提出了著名的官、产、学三螺旋理论，这个理论用于解释大学，尤其是研究型大学，它们和产业、政府三方在创新过程中的密切合作、相互作用，进而形成持续创新流，共同发展。目前，三螺旋理论主要用来研究创新理论、创业型大学、产学研合作、创新创业教育，而在大学、政府和企业之间如何互动进行学科专业建设方面的研究还存在一定的空白。为了回答"为什么同是地方应用型本科高校，面对区域产业发生变动的外部环境，其专业重构的切入点、过程和方式不一样，其原因何在"这个问题，本书依据资源依赖理论，以大学、政府、企业三个主体提供资源的重要性和多寡，将专业重构划分为高校驱动、政府驱动和企业驱动三种模式，在分析专业重构过程中展示了三个主体互动的过程。

此外，通过深入分析高校、政府和企业三个主体存在的共生性依赖关系，揭示了三个主体为了获得自身发展的资源，促进组织生存和发展，必然进行互动，这种互动不仅是专业重构得以发生的逻辑，也是三螺旋理论在培养产业人才领域的灵活运用和理论发展。

二　实践意义

第一，为地方应用型本科高校"面向产业建专业"提供了可供参考的实践路径。本书将通过对具体案例的研究，揭示值得地方应用型本科高校注意的两个问题，一是要注意地方产业在较长的时间段内是变动不居的，可能会有新产业出现并逐步发展成重要产业、支柱产业甚至是龙头产业的情况，也可能有产业消亡、转移或产业比重在区域经济总量中下降的情况。此外，地方政府的产业政策也会调整，或促进某种产业集群发展，或通过政策限制资源密集型产业、劳动密集型产业发展，而重点发展技术密集型、资本密集型产业。这些变化会对高等教育产生影响，地方应用型本科高校要注意产业的变化对供给侧的影响。二是尽管大多数地方应用型本科高校强调"专业链对接产业链、创新链"，通过专业设置与调整，促进专业集群发展，但是不能忽视高校原有专业面向产业变动的改造，也就是不仅需要注意增量的问题，也要注意存量的问题。

第二，为地方应用型本科高校与政府、企业互动，争取办学资源的方式提供参考方案。一方面，现实情况是：对地方应用型本科高校而言，资金缺乏似乎是一个绕不过去的话题，特别是养老保险制度改革、绩效工资改革实施后，学校人员经费支出占财务支出比例不断提高，甚至达到80%。罗建平和马陆亭的研究显示1993～2011年全国高校人员经费支出年平均增长 22.2%，① 这也就意味着除去人员经费、若干财政专项外，学校发展可以自由支配的资金很少，学科建设、基本建设、教学建设与人才引进等用自筹经费发展的余地非常有限，学校不得不在资源尤其是资金资源受约束的情况下谋求改革和发展，选择什么样的战略以突破资源短缺的困境十分重要。另一方面，本书将揭示政府、高校和企业作为不同类型的组织，是存在资源依赖的。三者之间既存在依赖关系，也存在因依赖产生的合作关系：高校组织需要政府的各种支持政策，需要企业的各种资源；政府组织则需要高校的智力资源、科技资源、人才资源促进经济增长和社会进步；企业组织需要高校培养的人力资源以及科技支持促进企业成长。三者之间由此形成了共生性依赖关系，进而出现类似"三螺旋"的三元互动模式。因此，地方应用型本科高校要通过开放办学战略，从其他组织获取资源，支持自己的建设与发展。

第三节　概念界定

一　应用型本科高校

目前，对应用型本科高校这一核心概念，理论界和实践界众说纷纭，对其内涵和外延的界定，更是仁者见仁、智者见智，莫衷一是。主要观点有以下四种。

一是新型大学观。柳友荣探讨了"新大学"的概念，他认为"新大学"是以面向区域、需求导向、本科为主、依托学科、实施应用型专业教育为基础的新型院校，其前身可以追溯到城市大学，其范围主要是大众化以来的本科高校。② 蔡敬民和余国江认为，应用型本科高校是由新建本科院校转变而来的，其新在五个方面：专业设置上，主动构建适应区域经济发展和人才市场需求的调整、管理与建设机制；培养模式上，变院校主导为产学研深度融合，协同育人；课程体系上，变"学科逻辑体系"为"技

① 罗建平、马陆亭：《我国普通高校经费配置结构与效率分析》，《河北师范大学学报》（教育科学版）2013 年第 7 期。
② 柳友荣：《中国"新大学"：概念、延承与发展》，《教育研究》2012 年第 1 期。

术逻辑体系"；考核评价上，变"卷面考核"为以能力评价为主的多元化评价、综合性评价；师资队伍上，重视"双能型"和实验教师建设。① 上述观点借鉴了英国新型大学的观点。②

二是第三种高等教育类型观。对应用型高校的类型的研究主要从认识、实践和方法等层面展开。潘懋元和车如山强调，应用型本科高校既区别于传统的学术型高校，也区别于高等职业技术院校，应用型高校不存在办学层次高低的区分，主要是办学类型的区分。③ 丁建洋认为，在强调地方普通高校转型发展的背景下，建设应用型高校旨在构建一种以知识创造价值为核心特质的理想类型大学。④ 付八军指出，应用型高校体现了应用取向的学术观，是针对高等教育改革与发展的内在需求而定位，属于与学术型不同的教育。⑤

三是升级版的高职院校观。王明伦认为，建设一批应用型本科高校是我国推动现代职业教育发展的重要举措，发展高职本科的路径之一就是地方本科院校转型。⑥ 刘晓和乔飞飞从办学定位、人才培养目标、教师队伍建设、产学研平台建设、学生发展评价等方面，指明了地方应用型本科高校转型的方向，该观点的本质是将地方应用型本科高校视作高职院校的升级版，集高等性与职业性于一体，满足了现代职业教育体系构建与完善的现实诉求。⑦

四是传统高等教育模式的修正。胡天佑提出了与第三种高等教育类型观相反的观点，他认为应用型本科高校并不是一种新兴的大学类型，而是在高等教育应用转型的时代背景和解决当代人才需求困局的情况下，"修

---

① 蔡敬民、余国江：《从"新建本科"向"新型大学"转变》，《中国高等教育》2016 年第 12 期。

② 左建桥：《新型大学建设：多样化的人才培养模式与应对策略》，《大学教育科学》2017 年第 5 期。

③ 潘懋元、车如山：《略论应用型本科院校的定位》，《高等教育研究》2009 年第 5 期，第 35 ~ 38 页。

④ 丁建洋：《应用型大学类型化的逻辑意蕴、建构机理与价值旨趣》，《高校教育管理》2019 年第 4 期。

⑤ 付八军：《学以致用：应用型大学的灵魂》，《教育发展研究》2016 年第 19 期。

⑥ 王明伦：《发展高职本科须解决好三个关键问题》，《职业技术教育》2013 年第 34 期。

⑦ 刘晓、乔飞飞：《发展本科层次职业教育：路径选择与机制保障》，《职教论坛》2015 年第 22 期。

正"传统高等教育尤其是地方本科高校的人才培养模式。[①] 夏建国等认为应用型本科高校是一种兼具高等教育和职业技术教育双重特征的"跨界"教育形态,这种"修正"和"跨界"带来的好处是培养更加符合经济发展需要和社会现实状况的专业应用型人才。[②]

本书采用潘懋元先生的观点,认为应用型本科院校是建在地方,面向区域经济社会,以应用型专业教育为基础,以教学为依托,培养高层次应用型本科人才的院校。

二 区域产业

区域产业是指某一个区域内国民经济各部门各行业的总称。区域产业结构是衡量区域经济发展水平和质量的重要指标,可以比较全面、科学和综合地反映区域经济发展的能力、潜力及方向;区域产业结构是指区域经济中产业之间的内在联系和比例关系。

区域产业结构的分类方法大体上可以概括为以下四种。一是基于社会生产活动历史发展顺序的三个产业分类法,如第一产业、第二产业、第三产业。二是基于生产要素密集程度的产业分类法,可以划分为资源密集型产业、资本密集型产业、劳动密集型产业和技术密集型产业。三是基于社会部门性质的标准产业分类法,联合国工业发展组织在 1971 年颁布了《全部经济活动的国际标准产业分类索引》,在各国政府进行国际的统计比较时使用,我国也据此颁布了《国民经济行业分类》作为国家标准,用于国民经济统计和经济发展运行监测工作。四是区域产业结构功能分类法,主要依据各产业在区域产业系统中的份额、地位和作用以及产业间的关联程度、关联方式,将区域产业划分为:主导产业、辅助产业和基础性产业。其中,主导产业是指在区域经济增长中起组织和带动作用的产业,它的生产规模大,与其他的产业关联性强;辅助产业是围绕主导产业发展并服务于主导产业的协作配套产业或关联产业;基础性产业是指为促进经济

---

① 胡天佑:《建设"应用型大学"的逻辑与问题》,《中国高教研究》2013 年第 5 期。
② 夏建国、张越、史铭之:《技术本科教育:高等教育与职业技术教育的"跨界"生成》,《高等工程教育研究》2013 年第 5 期。

增长、社会发展、群众生活提供公共服务的产业。[①]

在我国地方政府中，一般依据区域产业结构功能分类法来指导产业发展，因此，政府往往从三个方面入手，对区域产业结构进行优化。一是准确的选择、确定和优选发展主导产业。二是协调主导产业与非主导产业的关系。三是积极扶持潜在主导产业，促进区域产业结构及时合理转换。[②]

演化经济地理学将区域产业发展看成一个动态变化的过程，且引入动态分析的概念和理论来解释区域产业发展的过程，[③] 根据演化经济地理学的研究，可以将区域内产业发展分为三种类型，即新产业进入、产业转型升级、产业发展不充分或退出。

三　专业

专业这个概念产生于人类的生产活动。在原始时代，人类为了生存下去，必须从自然界获取食物，这种获取食物的生产活动最早是根据性别来分工的，男性大多从事渔猎活动，女性则从事采集活动。进入农业社会之后，人类社会出现了种植业、养殖业、冶炼业、建筑业等职业，生产活动有了比较复杂的分工。到了工业时代，人类的社会分工更加复杂，出现了更多职业。在这种时代背景下，人们把一些需要专门训练和专门知识的职业称为专业或专门性职业（profession），将这些职业的从业者称为专业人员；把那些不需要专门知识的职业称为普通性职业（vocation、occupation），将这些职业的劳动者称为普通的从业人员。总的来说，专业产生于人类社会劳动分工的需要。

在学界，人们对专业这个概念也进行了一定的探讨，在《中国学术期刊》（网络版）的篇名一栏中输入"专业＋概念"可以搜索到220篇论文。在这些文献中，有学者提出要"从广义、狭义和特指三个层面来理解专业。广义的专业是指某种职业不同于其他职业的一些特定的劳动特点。狭义的专业主要指某些特定的社会职业。这些职业的从业人员从事的是比较

---

①　吴传清主编《区域经济学原理》，武汉大学出版社，2008，第115～120页。
②　吴传清主编《区域经济学原理》，武汉大学出版社，2008，第134～135页。
③　黄利秀：《从新经济地理学到演化经济地理学：区域政策含义及其启示》，《商业研究》2014年第9期。

高级、复杂、专门化程度较高的脑力劳动。一般人所理解的专业是指这类特定的职业。所谓特指的专业，即高等学校中的专业"①。《辞海》《现代汉语词典》等工具书也对专业进行了界定，《辞海》提出专业是："高等学校或中等专业学校根据社会专业分工需要所分成的学业门类。中国高等学校和中等专业学校，根据国家建设需要和学校性质设置各种专业。各专业都有独立的教学计划，以体现本专业的培养目标和规格。"② 《教育大辞典》中，专业指的是高等教育培养学生的各个专门领域。卢晓东和陈孝戴认为，专业是课程的一种组织形式，学生学完专业所包含的全部课程，就可以形成一定的知识与能力结构，获得该专业的毕业证书。③ 冯向东认为，专业处在学科体系与社会职业需求的交叉点上，专业的定义中有两个关键概念：社会需求与学科基础。④

本书中的专业采用《教育大辞典》中的定义，即专业是"中国、苏联等国高等教育培养学生的各个专门领域。大体上相当于《国际教育标准分类》的课程计划或美国高等学校的主修。根据社会职业分工、学科分类、科学技术和文化发展状况及经济建设与社会发展需要划分……高等学校据此制订培养目标、教学计划，进行招生、教学、毕业生分配等工作，为国家培养、输送所需的各种专门人才；学生亦按此进行学习，形成自己在某一领域的专长，为未来职业活动做准备"⑤。

四　专业重构

现有的文献并没有专业重构一词，但有相关的提法。本书参考现有相关文献研究，结合研究需要，对专业重构进行定义。

首先，厘清重构一词的含义。重构一词在英语词典中为"Rebuild"，指"rebuild something to build or put sth. together again"或"rebuild something to make something/somebody complete and strong again"，意为重建、重

---

① 洪世梅、方星：《关于学科专业建设中几个相关概念的理论澄清》，《高教发展与评估》2006 年第 2 期。
② 辞海编辑委员会编《辞海》（上），上海辞书出版社，1979，第 66 页。
③ 卢晓东、陈孝戴：《高等学校"专业"内涵研究》，《教育研究》2002 年第 7 期。
④ 冯向东：《学科、专业建设与人才培养》，《高等教育研究》2002 年第 3 期。
⑤ 顾明远主编《教育大辞典》（增订合编本），上海教育出版社，1998，第 26 页。

组、重新装配或重拾（信心）、重新振作的意思。在《新华字典》中并无"重构"一词的直接释义，重构是由"重"与"构"组成。"重"采用重新、又一次、再一次的含义，"构"指"结成、组合"之意，二者组合后取"重新构建、重新组成、重新组织"的含义。

其次，重构一词常见于其他学科领域。在计算机科学领域，重构（Refactoring）就是在不改变软件现有功能的基础上，调整程序代码，以此进一步改善和提升软件的质量、性能。[①] 在管理领域，重构是重振战略和方式之一，是企业根据战略的变化，重新建构企业的组织结构，常涉及员工、业务部门、行政部门和管理层次的削减和调整，以及企业组织结构图的改变，目的是提高企业经营的效率和效果。[②]

最后，在高等教育研究领域，不少研究者提出重构概念。比如黄达人教授在走访考察多所地方应用型本科高校，访谈 20 位地方高校书记或校长的基础上提出：地方高校的转型发展是中国高等教育现阶段重要政策，是高教核心价值的重构。这种重构体现在：对国家而言，地方高校转型发展不仅使其成为区域重要人才源，还成为区域发展的技术应用源、技术创新源，是高等教育结构的重构；对学生而言，让其站在先进技术转移和应用的前沿，充满激情，更加符合经济社会发展的需要，转型对学生的意义在于个人价值的重构；对地方高校而言，转型发展意味着学校治理方方面面的转变，是高等教育体系和院校治理的重构。[③] 在这里，重构一词的含义，主要是不断转型、变革和重新建构。

魏饴从历史发展的视角出发，在梳理高校组织不断变革、自我转型的基础上，认为地方本科高校转型是大学三大职能的现代诠释和重构：对地方应用型本科高校而言，重构意味着人才培养由学术型向突出应用型转变，科学研究由基础研究向应用研究转变，服务社会由"我能提供多少"向"我要提供多少"转变。[④] 在这里，重构一词具有重新诠释和建构的含义。

---

① Martin Fowler：《重构：改善既有代码的设计》，熊节译，人民邮电出版社，2010，第 54 页。

② 大辞海：《管理学卷》，http://www. dacihai. com. cn/search_index. html? _st = 1&keyWord = % E9%87%8D% E6%9E%84。

③ 唐景莉、刘志敏：《高校转型：重构高教核心价值——访国家教育咨询委员、中山大学原校长黄达人》，《中国高等教育》2015 年第 7 期。

④ 魏饴：《地方本科高校转型发展：历史演进、职能重构与机理审视》，《大学教育科学》2016 年第 2 期。

王忠昌、张桂春研究了职业教育专业建设的问题，认为重构的前提是解构，是打破既有的认识和秩序。比如高职专业建设，首先要解构几个关系，即专业建设理论与实践关系、专业建设数量与质量关系、专业建设与产业发展关系、专业建设与师资配置关系，进而主动建构由"学校主导"的专业建设主体、"社会本位"的专业建设目标、"内涵主体"的建设规模、"学生中心"的建设实施和"共同愿景"的建设趋向。① 此外，林克松、许丽丽的研究认为高职高水平专业群建设，本质上是要实现课程秩序的重构，重构首先是打破原有课程生长机制，从内容表征、实施主体、发展状态三个向度，重建新的秩序，高水平专业群建设方可能有根本性突破。② 在这里，重构具有打破旧结构，建构新秩序的意义。

2018 年，中国会计学会在总结会计教育改革 40 年成就的基础上，就会计专业建设，对全国各地会计领军人才、高校会计专业负责人和专任教师，以及会计硕士专业学位学员（MPAcc）进行问卷调查，认为在新时代背景下，随着大学外部的政治、经济、社会和技术等环境的变化，会计专业要进行变革与创新，并且从评价体系、师资队伍、教学内容、教学方法等四个方面进行重构，以适应新环境、新需求。③ 在这里，重构有着根据环境变化，进行组织变革，促进核心要素朝着理想的方向变化的意思。

上述关于重构含义和文献的梳理表明，重构一词的基本含义是重新建构的意思，涉及破和立的问题。具体而言，就是为什么要破、破什么、立什么、如何立的问题。其中破什么、立什么，或者说解构什么、建构什么是核心问题。就专业重构一词而言，解构什么、建构什么涉及专业建设的核心要素。

关于专业建设的核心要素，有不同的因素说。两因素说认为：专业建设的各个方面是相互联系的有机统一整体，不能片面强调一个方面而忽视其他方面，但又不能平均用力，其中最关键的是课程建设和专业教师队伍

① 王忠昌、张桂春：《从解构到重构：职业教育专业建设的实践趋向》，《现代教育管理》2018 年第 4 期。
② 林克松、许丽丽：《课程秩序重构：高职高水平专业群建设的逻辑、架构与机制》，《高等工程教育研究》2019 年第 6 期。
③ 张多蕾、刘永泽、池国华、况玉书：《中国会计教育改革 40 年：成就、挑战与对策》，《会计研究》2019 年第 2 期。

建设。① 三因素说认为：专业是教育的基本单位，它由三个要素构成——确定的培养目标；完整的课程体系；由教学活动联系起来的教育者和学习者，即专业中的人。② 四因素说认为：找准专业建设的核心要素至关重要，依据办学定位，确立人才培养目标；依据培养目标，构建课程体系；聚焦培养过程，引导师生投入教与学；作为有组织的活动，不断改善专业建设管理。这些共同构成专业建设的四个核心要素。③ 五因素说认为：专业建设的核心是五个方面，即愿景构建（办什么样的高职专业才是最佳的选择）、愿景趋同（走好高职专业建设类型发展道路的关键）、资源整合（构建高职专业建设的大生态环境）、治理结构（保障高职专业建设有效推进的基石）、大学文化（提升高职学生可持续发展能力的秘密武器）。④ 本书认为，就地方应用型本科高校而言，专业建设核心要素包括人才培养方案、课程体系、实践教学、师资队伍、支撑条件五个方面。

由此，本书将专业重构界定为，由于大学外部环境、内部要素发生变化，高校基于办学定位和人才培养目标，通过组织变革，在某一专业内部，对人才培养方案、课程体系、实践教学、师资队伍、支撑条件等方面重新构建，以提高人才培养质量，较好履行大学职能。

第四节　文献综述

本书以"地方应用型本科高校面向区域产业的专业重构研究"为主题，首先，要弄清楚影响专业重构的因素有哪些。其次，在控制了其他因素，如学科知识发展、社会需求、政府政策、办学理念后，还要弄清楚区域产业变动和地方应用型本科高校专业建设的关系。下面，对这两类文献进行综述。

一　关于影响专业重构的内外部因素的研究

现有文献主要从内部和外部两个方面，对影响专业重构的因素展开研

---

① 陈友华、邓银城：《关于地方本科高校专业建设首席负责制的思考》，《湖北工程学院学报》2014 年第 4 期。
② 周川：《"专业"散论》，《高等教育研究》1992 年第 1 期。
③ 卢忠耀、张光明：《论专业建设的核心要素》，《长江大学学报》（社科版）2014 年第 10 期。
④ 贾文胜：《高职教育专业建设的五大问题浅析》，《高等工程教育研究》2014 年第 4 期。

究，其中，内部因素包括高校的专业建设理念和专业认证行动，外部因素包括学科知识发展和高等教育项目制治理。文献研究表明：学科知识的发展，各个高校所持有的专业建设理念，会使高校在遵循教育规律和人才培养规律的前提下，实施自主变革；在外部质量问责和国家项目制治理模式的情况下，高校组织实施专业认证，进行项目制建设，更多表现为对标建设的倾向；但无论是自主变革还是对标建设，地方应用型本科高校都注重校企合作、产教融合，进而引起专业的某一个或多个要素发生变化。其基本框架如图 1-1 所示，下面对其进行分述。

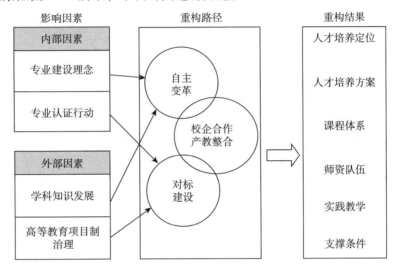

图 1-1 影响专业重构的内外部因素及高校组织行动策略的基本框架

（一）关于专业建设理念引起专业重构的研究

本书通过梳理现有文献发现，高等教育实践和研究领域出现了诸如"就业导向""能力导向""需求导向""创新创业导向""实践导向""供给导向"等各种指导思想和观念下的高校专业建设与改革的探索与讨论，其关键特征是高校以某种导向为指导，进行自主变革。下面，对有较大影响的观念，如"就业导向""能力导向""需求导向"等指导下的专业重构进行综述。

1. "就业导向"与专业建设改革

"以就业为导向"的教育模式早期出现在高等职业教育领域，随后扩展到普通本科。其含义是：通过教育，使受教育者在接受教育培训后具备就业能力，并以此作为办学导向的人才培养模式。① 其出现的原因在于，高等教育大众化以来，部分高校出现了本科毕业生就业难的问题，如随着我国高等教育的快速和多元化发展，学生就业难现象出现。对地方应用型本科高校而言，以就业为导向的应用型人才培养模式，不仅是适应时代要求的改革举措，也是高等教育人才培养模式多元化的需要。②

在观念方面，有研究者认为，以就业为导向是民办高校可持续发展的唯一出路，因为，民办高校在创办之初的首要任务是生存，因此可以实施"专业试读"、"根据专业适当调整学制"和"点菜式"听课课程改革。③ 有研究认为，要对就业导向型教育模式有正确的认识，破除其只是适合高职、高专"低层次"教育的思想，就业导向型教育模式不仅不与高端人才培养相矛盾，而且是当下本科院校的客观必然选择。④

在全方位改革方面，有研究认为，开展就业导向的分类培养模式改革，要抓好三项改革，即注重培养学生就业能力的课程体系的改革、以提升学生实践能力为主的实践教育体系改革、基于多元质量观的评价体系改革。⑤ 有研究认为，应用型本科高校培养的是应用型人才，具有直接为生产生活服务和"生产一线"的性质，基于此，应用型本科高校要坚持就业导向，以满足人才市场和企业生产一线需求，本着促进学生就业的目的，围绕课程设置、实践教学、校企合作、师资队伍和质量评价五个方面进行全方位改革。⑥

在实践教学方面，总体观点是强化实践教学，提升学生应用能力。有研究者认为在知识分类层面，应该看到本科院校尤其是应用型高校要平衡好传授理论知识和实践知识的关系，促进实践知识的回归；在行动层面，

① 新文：《面向市场办学，针对需求施教——北京吉利大学开门办学走培养特色人才之路》，《中国青年报》2010 年 7 月 16 日，第 6 版。
② 徐蕾：《就业导向视阈下的高校人才培养模式研究》，《教育与职业》2011 年第 36 期。
③ 石丽媛：《以就业为导向是民办高校可持续发展的唯一出路》，《教育与职业》2006 年第 24 期，第 25~26 页。
④ 胥刚：《省属地方高校向应用技术类型高校转型的制约因素及克服》，《学术探索》2015 年第 4 期。
⑤ 孟令岩：《基于就业导向的本科人才分类培养模式探索》，《中国成人教育》2013 年第 14 期。
⑥ 罗兴社：《基于就业导向的应用型本科人才培养的架构性思考》，《中国成人教育》2009 年第 11 期。

要更加重视专业教育中的实践教学，强调融入真实的实践情境，推动实践教学的创新。① 要通过对职业岗位和教育主体的未来社会角色的分析，坚定就业导向思想，在专业建设中要突出提升以实践能力为导向的教学，发掘课外活动和校外实习的功能，以提升专业建设水平。②

在对接职业方面，有研究认为，我国高等教育改革应走向以就业为导向的发展道路，包括对学生的一次性就业能力培养、创业能力培养以及就业迁移能力培养。为此，在专业设置上，强调分析区域经济发展带来的人才需求及职业能力要求，以此进行相应设置和调整，在教学活动中除了培养实践能力外，强调鼓励和帮助学生考取各种职业资格证书。③

2. "能力导向"与专业建设改革

"能力本位"一词来源于美国的能力本位教育观，其基本含义是：高校组织从毕业生毕业后从事某一职业所需要的能力出发，倒过来明确人才培养目标，选择和确定合适的教学内容，选择和实施行之有效的教学方法，改进和优化教学过程，改革和建构科学合理的评价体系。

在观念层面，有研究者认为：以知识为本位还是以能力为本位是区分学术型人才、应用型人才的重要标志。④ 因此，应用型本科高校要以能力为导向进行专业建设与改革。

在能力类型层面，有研究者认为：基于能力本位观，应用型本科高校要培养学生的专业能力、通用能力和核心能力。因此，在专业建设上，强调能力为上，形成知识、能力、素质的"倒品字结构"；在课程设置上，无论是通识课，还是专业基础课、专业课和专业方向课都要强化集中实践环节；在教学行动上，要创新以教师为主、以训练学生为辅的产学研合作模式。⑤

在综合改革层面，要实施"五双"改革：理论教学大纲，要体现知识的复合性和应用性"双性"；实践教学，要注重实践性和技术性的"双大

---

① 张永雄：《就业视角下的本科教育改革》，《高教探索》2013 年第 1 期。
② 符茵：《以就业为导向的高校应用型人才培养模式探究》，《继续教育研究》2017 年第 11 期。
③ 田凤秋、周德富：《对"以就业为导向"的高等教育改革研究》，《中国成人教育》2016 年第 19 期。
④ 韦文联：《能力本位教育视域下的应用型本科人才培养研究》，《江苏高教》2017 年第 2 期。
⑤ 陈立可、谢辉、陈强、牛晓伟：《能力本位的应用型本科人才培养的探索》，《中国成人教育》2012 年第 8 期。

纲"；教师队伍，要建设具有理论教学和产学研能力的"双师型"；支撑条件，要建立融认知实践、课程实践、专业实践为一体的校内校外"双基地"实训体系；学业成就，要建立学历教育与职业资格标准并行的"双证书"体系。①

在具体实践层面，集美大学在办学中强调，能力本位契合了联合国教科文组织的"学会学习"、"学会做事"、"学会共处"和"学会发展"的要求，实现了应用型本科高校由学科本位教育到能力本位教育的转向。以"机械电子工程"专业为例，该专业以能力本位为核心，社会需求为导向，构建了"课程体系－实践体系－考核体系－综合素质体系"的应用型人才培养模式。② 贵州财经大学基于培养"儒魂商才"的目标，坚持能力本位观，推进了四个方面的本科教学工作改革：自主学习导向的教学范式改革，能力培养导向的实践教学改革，评价导向的考试改革和专业兴趣导向的大类培养改革。以此为方向，凝练了适应不同学科和专业特色的、卓有成效的课程教学范式和类型。③

3. "需求导向"与专业建设改革

在勾勒欧美国家高等教育以"需求为导向"的基础上，研究者分析指出，无论是德国应用技术大学的"为职业实践而进行科学教育"、澳大利亚工学结合（IBL）的专业教育模式，还是 CDIO 国际合作组织倡导的 CDIO 工程教育模式，其共同特点是"需求导向"。从借鉴意义上讲，应用型本科高校有必要构建"需求导向"的人才培养体系。④

"需求导向"较多地体现在具有行业背景的高校。比如南京工程学院，其在办学治校中强调：从本质上讲，应用型本科人才是高校以需求为导向培养的职业性人才，故其培养要求、培养过程和人才能力评价应坚持"需

---

① 韦文联：《能力本位教育视域下的应用型本科人才培养研究》，《江苏高教》2017 年第 2 期。
② 郭幼丹：《基于"能力本位"的应用型人才培养模式构建》，《龙岩学院学报》2014 年第 5 期。
③ 褚光荣、蔡绍洪：《坚持以"能力本位"为核心的本科教学综合改革》，《中国高等教育》2016 年第 21 期。
④ 李定清：《需求导向：应用型本科教育人才培养的新模式》，《黑龙江高教研究》2011 年第 4 期。

求导向"。在专业布局上，要根据行业发展的新技术和新要求，举办新工科专业，如机器人工程、智能电网；在教学改革上，强调项目制教学。该校的项目制教学 3.0 版本是具有特色的"421"项目化教学体系，在这个教学体系下，学生除完成常规教学计划外，还要完成 4 个一般课程项目、2 个专业核心项目和 1 个综合性工程项目。实践表明，具有行业背景的南京工程学院，基于"需求导向"，以项目制教学迭代为突破口，形成了新的专业人才培养模式。[①]

再如广东金融学院认为，地方应用型本科高校要以行业需求为导向，改变学术和职业相分离的状况，使大学成为一个"有用的学习场所"。为此，该校构建了大学与行业需求相衔接的教育教学体系，探索了 CPE 人才培养模式，使得学校里的课程体系、教学内容、培养过程都面向行业需求。[②]

作为行业院校的华北电力大学，从需求决定论出发，在广泛调研的基础上，充分了解行业企业的人才类型、培养标准和培养途径，以行业需求为导向，从人才培养目标、课程体系、产教融合、评价改革与保障条件五个方面重构了专业教育体系，形成了共同制定人才培养标准、共同开发课程、共同搭建专业平台、共同参与培养构成、共同加强条件保障的"五共同"校企深度产教融合的人才培养模式。[③]

（二）关于专业认证引起专业重构的研究

1. 工程教育专业认证与专业重构

工程教育专业认证是由专业性认证机构，对高等教育机构举办的工程教育专业培养方案进行认证，意在检测和预判高校的人才培养质量，以保证工程技术行业的从业人员达到相应教育要求。[④] 工程教育专业认证的作

① 史金飞、郑锋、邵波、缪国均：《能力导向的应用型本科人才培养模式创新——南京工程学院项目教学迭代方案设计与实践》，《高等工程教育研究》2020 年第 2 期，第 106～112、153 页。
② 马龙海、范忠宝：《以行业需求为导向　构建 CPE 人才培养课程模式》，《中国高等教育》2010 年第 19 期。
③ 柳长安、白逸仙、杨凯：《构建"需求导向、校企合作"行业特色型大学人才培养模式》，《中国大学教学》2016 年第 1 期。
④ 李茂国、张志英、张彦通：《积极推进专业评估与认证，引导工程教育协调发展》，《高等工程教育研究》2005 年第 5 期。

用不言而喻，能够推动高校加强与企业界的联系，进行工程教育改革；能够推动我国工程师注册制度的建立，促进国际互认；能够构建一套符合各方利益的质量监控体系，提高工程教育质量。[①]

在理论层面上，有研究提出了工程教育专业认证可能导致对标建设的隐忧。工程教育专业认证强调三个核心理念：成果导向、以学生为中心、持续改进。[②] 在实际认证工作中，申请学校要依据认证标准和自评指导书，开展自评；专家首先依据认证标准，审阅自评报告并反馈意见；申请学校要根据反馈意见，不断完善自评报告，符合专家初评后方可进入现场评审环节；专家依据认证标准，在入校现场考察的基础上，做出是否通过认证的决定。因此，工程教育专业认证显明的导向是对照认证标准进行建设、自评和改进，但也可能会造成被评对象往往容易将注意力集中于应付当前评估，忽视对未来发展的关注。[③]

在实践层面上，东南大学在探索工业工程专业建设时，就基于工程教育专业认证的理念，提出对标建设的思路。其基本过程是：其一，从美国工程与技术认证委员会（ABET）关于认证工作的 8 个评价维度出发，分析了美国工程专业认证对科学、技术、工程、数学等 11 个方面的要求；其二，分析了美国国家工程院对工程师应具备的 10 项特质的要求；其三，借鉴了美国知名高校同类专业核心课程体系；其四，提出要结合中国实际，对照专业认证的要求，坚持持续改进的理念，进一步改进工业工程专业培养目标、培养计划、培养过程和评价标准，以指导工业工程专业建设工作。[④]

在实践层面上，部分应用型本科高校参与工程教育专业认证也存在对标建设的问题。如有研究指出：地方应用型本科高校参与工程教育专业认证，可以正确处理好通才教育与专才教育、理论教育与实践教育、层次教育与职业教育三对关系，让工程教育"回归工程"。为此，要对标工程教育专

---

① 王孙禹、赵自强、雷环：《中国工程教育认证制度的构建与完善——国际实质等效的认证制度建设十年回望》，《高等工程教育研究》2014 年第 5 期。

② 李志义：《解析工程教育专业认证的成果导向理念》，《中国高等教育》2014 年第 17 期。

③ 李茂国、张志英、张彦通：《积极推进专业评估与认证，引导工程教育协调发展》，《高等工程教育研究》2005 年第 5 期。

④ 苏春：《基于专业认证视角的工业工程专业建设思路研究》，《东南大学学报》（哲学社会科学版）2016 年第 S2 期，第 145～148 页。

业认证要求，调整专业的培养目标、标准、方案和模式，重构工程人才培养体系。① 类似的探索也表明，参与工程教育专业认证是提高专业建设水平的重要途径，因此，部分学校提出要结合机械大类招生培养情况，对标专业认证要求，从培养目标、毕业要求、课程体系等多个维度，修订车辆工程专业培养方案，以便更加符合专业认证的要求，为完成专业认证工作打下基础。②

在实践层面上，还有些高校提出以工程教育专业认证为指导，改进专业建设某方面的工作。比如，有研究从工程教育专业认证角度出发，分析了地方应用型本科高校专业建设中实践教学普遍存在的问题；为了改进实践教学工作，从实验、课程设计、三大实习、毕业设计以及第二课堂五个方面，对标校标，既破又立，重构一个能够达成工程教育专业认证标准的、贯通式的、矿业特色鲜明的实践教学体系。③ 有研究以福建省 17 所地方本科高校为样本，从工程教育专业认证的角度，分析了地方高校在专业认证方面存在的问题，从具体操作层面，提出了要对标找差，推进专业建设的建议：一方面，校领导要集中全校之力，系统性地解决工程教育专业认证的障碍问题；另一方面，专业负责人要借鉴工程教育专业认证思想，将基于课程和知识的传统教学模式，转向基于学习产出的 OBE 模式。④

此外，专业认证也涉及地方应用型本科高校专业建设质量保障问题，如应用型本科人才培养质量保障体系构建中的几个关键问题，包括如何实现质量标准与应用型本科人才培养定位切实相符，如何全面考量应用型本科教育的实践教学成效、做到内部评估常规化规范化，如何提高内部评估有效性，如何在人才培养的全过程实质性引入外部评价，等等。⑤ 吉林工程技术师范学院构建了"四评""四查""四反馈"的教学质量保障模式；

①　陆勇：《浅谈工程教育专业认证与地方本科高校工程教育改革》，《高等工程教育研究》2015 年第 6 期，第 157～161 页。

②　徐春华、牛继高、丁舟波、朱从云：《基于工程教育理念的车辆工程专业培养方案修订研究》，《科学大众（科学教育）》2019 年第 8 期。

③　田立江、张洁、王丽萍：《以专业认证为导向的实践教学内容对标与体系优化》，《黑龙江教育（高教研究与评估）》2018 年第 12 期。

④　陈欣：《新工科建设视域下工程教育专业认证概况、困境与出路》，《教育评论》2019 年第 1 期。

⑤　谭海鸥、纪秋颖：《应用型本科教育质量保障体系构建中的几个关键问题》，《中国成人教育》2012 年第 9 期。

实施校、院（系）两级教学督导体制，开展网上"评教""评学"工作，建立和完善了有利于产学研用协同的教学质量保障和评价机制，建成多元主体参与的由教学质量管理、质量监控、质量保障、质量信息反馈四大系统构成的教学质量保障体系。[①]

2. 师范类专业认证与专业重构

师范类专业认证是依据"学生中心、产出导向、持续改进"的理念，由专门性教育评估认证机构，依照教育部制定的标准，对师范类专业的人才培养质量状况实施外部评价，其目的在于评价专业能否达到既定的人才培养质量目标。[②]

作为一项以评促建的制度安排，高校开展师范类专业认证，天生带有对标建设的意味。教育部师范类专业认证专家委员会副主任委员王定华认为，对师范类专业认证而言，高校要承担主体责任，对照认证标准，进行自我检查、自我评价、自我改进、自我建设，要通过健全高校内部工作机制，促进专业质量持续改进。[③]

在具体实践方面，陕西理工大学、绵阳师范学院等高校提出了对标建设的工作方案。比如陕西理工大学，在陕西省教育厅组织的师范类专业引导性评估过程中，发现了该校的 13 个师范类专业在政策引导、学院管理、师范性质、教师理念、学风建设方面存在的问题，基于接受师范类专业评估的目标，该校开出的"药方"是"纯风行动，对标建设"，即学校抓政策引导、学院抓实施管理、专业抓人才培养、教师抓教学理念提升、学生抓学风改进，通过全校上下的对标行动，努力规范加强师范类专业办学条件，以便顺利接受和通过专业认证。[④] 又如绵阳师范学院，该校根据师范类专业认证的大趋势，提出了师范类专业建设的思路是：坚持"以学生为中心"，对接专业认证要求，重新定位人才培养目标，修订专业人才培养

① 甄国红、方健：《地方高校整体转型背景下重构应用型人才培养体系的研究与实践——以吉林工程技术师范学院为例》，《职业技术教育》2021 年第 2 期。

② 《教育部关于印发〈普通高等学校师范类专业认证实施办法（暂行）〉的通知》，http://www.moe.gov.cn/srcsite/A10/s7011/201711/t20171106_318535.html。

③ 王定华：《我国高校师范类专业认证的缘起与方略》，《中国高等教育》2019 年第 18 期。

④ 李小燕、席成孝、付恒阳：《地方高校师范专业认证实现路径研究——以陕西理工大学为例》，《大学教育》2020 年第 9 期。

方案，做好课程规划，落实全学程的教师教育，推进师范类专业建设。[①]

在理论探讨方面，不少研究者也提出了对标建设的观点。比如魏饴通过对师范类专业认证七个方面的理论问题进行评述，从高校组织的角度提出建议：从新师范看，高校要在充分理解专业认证的功能导向基础上，主动对接《普通高等学校师范类专业认证实施办法（暂行）》要求，树立认证目标并积极参与其中；从操作层面看，迎评促建要自觉对标专业认证的理念，树立专业建设的系统观和绩效观，狠抓专业内涵建设，注重"产出导向"，以完成新时代立德树人根本任务。[②] 在分析师范类专业认证背景、意义和价值的基础上，张怡红和刘国艳认为，高校师范专业要以专业认证为目标指向，形成专业建设的系统观和特色观，处理好师范性与专业性问题，回归师范教育的本源，优化教学管理，提升教师教育培养质量。[③]

（三）关于学科知识发展引起专业重构的研究

学科知识的变化会引起专业重构。比如，有研究表明计算机类本科专业知识体系的发展可以划分为三个阶段。第一阶段，因为学科理论和知识还不够成熟，课程呈现"百科全书"式的特点；第二阶段，以单位为主，技术逐步成熟，所以课程呈现以实际系统为主线的特点；第三阶段，互联网技术快速发展，计算机技术知识呈现总体"上浮"趋势，斯坦福大学、麻省理工学院等高等学府率先开始了课程重构，趋势是课程内容浓缩了单机基础，且强调面向互联网。[④]

世纪之交，浙江大学在回顾 50 年来光电信息工程学科专业发展的基础上，敏锐地注意到：自 20 世纪 80 年代后期以来，随着信息高速公路出现，半导体激光器、光纤传输、光电转换、光计算、光互连、光存储、光显示技术等，日益成为信息处理关键环节的基石且逐步发展成服务信息科学技术的光电信息产业。光电信息知识的发展，必然要反映到专业建设与改革

① 余明友、李明峻：《基于专业认证视域的师范专业发展路径探索》，《绵阳师范学院学报》（哲学社会科学版）2020 年第 3 期。
② 魏饴：《师范类专业认证视域下新师范建设七评》，《湖南社会科学》2019 年第 5 期。
③ 张怡红、刘国艳：《专业认证视阈下的高校师范专业建设》，《高教探索》2018 年第 8 期。
④ 臧斌宇：《顺应时代需要 面向能力培养 突出问题导向——软件工程专业课程体系改革探索》，《中国大学教学》2018 年第 10 期。

上来，因此，要改变传统的以仪器工程为主线的教学思路，根据学科现状和发展趋势，增加新的光电信息知识，对原有专业进行改造和迭代。①

以上两篇文献是讨论学科知识发展对一般专业重构的影响，有研究还专门探讨学科知识发展对应用型高校专业重构的影响。比如郭建如在讨论地方应用型本科高校转型发展中，注意到人才培养模式改革中的教与学问题，进一步追问则是对应用型高校而言，要着重考虑传授什么样的知识、怎样传授知识和技能的问题；在比较和区别以技能训练主、应用导向、学术导向三类不同层次人才的基础上，郭建如认为应用型本科高校的人才培养，主要是以科学理论为基础，面向应用进行研发和生产，实际寻找解决问题的方案。换言之，传授知识的转向，要求应用型本科高校专业和理论知识以"必需和够用"为主，由此出发，应用型本科高校转型发展要强调从注重学科逻辑知识到注重应用知识转向。这种理论的转型，必然要求专业建设也随之变革。②

（四）关于高等教育项目制治理引起专业重构的研究

社会学认为，项目制是为突破以单位制为代表的科层体制的束缚，政府通过财政的专项转移支付，加大民生工程和公共服务的有效投入，以遏制市场体制所造成的分化效应。项目制是一种治理手段、一种体制，也是一种思维模式。③

在"项目治国"的背景下，也出现了"项目治教"的现象。较早研究高等教育项目制的李福华认为，高等教育的项目制就是国家在高等教育领域，通过实施项目、供给政策、投入资金，对部分组织或组织单元进行重点建设或扶持，进而形成一种高等教育重点建设的新的结构形态。④ 比如，典型的"211 工程""985 工程""2011 计划""双一流建设"。此外，各类人才计划，如"长江学者奖励计划"，各类学科建设"国家重点实验室计

---

① 曾广杰、刘向东、徐国斌：《继承　改革　发展——传统专业改造的探索与实践》，《合肥工业大学学报》（社会科学版）2001 年第 3 期。

② 郭建如：《地方本科高校转型发展中的核心问题探析》，《黄河科技大学学报》2017 年第 1 期。

③ 渠敬东：《项目制：一种新的国家治理体制》，《中国社会科学》2012 年第 5 期。

④ 李福华：《从单位制到项目制：我国高等教育重点建设的战略转型》，《高等教育研究》2014 年第 2 期。

划""973 计划""863 计划",以及教学名师、教学团队、精品课程、专业建设等都带有项目制的意味。①

因为项目制治理存在绩效合法性思维,"发包方"会强调通过立项、申报、审核、监管、考核、验收、评估和奖罚等一套程序来进行项目运作,作为"抓包方"就要对"发包方"的项目意图、立项条件、实施细则、绩效考核了如指掌,进而出现"唯指标是从"的对标建设现象,因为"服从规则"会得到正面鼓励,对规则、制度的遵从会得到回报。② 以致有研究者尖锐批评道:本科教学工程中的项目制可能导致仪式化服从现象,如在专业建设项目上,尽量满足项目评选的要求,而忽略实际的教学开展、课程建设和质量监控及质量提升。③

以特色专业建设为例。"十一五"期间,国家特色专业建设计划不分高校类别和学科类别,设置了 8 个一级和 22 个二级评审指标;在绩效评价上,以高校专业建设文件材料为主,辅之以实地抽查。回顾性研究表明,"国家特色专业建设计划"尽管取得了显著成效,但也存在特色专业建设和人才培养关系不够顺、重建设特色专业轻专业结构调整、特色专业建设与专业认证衔接不够、特色专业的形成与培育之间关系不够顺等问题。④

以"卓越计划"为例,在系统回顾 2010 年以来"卓越工程师教育培养计划"成绩和不足的基础上,朱正伟和李茂国提出了实施"卓越计划2.0"的构想。他们建议:在总结经验和教训的基础上,结合 1.0 版高校改革实际,根据自愿原则,选择部分高校进行"卓越计划 2.0"的试点工作,在对相关内容和要求进行试点探索和修正后,完善"卓越计划 2.0"的推广版;在推广阶段,建立考核和动态调整机制,没有达到要求的高校、专业和学生则退出"卓越计划"。⑤ 按照设想,"卓越计划 2.0"的实

---

① 殷文杰:《"项目治教":大学治理中技术理性对价值理性的僭越》,《高等教育研究》2016 年第 9 期。

② 熊进:《高等教育治理的"项目制"及其可能风险》,《教育发展研究》2016 年第 Z1 期。

③ 李海龙:《"项目制"驱动本科教育改革的审思》,《苏州大学学报》(教育科学版)2020 年第 3 期。

④ 张婕:《高校特色专业建设:现实与前瞻》,《教育研究》2011 年第 6 期。

⑤ 朱正伟、李茂国:《实施卓越工程师教育培养计划 2.0 的思考》,《高等工程教育研究》2018 年第 1 期。

施会起到导向和引领作用，但也会导致新一轮的对标建设。

以现在正在进行的"双万"专业建设为例，黄山学院认为，在一流本科专业建设"双万计划"背景下，地方高校要对标旅游管理一流本科专业的建设要求，进行改革创新。第一步是对标建设，明确专业办学定位、开展混合式课程教学改革、实行边学边做培养模式，将优势条件转化为现实的竞争力，建好省级一流专业；第二步，以此为基础，实现国家一流本科专业的建设目标。[①] 合肥师范学院的电子信息工程专业，在总结省级特色专业、省级卓越人才培养计划专业建设经验的基础上，提出要对标"双万计划"，探索面向新一代信息技术的应用型人才培养模式。[②]

二 关于区域产业变动对高校专业影响的研究

已有的对经济发展与高等教育之间关系的研究，存在两种不同的视角。第一种视角认为高等教育发展可以促进经济增长，即"人力资本与知识存在量"理论，代表是舒尔茨，他认为教育投资能增进全民知识、技术和能力，进而通过高素质人力资源，促进经济增长；Denison 也认为高校知识存量的增加有助于经济增长。此后，新经济增长理论"扩展索罗模型""扩展新古典模型"都认同人力资本在经济增长中的作用，由此，可以推导出这样一种观点，只要知识发展了，高校组织培养越来越多的人才，就可以推动经济增长。

第二种视角在批判高等教育发展促进人力资本增加，进而推动经济进步的观点基础上，关注人力资本结构问题，进而认为高等教育结构的调整有助于经济增长。比如伯顿·R. 克拉克认为高等教育多元化更有利于经济发展，"三螺旋"模型、学术资本主义就是强调高等教育与政府、产业互动，共同推动经济增长。[③] Helpman 通过对比教育支出、教育政策，认为

① 王娟、闻飞、朱国兴、李德明：《旅游目的地高校旅游管理一流本科专业建设的思考——以黄山学院为例》，《池州学院学报》2020 年第 4 期。
② 范程华、张忠祥、周元元、陈明生、孔劢：《"双万计划"背景下电子信息工程专业人才培养模式的改革与创新》，《合肥师范学院学报》2020 年第 3 期。
③ 伯顿·R. 克拉克：《高等教育系统——学术组织的跨国研究》，王承绪、徐辉、殷企平、蒋恒译，杭州大学出版社，1994，第 11 页。

合理安排好不同层次的教育结构可以促进经济增长。[1] 赵庆年认为高等教育类型结构失衡是大问题，因此，需要进一步优化和调整结构，特别是发展职业教育。[2] 此外，迟景明等通过量化研究得出结论，在 1998～2007 年我国高等教育层次结构与经济发展是匹配的，[3] 高耀和刘志民也认为长三角的高等教育结构与经济发展匹配[4]。

沿着高等教育结构调整的路径，我们可以发现，当区域产业发生变动时，高校主要以适配、均衡、协调为目标进行探索，探索的路径可以归纳为三条：一是调整专业设置，二是专业集群建设，三是专业改造。其逻辑结构如图 1-2 所示。

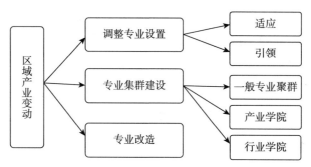

图 1-2　区域产业变动时高校探索路径的逻辑结构

（一）关于区域产业变动影响专业设置与调整的研究

关于专业设置与调整的策略，从国家层面讲，要减少行政干预，加强宏观调控，扩大高等学校在学科专业设置和调整方面的自主权，以便高校组织更好面向市场、面向区域，根据实际情况进行专业结构调整。刘少雪认为，当产业发展变化时，比如产业升级改造，新专业或新专业方向要及时跟上，因此，要形成周期性本科专业目录修订规则；制定科学的专业设置标准；增加交叉学科门类和交叉学科；减少学科数量，拓宽专业口径；等等。[5]

①　Helpman, E. *The Mystery of Economic Growth.* Cambridge, MA: Harvard University Press, 2004.

②　赵庆年：《区域高等教育贡献及其差异的实证研究》，《黑龙江高教研究》2010 年第 10 期。

③　迟景明、何晓芳、程文、朱艳、李霞：《高等教育层次结构与经济发展关系的实证研究》，《教育与经济》2010 年第 1 期。

④　高耀、刘志民：《长三角城市群高等教育与经济水平协调度实证研究——基于 2000 年和 2006 年横截面数据的比较》，《复旦教育论坛》2010 年第 3 期。

⑤　刘少雪：《高等学校本科专业结构、设置及管理机制研究》，高等教育出版社，2009。

甘少杰以辽宁省为对象，回顾了 70 年来辽宁三次产业革命过程中，高校专业设置由单一到综合、由老专业关停到新增战略性产业专业、由专业建设服务产业到引领产业的变革过程，其中，省级政府的宏观调控是促进专业适应产业变革的重要力量。[①]

从学校层面讲，夏子贵、罗洪铁指出，学科发展、专业建设、教育过程有其自身固有的规律，因此，要处理好五对关系：高等教育内外部之间的关系；社会需要的张力与教育规律约束力之间的关系；专业适时调整与专业目录相对稳定之间的关系；专业变革中学校和教师群体、学生群体之间的关系；政府宏观调控和高校自主之间的关系。[②] 较早研究地方新建本科高校向应用型转型的顾永安认为，转型发展除了是高校适应社会、经济转型的需要外，更重要的是适应区域经济社会发展的需要，因此要确立地方性、应用型的办学定位，亲产业的办学理念，在专业设置和调整上瞄准区域主导产业、支柱产业、新兴产业，发展相应学科专业；在人才培养模式上，创新"嵌入式""订单式""整体合作""校地企合作"模式。[③]

从市场层面讲，阳荣威以专业设置与调控为明线，专业选择风险的存在为暗线，从政府、市场、高校三方出发，分析了各自的优劣势。通过美国高校专业设置与调整比较研究，提出"有政府调控的市场协调与高校自主模式"，即以市场需求为导向，加强政府宏观调控，完善学校内部调节机制，优化专业结构和内涵。[④]

（二）关于区域产业变动影响专业集群的研究

专业集群的提出及概念界定。专业集群源于高等职业教育领域的实践探索和理论创新，其后扩展到本科教育领域，如三部委发布的《关于引导部分地方普通本科高校向应用型转变的指导意见》提出"建立紧密对接产业链、创新链的专业体系……围绕产业链、创新链调整专业设置，形成特色专业集群"。顾永安从专业集群不是什么的反向角度出发，提出了专业集

① 甘少杰：《产业变革与辽宁高等教育结构布局的历史变迁》，《黑龙江高教研究》2017 年第 3 期。
② 夏子贵、罗洪铁：《专业变革：跨世纪人才培养的宏伟工程》，四川教育出版社，1997。
③ 顾永安：《关于新建本科院校转型发展的思考》，《教育发展研究》2010 年第 3 期。
④ 阳荣威：《高等学校专业设置与调控研究》，博士学位论文，华东师范大学，2006。

群的概念，专业集群是高校组织对应产业集群中产业链、创新链的岗位（群）需求，以核心（优势、特色）专业为龙头，以相同或相近的、具有内在关联的若干专业为支柱，有机组合，聚群发展。① 在实践领域，可以分为一般专业聚群、产业学院和行业学院模式的专业集群。相关研究分述如下。

1. 关于区域产业变动影响一般专业集群的研究

随着转型发展深入，专业集群建设日益受到地方高校的重视，并逐渐成为专业建设的常态。首先，专业集群是对产业集群发展的回应，如有学者将专业集群界定为将产业集群的内涵由经济领域延伸到教育领域的专业建设形式。具体来讲，当一定区域内产业不断集群，其技术基础、人才需求也相对集中，为了回应这个变化，高校也应该将相同或紧密相关的学科专业集合，以核心专业为主、相关专业为辅，通过校企合作、产教融合，培养出复合型的、适应产业集群发展需要的实用型人才。② 所以，在本科教学工作审核评估中，常常可以看到，接受评估的高校强调自己的专业对接地方产业形成了集群发展。

其次，专业集群发展是学校差异化竞争的重要战略，如有学者认为，面对区域产业众多需求，地方新建本科院校既要围绕产业办专业，也要结合自身实际，有所为有所不为，以现有的优势专业、行业特色鲜明的专业为基础，构建服务行业和产业发展的学科专业群，突出和彰显优势，实现资源优先配置和利用最大化。③ 教育部学校规划建设发展中心主任陈锋提出，推动转型发展，要找准服务国家创新驱动发展战略、高等教育自身结构调整及提高质量的会合点，实施建设适应创新驱动发展战略的学科专业集群超级平台的"大舰战略"。"大舰战略"有利于高等教育结构调整、质量提高和高校核心竞争力提升；"大舰战略"的重要特征是开放融合、集成化和体系化；要在找准突破口、突破传统学科思维、加快集成式基础设施建设、吸引和集聚复合型领军人才、推动组织机构变革、善用金融机制

---

① 顾永安：《应用型本科专业集群：地方高校转型发展的重要突破口》，《中国高等教育》2016 年第 22 期。

② 徐秀萍：《基于集群理论的高校专业设置》，《浙江教育学院学报》2008 年第 6 期。

③ 吴仁华：《坚持理念实践成效有机统一》，《中国高等教育》2016 年第 5 期。

方面加速"大舰"发展。①

再次，随着实践经验的丰富，实践者进一步认识到，专业集群还有引领区域经济发展的作用。一方面，区域产业技术进步对专业集群建设起到导向和整合作用，专业集群后，区域产业技术可以及时融合到专业建设过程中，体现于人才培养中；另一方面，专业集群后，学科方向和专业方向更加明确，师资资源、科研资源、实验资源等更加充分，坚持某一领域持续关注、集中研究，也可以促进技术进步，反过来会促进区域产业集群的创新发展。②

最后，专业集群研究不断深入，有关于专业集群逻辑的研究越来越多，如专业之所以集群在于产业集群背后的岗位逻辑，③ 学科专业集群在于学科发展能够促进产业创新的逻辑，④ 专业集群中专业调整问题、制度创新问题以及破除改革阻力问题，⑤ 专业集群过程中政府职能及调节方式问题⑥。

在实践层面，南京理工大学泰州科技学院，面对长三角区域机器人工业发展的外部环境，从工业机器人产业链入手，确定"建设两个分项集群，坚持一个主导，打造一个亮点"的思路，明确所属各专业的侧重方向和对接技术领域；除此之外，为了做到"专业集群内各专业"能够较好匹配"工业机器人产业链"，每个专业实施了变革、平台、队伍、方案、体系和模式"六一个"改革，一专业一方案，取得了较好效果。⑦ 顾永安基于深度访谈和现场调研，系统分析了目前我国应用型高校专业集群建设存

---

① 陈锋：《实施"大舰战略"：加快建设学科专业集群超级平台》，《中国高等教育》2016 年第 23 期。
② 吴仁华：《论应用技术大学专业建设的基本特征》，《高等工程教育研究》2016 年第 4 期。
③ 刘晓：《高职学校高水平专业群建设：组群逻辑与行动方略》，《中国高教研究》2020 年第 6 期。
④ 顾永安：《应用本科专业集群：地方高校转型发展的重要突破口》，《中国高等教育》2016 年第 22 期。
⑤ 郭建如：《专业集群、校地服务与产教融合》，《世界教育信息》2018 年第 21 期。
⑥ 张杰：《提高专业集群与产业集群的匹配度——基于政府职能的视角》，《中国高校科技》2017 年第 7 期。
⑦ 温宏愿、孙松丽、刘超：《工业机器人专业集群建设探索与实践》，《高等工程教育研究》2019 年第 3 期。

在的认识不到位、视野不开阔、创新性缺乏、特色不彰显、价值未达成等问题，结合自己的研究和思考，提出了通过解放思想、制度创新，精准施策，促进应用型本科高校专业集群发展的策略。①

2. 关于区域产业变动影响产业学院的研究

专业集群的重要形式之一是建设产业学院。最早关于产业学院的研究文献见于福建省的改革，研究者认为，产业学院是依托高校建立的，建立了健全的运行机制的新型办学机构。它以高校和行业企业共享资源、合作共赢为基础，在人才培养、技术创新、科技服务等方面服务于某个行业企业。② 产业学院是高校组织和行业企业两个主体相互合作、有机结合的产物。其中，高校组织深度转型，积极谋求跨界合作；行业企业出于发展需要和对高校资源的渴望，深度参与高校办学。

产业学院模式可以分为4种类型：校企合作产业学院模式，如福州大学与紫金矿业集团合作的紫金地质与矿业学院；校地合作产业学院模式，如福建农林大学与安溪县合作成立的安溪茶学院；校行合作产业学院模式，如三明学院与福建省数字创意产业教育联盟合作建设的数字创意学院；闽台合作产业学院模式，如厦门理工学院的海峡商贸学院。③

产业学院出现的原因在于以下几点。其一，劳动力市场的需求，如有研究认为产业学院的出现最主要的原因是高等教育人才供需关系，由"卖方"市场转向"买方"市场，区域产业发展需要高校组织培养适宜人才，产业学院是校企合作的升级版，它具有高效的资源整合能力、独特的专业集群特点和高质量毕业生供给三个方面的核心竞争力。④

其二，资源共享，如有研究认为，产业学院是政府区域经济发展、企业生产研发一线对人才和服务的要求，以及产业转型升级这些外部因素与学校人才培养、师资队伍能力提升和服务能力增强相结合的结果。既体现

---

① 顾永安：《应用型高校推进专业集群建设的思考》，《高等工程教育研究》2019 年第 6 期。

② 陈国龙、林清泉、孙柏璋：《高校产业学院改革试点的探索》，《中国高校科技》2017 年第 12 期。

③ 陈国龙、林清泉、孙柏璋：《高校产业学院改革试点的探索》，《中国高校科技》2017 年第 12 期。

④ 宣葵葵、王洪才：《高校产业学院核心竞争力的基本要素与提升路径》，《江苏高教》2018 年第 9 期。

了适应，又体现了引领，特别是面对产业转型升级的发展需求和变化趋势，要有信心和决心，培养高端技术研发人才、高水平专业应用型人才。①

其三，产业转型升级推动的新工科建设，客观上需要建立产业学院，如黄彬和姚宇华在新工科的视角下研究现代产业学院，提出产业学院构建要以服务支撑产业需求为导向。其区分了两个层面的产业需求，即产业对于人才能力素质的需求和产业对于技术创新或产品升级迭代的需求。为此要通过制度创新，实现多主体共建共治，集人才培养等多种功能于一体，建设产业学院。②

其四，资源共享、合作共赢是产业学院建立的逻辑起点。对应用型本科高校而言，区域行业、产业和企业的需求是产业学院建立的逻辑起点，学校、学科与专业重构是产业学院实现资源共享、共赢发展的关键，政府指导和政策鼓励是重要支撑。③

此外，现有的产业学院研究还包括组织模式改革，如产业学院是基于三链融合的理工科高校组织变革的体现，这种变革的最大优势在于：产业需求侧的应用研究方向，对应供给侧的专业方向；工作研发团队对应双师型队伍建设；共建研发平台对接高校实验室建设；技术专利成果对接课程教材建设；成果转移与应用对接双创体系；产品市场化或者是企业的孵化对接实践教育平台。④

3. 关于区域产业变动影响行业学院的研究

专业集群的重要形式之一是建设行业学院。之所以这样区分，原因在于产业学院重在对接区域产业，也就是高校所在的区域有产业基础，而行业学院意味着高校所在区域内产业基础比较薄弱，高校通过优势专业集群发展，对接行业，从而形成比较优势。在实践中存在两种典型，如福建江

---

① 陈春晓、王金剑：《应用型本科高校产业学院发展现状、困境与对策》，《高等工程教育研究》2020 年第 4 期。

② 黄彬、姚宇华：《新工科现代产业学院：逻辑与路径》，《高等工程教育研究》2019 年第 6 期。

③ 朱为鸿、彭云飞：《新工科背景下地方本科院校产业学院建设研究》，《高校教育管理》2018 年第 2 期。

④ 李忠红、胡文龙：《基于三链融合的理工科高校组织变革研究》，《高等工程教育研究》2018 年第 6 期。

夏学院，是原来有行业背景的地方高校；常熟理工学院，是没有行业背景的地方高校。两者都是通过优势专业集群建设发展成服务行业领域的地方应用型本科高校。因为行业学院和产业学院在具体运行模式方面、改革措施方面差异不大，现只对两者之间的差异和发展趋势进行综述。

关于行业学院与产业学院的区分，有研究认为，行业学院是为适应行业条状发展需求而产生的，具有鲜明的行业特色优势与潜质；行业学院是把行业岗位标准、技术标准、管理规程融入人才培养体系，依托行业及其骨干企业建设的。[1] 还有研究认为，行业学院有助于高校强化服务区域经济发展能力，同时也能够助推行业企业提升技术进步与创新升级能力，实现地方应用型本科高校打造自身品牌特色的梦想。[2]

关于行业学院的产生，研究认为有以下三方面的原因。

一是因为区域经济发展状况的差异，如张根华等认为，经济发达地区高校东莞理工学院获得 2018 年度国家级教学成果奖二等奖的产教融合改革成果——《多模式特色产业学院推进产教协同育人的改革与实践》，是因为东莞的制造业发达，区域有较好的产业基础，所以"产业学院"探索别具一格。[3]

二是因为高校自身背景问题，在 20 世纪 50 年代，我国学习苏联的教育模式，建立了一批具有行业背景的高校，以服务计划经济时代行业发展。20 世纪末，随着高等教育政策的调整，行业高校管理权由行业下放到地方，且逐步向综合性高校发展。在转型发展的背景下，行业转制地方本科院校应加强其与行业的天然联系，整合行业主管部门、行业协会、行业企业资源，建立产学研联盟，简言之，办行业学院实际上是对行业的回归。[4]

三是没有行业背景的高校在转型发展中的一种探索模式，通过建设行业学院来服务社会，既可以兼顾区域经济社会发展需要，又超越了当地产业发展的需要，是一种"最佳"选择。比如，较早论述行业学院的朱林生、孙金

[1]　李宝银、方晓斌、陈美荣：《行业学院的功能分析与建设思路》，《教育评论》2017 年第 9 期。
[2]　陈新民、高飞：《我国高校行业学院：逻辑起点、演进路径与发展趋势》，《国家教育行政学院学报》2019 年第 8 期。
[3]　张根华、冀宏、钱斌：《行业学院的逻辑与演进》，《高等工程教育研究》2019 年第 1 期。
[4]　李宝银、方晓斌、陈美荣：《行业学院的功能分析与建设思路》，《教育评论》2017 年第 9 期。

娟认为，行业学院的来源是本没有行业背景的高校，在服务对象选取上是高校自主选择包括所处区域在内的若干行业作为服务对象，方式是合作办学，双方全程参与人才培养过程，并在科学研究、社会服务和文化传承创新等方面协同发展，既体现服务地方的深刻性，又追求对行业的支撑度。[①]

在专业建设案例方面，浙江树人大学围绕浙江省八大万亿级产业布局，先后成立浙江省养老与家政产业学院、树兰国际护理学院、山屿海商学院等9个行业学院。以投资学专业为例，该专业依托金融服务学院（行业学院），进一步优化人才培养方案、举办虚拟班、组建校企合作教学团队、推动教学改革与科学研究、鼓励学生创新创业以及强化实践教学体系，取得了报考率高、就业率高，服务行业效力高的好成绩。[②]

在行业学院发展趋势研究方面，张根华等以常熟理工学院为例，提出行业学院由 1.0 到 2.0 发展，其主要差异在于：目标内核由校企合作、亲近业界到产教融合、融入业界，建设主体由高校到"高校＋业界（行业协会）或工程教育联盟"；建设动因由转型发展到新工科建设；内驱动力由企业岗位就业需求到新业态发展对高素质人才培养要求；建设标准由面向高校到面向行业；建设路径由人才培养模式创新到人才培养体系再造。建设行业学院 2.0 的具体措施包括构建面向产业的建设质量标准、健全协作共赢的共同体体制机制和建设行业能力导向的人才培养模式。[③]

（三）关于区域产业变动影响专业改造的研究

早期关于专业改造的研究并没有特别关注区域产业变动的影响。如有研究认为，高校专业改造是由教育内部矛盾运动、学校培养能力与社会需求脱节、社会主义市场经济规律和教育要做到"面向世界，面向未来，面向现代化"三者综合决定的。专业改造的重点是按素质教育要求，坚持"少、宽、渗、优"方针，促进通用、急需、热门专业协调发展。[④] 换言

① 朱林生、孙金娟：《行业学院模式：新建本科院校应用型人才培养的新探索》，《大学》（学术版）2012 年第 12 期。
② 陈英、董自光、张亚珍：《行业学院框架下应用型本科人才培养的探索——以浙江树人大学投资学专业为例》，《浙江树人大学学报》（人文社会科学版）2018 年第 5 期。
③ 张根华、冀宏、钱斌：《行业学院的逻辑与演进》，《高等工程教育研究》2019 年第 1 期。
④ 侯文华、管德明：《高校专业改造之我见》，《南通工学院学报》1997 年第 2 期。

之，要重视专业设置与调整，在学校已有的基础和优势上办出特色。

后期的研究开始关注产业变动对专业改造的影响。其一，产业发展要求原有专业要通过新增课程等逐步进行改造。曾广杰等在分析浙江大学光电信息工程学科 50 年发展的基础上，提出这样一个疑问，即该学科在 20世纪 90 年代发展缓慢的原因是什么？他们通过研究发现其重要原因之一在于，专业工作的重心没有根据产业需求和社会发展做进一步适应性调整。面对这一情况及信息科学技术发展的现状，浙江大学在 1997 年进行了改革，在专业方向上予以调整，并开始创建"光电信息工程专业"，同时加强实践教学和对传统专业的改造。①

其二，面对传统产业升级引发的产业变动需要进行专业改造。有研究以石油与天然气工程类专业为例，研究发现技术进步和开采方式、开发方式的变化要求专业进行升级改造，要求学校通过搭建"对接产业、学生中心、产出导向"的引导性实践教学平台，构建凸显学生应用和实践能力、多方协同培养的教学模式。改造后的专业适应了产业升级要求。②

其三，面向未来的新兴产业，原有专业也要进行改造。从新工科的视阈出发，未来的新经济、新产业要求对原专业进行改造，其关键节点有四个：人才培养目标定位要由"学科驱动"向"需求导向"转向；课程方向要由"学科课程"向"能力导向"转向；人才培养模式要体现"亲产业"特征，治理模式要由"院校为主"向"协同育人"转向。③

三 文献评述

上述文献综述，从专业重构的影响因素、重构方式和重构效果（评价）对相关研究进行了梳理。虽然这些专业重构的文献，既涉及研究型高校、教学研究型高校、地方应用型本科高校，也涉及职业院校，但为研究专业重构进行了全景式扫描，为专门研究地方应用型本科高校面向产业的

---

① 曾广杰、刘向东、徐国斌：《继承 改革 发展——传统专业改造的探索与实践》，《合肥工业大学学报》（社会科学版）2001 年第 3 期。

② 付晓飞、杨二龙、王志华、张立刚：《面向专业改造升级的人才培养引导性平台建设》，《实验技术与管理》2020 年第 7 期。

③ 陆勇、方海林：《产业学院对传统工科的改造升级》，《高教发展与评估》2020 年第 6 期。

重构提供了有益借鉴。下面对已有的研究做简单的评述。

第一，影响专业重构的因素研究方面。已有的研究中内部因素对专业重构的影响的研究已经较为充分，许多研究从高校不同的办学理念，如就业导向、能力导向、需求导向、职业导向、专业认证出发，通过自主变革或对标建设，对原有专业及专业内部要素进行变革或重构。在外部因素方面，早期的研究主要从国家教育主管部门实施各种类型的专业建设项目，如特色专业建设、卓越工程专业建设、协同创新专业建设等，对高校进行的实践探索和思考进行了总结梳理和研究；近期的研究从学科知识增加和交叉融合等方面，对出现新工科、新商科、新文科等进而引起专业重构，进行了大量的研究。这为进一步的研究打下了坚实的基础，但是仔细观察和思考，还留有两个值得关注的空白。

一是不能够忽视外部因素中区域产业变动对地方应用型本科高校专业重构的影响。前文在研究背景中，谈到地方应用型本科高校基于自身的定位和职能，专业建设要面向产业，专业链要对接产业链和创新链，因此，区域产业变动是专业重构的重要触发点，需要关注。

二是不能忽视地方应用型本科高校在专业重构过程中，对高校组织变革行动的考察。已有实证研究的不足之处在于多数研究虽然将专业重构的方式、原则、创新方法等进行了系统考察和分析，但缺少对专业重构前的专业状况的考察，缺少对专业重构方式所带来的外部资源条件进入和补充的分析，缺少地方应用型本科高校如何在资源相对匮乏的情况下，"集中资源、保证重点、形成优势"的历史考察和战略分析。

第二，在区域产业变动和地方应用型本科高校专业建设的关系方面，应该说，面对区域产业变动，调整专业设置以对接产业链、专业集群发展以对接产业链是大方向。现有的研究主要集中在专业设置与调整，即通过设置新的专业，对接产业发展改造。此外，就是通过产业学院、行业学院等组织制度创新，实现专业集群，以便形成专业链对接产业链、创新链。但现有的研究忽视了以下两个问题。

一是面对区域产业变动，不能忽视原有专业的重构。进行专业结构调整，无非是新增专业、关停专业，但对现有的老专业怎么处理呢？是全面改造还是调整专业方向，值得深入探讨。通过产业学院、行业学院进行聚群建设，假如某一专业也被聚集其中，那么这个老专业要不要根据产业链和创新链的要求进行重构？如何重构？

二是在产业变动这个维度，现有的研究没有注意区分产业变动的类型，会导致原有专业在重构的路径选择上无所适从。比如产业逐步迁移到某一区域，或者产业因为各种因素在某一区域没有发展成支柱性产业，或者某一区域承接了其他地方转移过来的产业。也就是说，没有注意在较长时间段，区域产业变动的具体情况，而忽视区域产业变动的差异，会导致地方应用型本科高校原有专业在重构的路径选择上无所适从。

第三，在专业重构涉及的组织主体方面。目前关于专业重构的研究，主要涉及院校层面，面对外部因素的变化，高校组织采取了自主变革和对标建设两个行动，在这些行动过程中，还注重校企合作、产教融合。但从整个高等教育系统这个更宏观的视野看，现有的研究对高等教育的另外两个主体——政府和企业——考虑不够，对高校、政府和企业三个主体之间的互动研究探讨还不够。本书将在研究专业重构的案例基础上，回顾和描述高校、政府和企业三者之间是如何进行互动，以实现资源交换的。

第五节　研究设计

一　研究方法

（一）文献研究法

本书主要的研究方法之一是以党和国家的教育方针、政策为导向，汲取众多研究者的研究成果，结合案例研究，进行理论创新。因此，收集、整理和分析有关政策以及前人有关本课题的研究文献就显得尤为重要。因此，本书收集了四个方面的文献和资料。

一是收集了党和政府近20年来颁布的指导地方应用型本科高校发展的各类方针政策。大众化阶段和质量提升阶段相关文件，如《面向21世纪教育振兴行动计划》、《教育部关于全面提高高等教育质量的若干意见》（"高教质量30条"）、《教育部关于普通高等学校本科教学评估工作的意见》等；转型发展阶段相关文件，如《国家中长期教育改革和发展规划纲要（2010—2020年)》《教育部 国家发展改革委 财政部关于引导部分地方普通本科高校向应用型转变的指导意见》《国务院办公厅关于深化产教融合的若干意见》等。

二是收集有关省（区、市）关于推动新建本科院校发展、关于引导部分地方普通本科高校向应用型转变的实施意见，对其中较为重要的内容进行了认真分析与解读，为本书奠定了坚实的政策基础。

三是利用各种途径收集了国内外有关专业建设研究的大量文献资料，包括学术专著、研究报告、会议论文集、学术期刊等，并对不同时期的文献资料进行细致地整理、分析，由此了解本书涉及内容的研究动态与走向。

四是深入案例高校，收集和研究案例高校案例专业的《本科教学工作水平评估报告》、《本科教学工作审核评估报告》、《本科教学质量报告》、《本科毕业生就业质量报告》和各个阶段的人才培养方案。

（二）案例研究法

案例研究法是探索难于从所处情境中分离出来的现象时所采用的研究方法，案例研究法更适用于以下三种情形：①主要问题为"怎么样""为什么"；②研究者几乎无法控制研究对象；③研究的重点是当前的现实现象。[①] 案例研究方法乃是对大学进行深层次研究的一个强有力的工具。[②]

本书的核心问题是地方应用型本科高校，基于专业对接产业的目标，面对区域产业变动不居的外部环境，结合学校自身的内部环境，其原有的专业是如何适应新要求、新变化，实现专业重构的？其内在机制是什么？这是"怎么样"和"为什么"的问题，适合用案例研究法。

本书将以三所地方应用型本科高校的三个专业为研究对象，采取嵌套式案例分析的方法。嵌套式案例分析可以在明确的关键事件和时间顺序上，识别关键的因果关系与因素，[③] 能够在时间纵向上把握过程机理动

---

① 罗伯特·K. 殷：《案例研究：设计与方法》（原书第5版），周海涛、史少杰译，重庆大学出版社，2017。

② 伯顿·克拉克：《大学的持续变革——创业型大学新案例和新概念》，王承绪译，人民教育出版社，2008，第90页。

③ 皮圣雷、张显峰：《技术突变下在位企业如何用合作制衡替代进入者——漫友文化有限公司的嵌套式案例研究》，《南开管理评论》2021年第1期，第97~107、130~132页。

态性和系统性①。对于本书而言，将概述三所地方应用型高校的基本情况、转型发展情况，分析案例专业重构前情况、重构过程及期间的关键事件、重构后的效果，并在案例比较的基础上探讨其内在逻辑。

本书通过访谈三所学校校领导，教学学院院长、副院长，专业负责人，教师，实验人员，职能部门负责人，学生等（具体情况见附录3），全面考察其专业重构的顶层设计、实施效果、困惑等。在访谈资料的处理上，笔者不是简单的阅读和编码，而是作为阐释者，将受访者的话语放在其所处的情境下进行分析，既尊重受访者，不曲解受访者意图，又在形成概念和逻辑关系的过程中与其他文献碰撞，尝试与文献对话，让资料为自己说话。在具体操作上，不仅讲好故事，讲好中国故事，还试图让案例与已有知识发生对照，从而产生新的知识。②

（三）比较研究法

"比较教育研究是教育科学知识的源泉。"③ 比较研究法是把两个或以上相同或相似的事物，放在一起，从同一视角和维度，不断进行对比与分析，以便找出两者之间的相同点和不同点，探究其中的内在规律。比较研究法，尤其是多个案比较研究法通常是经过比较异同，来建构或者展示解释性理论，最终形成中层理论。④

本书运用比较研究方法，一是比较三个案例学校在原有专业重构过程中遇到的难题以及高校组织是如何应对这些难题的，试图解释专业重构的发生逻辑，即共同性问题。二是分析为什么同是地方应用型本科高校，面对区域产业发生变动的外部环境，其专业重构的切入点、过程和方式不一样，即差异性问题。通过对共同性问题和差异性问题的比较分析，得到相关结论。

---

① 罗顺均、李田、刘富先：《后发追赶背景下"引智"学习促进企业升级的机制研究——基于珠江钢琴 1987～2013 年嵌套式纵向案例分析》，《管理世界》2015 年第 10 期，第 144～159、188 页。

② 张静：《案例分析的目标：从故事到知识》，《中国社会科学》2018 年第 8 期，第 126～142、207 页。

③ 王英杰：《再谈比较教育学的危机》，《比较教育研究》2007 年第 3 期，第 15 页。

④ 蔺亚琼：《多个案比较法及其对高等教育研究的启示》，《高等教育研究》2016 年第 11 期，第 39～50 页。

二 研究过程

（一）研究抽样

"专业对接产业""专业链对接产业链、创新链"是新时代应用型高校专业建设的重要要求，但问题在于，对于某一区域而言，区域产业在较长的时间单位内是变动不居的，比如，有三种典型的情况：第一种情况是，地方高校所在区域没有某一产业，但地方政府谋划发展某一产业；第二种情况是，区域以前有某产业，后因经济结构调整，该产业发展不够充分，其在区域经济结构中不占主导地位，不是主导产业；第三种情况是，区域有某一产业，逐步发展壮大，该产业成为区域重要产业。

演化经济地理学对上述现象进行了研究。首先，演化经济地理学批评了经济地理学不关注历史在区域经济学中的作用；其次，强调从时间的角度，去研究区域产业的起源、变化、发展方向和变化速度，即研究区域经济的动态变化；最后，将区域产业发展看成一个动态变化的过程，且引入动态分析的概念和理论来解释区域产业变动的过程。[①]

比如，演化经济地理学关于区域产业变迁的路径依赖模型，就揭示了区域产业变动的过程，Martin 和 Sunley 借用新制度主义路径依赖，将区域产业变化情况分为以下 4 个阶段：第一个阶段，因为某个偶然或随机事件，某个产业或企业布局于某个地区；第二个阶段，在示范效应和产业聚集作用下，新产业快速发展，新发展路径形成；第三个阶段，经过一定时间的发展，某个产业在区域经济内的份额保持相对稳定，成为重要产业，进而形成路径锁定；第四个阶段，路径解锁，不可预测及非预期因素或时间，导致某一产业发生变异，产业最终或转型升级、或衰退与消失。[②] 简言之，从历史的视角看，在某一区域内，对于某一产业而言，它和企业一样，也

---

① 黄利秀：《从新经济地理学到演化经济地理学：区域政策含义及其启示》，《商业研究》2014 年第 9 期，第 21～26、80 页。

② 贺灿飞、李伟：《演化经济地理学与区域发展》，《区域经济评论》2020 年第 1 期，第 39～54 页。

呈现进入与产生、发展与转型升级、退出或消亡等类型。[1]

本书采用的抽样方式是"目的性抽样"，抽取那些能够为本书提供最大信息量的样本。[2] 就研究设计而言，从可操作性角度，本书具体使用的是"最大差异抽样"，即被抽中的样本所得出来的研究结论，将尽可能地覆盖研究现象中不同情况。[3] 这样做的目的，是为更好、更全面地探讨地方应用型本科高校面对的区域产业变动的不同情况，在这些情况下如何进行专业重构，以及背后的逻辑，以期为实践提供参考。

基于此，本书抽样兼顾两个方面，一方面是中西部地区的地方应用型本科高校，且是新建地方本科高校，目前正在朝着建设应用型本科大学方向前进；另一方面是区域内产业变动的三种类型，即新产业进入、产业转型升级、产业发展不充分或退出。但在具体抽样时，以高校为主线，高校所在区域产业变动情况为辅线，选择专业和产业。

关于区域产业发展情况，本书将在具体案例研究章节进行描述，重点描述某一产业在区域内的总体情况和发展历程。关于三所案例高校的具体情况，本书也将在具体案例研究章节进行较详细叙述，在此只做简单说明。

一是办学历史相似。三所高校都是在中国高等教育大众化时期，以一所专科学校为主，合并两所或三所中专学校，升格为新建本科高校。在升本之初，均以合校、建新校区和接受教育部本科教学工作水平评估为三大任务，进行第一次转型。目前，都在向应用型高校转型发展。

二是现阶段学校定位基本一致。三所学校都是所在省份首批转型发展试点高校，办学定位都是地方性、应用型、教学型，实施应用型本科教育，培养面向基层和生产一线的应用型人才。

三是学科专业和办学规模相当。在学科方面，三所学校组建的时候，有两所是以师范高等专科学校为基础组建的，学科专业是在师范的基础上

---

[1]　贺灿飞、黎明：《演化经济地理学》，《河南大学学报》（自然科学版）2016 年第 4 期，第 387～391 页。

[2]　Patton，M. *Qualitative Evaluation and Research Methods*. 2nd Ed，Newbury Park：Sage，1990，p. 67.

[3]　陈向明：《教师如何作质的研究》，教育科学出版社，2001，第 42 页。

发展而来的；一所是以工业中专为基础，发展成高等专科学校，逐步设立人文、管理等其他学科专业。目前，三所学校学科涵盖工学、理学、经济学、管理学、文学、教育学、艺术学等七大学科门类，有两所学校还开办了医学，另外一所学校办有农学和历史学。在专业方面，据三所学校官网，截至 2023 年 5 月，A、B、C 三所学院专业分别为 53 个、58 个、58 个，理工科专业数量均超过 60%。在办学规模方面，在校生数量有 18000～20000 人，教职工人数在 100～1200 人，校园占地面积在 100 公顷左右。

不同在于，一是三所学校分布区域不同。其中 A 学院所在区域经济相对发达，B 学院和 C 学院所在区域经济实力一般，产业优势不够突出。二是办学基础不同。A 学院和 C 学院前身主体是师范高等专科学校，B 学院前身主体是服务工业经济的高等专科学校。

（二）资料收集方法与访谈资料编码

一是通过案例学校的官方网站及非官方网站搜集公开的信息。比如，通过三所案例高校信息公开栏目，可以收集各学校的《大学章程》、《"十三五"事业发展规划》、《本科教学质量报告》、《本科毕业生就业质量报告》以及部分人才培养方案等资料；通过官方网站还可以收集有关建设与改革方面的新闻、综述、人物专访等；通过中国知网，可以收集案例高校主要领导、跨界能力的学术骨干、教师撰写的相关研究论文。

二是到案例高校进行田野调查。本书正式的田野调查开始于 2019 年，分三个阶段。一是 2019 年 4 月 22～25 日，笔者利用在常州大学参加学术会议的机会，来到毗邻的江苏无锡中国宜兴环保科技工业园（简称"宜兴环科园"），对 B 学院的宜兴工程学院进行调研；2019 年 5 月 23～26 日，到 B 学院调研。二是在完成第一个案例高校的资料分析，理论初步浮现后，进一步明确研究问题和下一步研究方案。三是完成另外两个案例高校的资料收集。2019 年 12 月 11～18 日完成了对 A 学院的调研，2019 年 12 月 24～31 日完成了对 C 学院的调研。

在田野调查过程中，一是经别人介绍，经事前沟通，与被访者约定好访谈地点和时间，按照访谈提纲进行访谈，本书一共访谈了 A 学院 11 人、B 学院 10 人、C 学院 11 人，具体情况见附录。二是请受访者提供相关资料，如人才培养方案、校企合作协议、工作总结计划等。三是在调研期间，了解校园环境，关注并拍摄学院的宣传栏等资料，收集校史、校报等资料。四是征求教师同意，旁听了 A 学院、B 学院案例专业的课程各两次，旁听了 C 学院案例专业的课程一次。

在资料处理方面，一是将完整的访谈录音，用科大讯飞转录成文字，笔者结合录音和当时记录，对文字进行校正。二是及时撰写备忘录和心得体会，以便理解深度访谈的内容和受访者观点。三是在资料呈现时，将访谈文字稿进行编号，嵌入分析过程中。比如 A01，代表 A 学院编号为 01 的受访者的访谈材料，以此类推。

（三）研究信度与效度

本书研究方法之一是案例研究法，属于质性研究范畴，有着与量化研究所不同的信度和效度标准，因此，在案例研究中，更多关注研究的真实性和可靠性。为了确保研究的真实性与可靠性，笔者主要采取以下四个方面的措施。

一是鉴于笔者本身就是关键的研究工具，笔者在研究过程中不断地自我反思，及时撰写备忘录，排除自身偏见。

二是保证研究过程的真实性。在研究过程中，在征得受访者同意的情况下录音，并及时转录；在不能录音的情况下，及时做好访谈内容的记录和整理，减少因记忆的消退而带来的信息失真的情况。

三是在研究中采用"三角互证"的方式。为了确保研究的真实性及可靠性，本书通过多来源、多场合、多人次的方式来增强"三角互证"，尤其注重不同人员之间的"三角互证"和不同类型资料（观察、文本资料、访谈信息）之间的"三角互证"。

四是采用参与者检验的方式。参与者检验主要是指研究中的参与者对研究结果的反馈。本书在得出初步结论后，分别与三所案例学校的一位受访者联系，告知自己的研究结论，从他们那里得到反馈信息，以确定笔者没有误解受访者所想表达的真实想法，尽管这个过程很费时费力，特别是关于理论和分析框架的解释受访者会提出不同看法，但他们表示，本书的分析框架是合理的，研究结论具有现实针对性和可操作性。

（四）研究的伦理考量

在案例研究中，因为涉及田野调查和深度访谈，笔者会对研究有影响。比如，笔者的个人理论储备和理论偏好，不可避免地会对研究结论有影响。本书在受访者的选择上，遵循自愿、尊重隐私和保密的伦理原则；在访谈之前，告知受访者自己的身份、研究的性质和内容，在受访者自愿的前提下开展下一步的研究活动。

在本书中，很多受访者与笔者在研究之前是陌生人，面临着"交浅而言深"的挑战。笔者一方面在访谈之前做足了功课，通过博客、期刊文章、硕博论文库、新闻报道、单位的网站，收集受访者的资料，将有限的访谈时间用于获取其他途径无法获得的对受访者的理解和诠释上，节约受访者的时间。另一方面真诚尤为重要。一个从未见面的人坐在你面前，短短的半个小时、一个小时，你希望挖掘出更深层的东西，人家凭什么告诉你呢？笔者并不是去求证某个观点，更不是去窥探。在访谈过程中，笔者要更多地考虑受访者，尽可能少给受访者增加麻烦，做到准时和守时，如约好50分钟的访谈，到时间后征求受访者的意见，尽量不拖延；如果得知受访者还有其他安排，尽管想问的问题还没问，也需要终止访谈；在访谈过程中，如果受访者要接电话，及时中断录音。此外，本书后期还通过电话访谈的形式，补充了对有关关键任务的访谈。

三 研究思路

本书围绕研究问题，按照"提出问题—案例研究—案例比较—结论与展望"的思路展开，具体框架如图1-3所示。本书主要研究内容如下所述。

第一章是绪论部分。本章阐述了研究背景、概念界定、文献综述、研究方法、研究设计等基本问题。

第二章是理论基础与分析框架部分。首先，本书认为，专业在中国作为一个实体，从院校的层面讲，专业建设应该成为转型发展的关键；其次，从资源依赖理论出发，论述地方应用型本科高校专业建设，尤其是原有专业，面对内外环境的变化，进行专业重构需要依赖多种资源，这些资源对专业建设或专业重构起到重要作用；再次，专业要想获取专业重构资

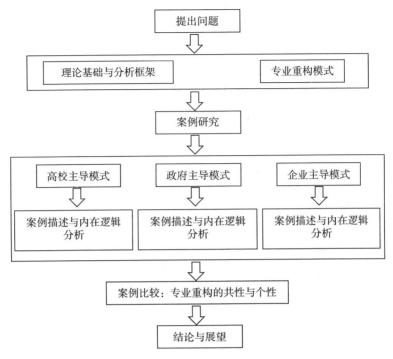

图 1 - 3 本书结构框架

源，高校组织必须进行变革，通过制度创新、组织创新，促进与政府和企业互动，获得资源；最后，根据上述分析，构建分析框架并划分专业重构的不同模式。

第三章、第四章、第五章是案例研究部分。在此部分，本书深描了三所地方应用型本科高校重构的内外部环境、组织变革，然后以某一专业为例，对专业围绕核心要素进行重构的过程、重构的效果进行描述。除此之外，在这一部分，本书还将对专业重构的不同模式进行描述和初步的理论探讨。

第六章是案例比较部分。依据研究问题，本书对原有专业之所以能重构、重构过程中的共性和个性进行比较，以期得出有益的启示，推动地方应用型本科高校的实践探索。

第七章是研究结论与展望部分。在前文分析基础上，此部分内容再次归纳和总结了研究结论，对研究进行整体反思。

第二章　理论基础与分析框架

前文对文献的梳理表明，影响地方应用型本科高校专业重构的内外部因素很多，区域产业变动只是其中的一个重要因素。在强调"专业面向产业""专业链对接产业链、创新链"的语境下，研究地方应用型本科高校专业重构，首先要分析的是区域产业的情况，再反馈到专业重构上来。然而问题在于，专业重构并不是自然而然发生的，专业重构的各个要素，如人才培养方案、课程体系、师资队伍、实践教学、支撑条件等的变革和重构，需要依赖各种资源。那么，资源与专业重构的关系如何？资源提供者是谁？怎样才能够撬动各种资源进入专业？为什么同是地方应用型本科高校，面对区域产业发生变动的外部环境，其专业重构的切入点、过程和方式不一样？

本章依据上述问题展开，首先，概述资源依赖理论和三螺旋理论及其在本书中的应用；其次，依据理论基础，根据研究问题，进行理论整合，构建分析框架；最后，划分专业重构的三种模式，为案例研究分类奠定基础。

第一节　理论基础

一　资源依赖理论

资源依赖理论起源于塞尔兹尼克对田纳西河流域管理局的研究，田纳西当局发现仅仅做好组织内部的事情，并不能提升当局服务的满意度，因而，实施了一项吸收南方精英参与治理的行为改革，这被塞尔兹尼克抽象为"共同抉择",一方面通过组织部分权力让渡转化矛盾,另一方面变依赖对象为对方依赖,即"共同抉择"是组织主动控制环境的一种策略。

沿着"共同抉择"的研究思路,汤普森和麦克埃文通过对证券、保险等金融机构吸纳银行管理者加入董事会的案例进行分析,发现了组织转换资源的两大途径——合作联盟和谈判商议。同时,他们的研究还发现:其一,组织对外部环境的依赖程度与外部环境提供资源的稀缺性和需求成正比;其二,与资源的可替代性成反比。[①]

但是共同抉择也好,联盟模式也好,还存在两个问题,即一个组织寻求另一个组织联盟的标准是什么?组织与组织联盟后的关系状态是什么?这两个问题还有待进一步挖掘。于是,菲佛和萨兰基克进行了进一步的研究。他们在《组织的外部控制——对组织资源依赖的分析》一书中认为,既然组织的资源不是自给自足的,那么资源就是控制的基础。如果一个组织依赖其他组织的资源,就存在控制和被控制的关系。但组织并不是被动的,组织需要反控制,即"对控制环境进行控制"。[②]

从资源依赖理论发展的简史梳理可以看出以下三个方面。第一,资源依赖理论的基本假设(见表 2 - 1)。

表 2 - 1 资源依赖理论的基本假设

理论	假设 1	假设 2	假设 3	假设 4
资源依赖理论	组织的首要目标是生存	无论是什么组织,其自身都无法生产满足生存所需要的全部资源	组织为了生存,则必须不断地与其他组织之间进行交换或者是互动来获取资源	任何组织生存能力的核心都在于该组织如何改变、控制与其他组织之间的关系

第二,环境分析是理解组织行为的重要步骤。这是因为,组织离不开外在的环境,组织为了生存和发展,必然要与环境中的其他主体进行交换,以获取组织自身所需要的资源。在这个意义上,环境是组织必须时时

---

① Thompson, J. D., and McEwen, W. J. "Organizational Goals and Environment: Goal Setting as an Interaction Process." *American Sociological Review*, 1958, 23: 23 - 31.

② 杰弗里·菲佛、杰勒尔德·R. 萨兰基克:《组织的外部控制——对组织资源依赖的分析》,闫蕊译,东方出版社,2006。

刻刻注意的问题，正如古人所强调的，凡事要"因事而化、因时而进、因势而新"。那么，如何分析组织环境呢？资源依赖理论强调了以下三个角度。一是环境的结构及其特征，它包括资源丰富程度（多寡）、资源的集中程度（高低）、主体间联系的相关性（强弱）。二是不确定性，尽管组织可以根据理论和经验预测环境的变化方向，如第四次工业革命与新工科建设、高等教育普及化与教育方式变革、应对新冠疫情与现代化教学等，但任何组织都不能完全精准地预测到环境的发展状态，且不确定性的环境与组织相关联时，更能对组织造成不确定性的影响。三是主体间联系的相关性，这种相关性主要体现在，在整个组织场域内，组织与组织的相互依赖或者产生冲突的程度，有时候强，有时候弱，并非一成不变，其根源在于依赖程度的高和低。

第三，组织只有对环境变化做出积极主动的适应和改变才能持续发展。尽管组织在很大程度上受到外部环境的限制，但组织有共同目标、有相对正式化的结构和规则、有集合在一起的行动者，目标、规则和行动者决定了组织具有主观能动性。组织可以发挥能动性，积极主动地适应环境、改造环境或控制环境，减少环境对组织发展的影响，进而维系组织的生存，推动组织的发展。

陈霞玲和屈潇潇依据资源依赖理论，研究了地方高校转型发展过程中，组织通过顺从、缓冲、适应、沟通、改变、创造等获取资源的组织策略，并且指出，越往右边，组织对环境的控制能力越强（见图 2-1）。[①]具体内容如下所述。

一是顺从。组织不做任何改变，被动地适应环境，如地方高校遵照政府要求和企业的需求办学。这样往往导致组织利益损坏，组织的依赖程度进一步加深，组织持续发展受到影响，因而，顺从策略不符合组织获取长期利益的要求。

二是缓冲。地方高校不主动变革内部，而是加强与外部联系，如聘请企业师资、加强实践教学基地建设等，"虽然缓冲能够使组织度过不确定

---

① 陈霞玲、屈潇潇：《地方高校转型发展策略探析——基于全国 185 名地方高校级领导的调查研究》，《中国高教研究》2017 年第 12 期。

性或者不稳定性的时期，但是不能从根本上消除脆弱的根源"。

三是适应。通过改变组织内部结构和工作流程等，尽量减少不适应外在环境的结构和工作流程产生的阻力，让组织灵活机动地适应外部环境，如地方高校主动调整学科专业结构、组织结构，进行教学、科研体制改革等。因而，适应是组织减少依赖的有效方式之一。

四是沟通。"谈判可以帮助稳定组织与环境之间的相互交换和减少不确定性"，如地方高校建立行业企业参加的董事会，吸纳企业、政府和社会成员参与教学指导委员会、招生工作委员会等。

五是改变。组织进行管理内外部环境的主动变革，进而去尽量控制影响组织发展的因素，变环境为议定环境，使组织受到的外部控制不断变弱，如与行业企业合作，共建教学学院或实习实训基地，尤其是共建混合所有制学院，就是高校主动变革，去控制环境。

六是创造。指"通过法律、政治行动和改变等①合法性的定义来创造环境"，尽管其可以从根本上改变组织对外部的依赖，但也是最难的方法。比如，众多关于产教融合的研究提到要改变政府税收政策，吸引和支持企业参与校企合作和产教融合，但基于系统论，单一的建议很难改变政府决策。

组织的主观能动性越强，组织对环境的控制能力越强，组织对其他组织的依赖越少，在各方面能力都增强的情况下组织就由生存目标向提升组织效力不断转变（见图 2-1）。在这个意思上，可以说，组织越是采取左边的组织行为，该组织受制于环境约束越严重，组织越趋向于生存，反之相反。②

资源依赖理论给本书提供了以下三个方面的启示。

第一，高校里的专业建设，包括专业重构，需要依赖各种资源。在我国，专业是一个实体组织。依据资源依赖理论，所有组织都不能自给自足，都需要与外在的环境进行交换。那么，高校的专业建设包括专业重

---

①　费显政：《资源依赖学派之组织与环境关系理论评介》，《武汉大学学报》（哲学社会科学版）2005 年第 4 期。

②　陈霞玲、屈潇潇：《地方高校转型发展策略探析——基于全国 185 名地方高校校级领导的调查研究》，《中国高教研究》2017 年第 12 期。

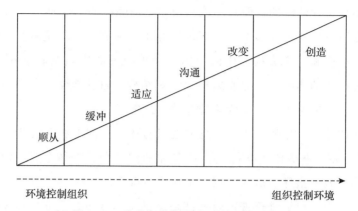

图 2 - 1　地方高校转型发展组织控制策略

资料来源：陈霞玲、屈潇潇《地方高校转型发展策略探析——基于全国 185 名地方高校校级领导的调查研究》，《中国高教研究》2017 年第 12 期。

构，需要高校组织与外在环境进行资源交换，以满足其生存和发展的需要。

第二，高校的专业重构，需要高校进行组织变革。依据资源依赖理论，组织并不是被动适应环境，组织也存在主动性，能够改变环境、创造环境。对专业而言，专业并不能直接控制内外部环境，专业对环境的改变与创造取决于专业的更上一级的组织——高校的组织变革。简言之，专业重构取决于高校的组织变革。

第三，不同的资源会影响组织变革行动。资源的稀缺性和重要性决定了组织对环境的依附程度，进而影响组织的内部和外部活动。在高校组织里，外部环境的不同资源类型会影响高校组织内外部的活动，不同的资源会影响专业重构过程中核心资源的获得，进而导致组织变革行动的差异。

二　三螺旋理论

现在大家都认识到，影响现代大学建设和发展的外部组织，主要是政府和企业两类。从理论发展来看，较早探讨影响高校组织主体的是伯顿·克拉克，他从大学知识的生产与传播这一特点出发，将大学作为一个组织来研究，论述了高等教育系统，提出了学术 - 政府 - 市场三角协调模型，即影响高等教育系统的三个主体：学术、政府和市场。

国内学者李立国对学术 - 政府 - 市场三角协调模型进行了拓展，他的观点包含以下三个方面。其一，随着知识生产模式的改变，普通教师、行政人员、学生及其他利益相关者参与了大学知识生产与传播活动，大学知识的生产与应用不再简单地遵循单纯的学术逻辑，不再仅仅局限于学术权威，因此应该将影响高等教育系统的学术权威拓展为大学。其二，除了政府外，国家的法律、政党活动等也影响高等教育，因而可以将政府拓展为国家。其三，文化和宗教可以影响高等教育系统，比如儒家文化影响东亚大学，伊斯兰教文化影响伊朗等国家的大学。故而，社会比市场范畴更大，可以将市场拓展为社会。因此，形成关于大学治理的新三角模型，即"大学－国家－社会"三角模型，新三角模型表明，随着环境的变化，影响大学组织的主体可以拓展为大学、国家和社会。[①] 由此，我们可以得出影响高校组织发展的三个主体——大学、国家和社会，其中社会包括企业。

如果说，伯顿·克拉克主要是从高等教育系统的角度提出三角模型，李立国主要是从大学治理的角度拓展了新三角模型的话，那么从社会创新的角度，亨利·埃茨科威兹提出的三螺旋理论，则将大学、政府、产业视为三个重要的创新主体，三者借助市场需求这个纽带，围绕知识的生产、转化、应用、产业化以及产业升级，相互联结在一起，形成三种力量，相互影响、抱成一团、螺旋上升，构成了三重螺旋关系。三螺旋理论的核心要点如表2－2所示。

三螺旋理论中，三个主体之间的关系是：大学、政府和产业都在进行人员循环、信息循环和输出循环。大学内核循环输出的是人力资源、科学发现和技术发明、大学衍生公司或高技术公司；政府内核循环输出的是资金、政策法规和信息网络等；产业内核循环输出的是商品、税收、R&D 投资。大学、政府和产业这三者之间的循环，产生的是 ROI 区域战略、RII 发动力、合作项目计划、合作网络。[②] 由此可见，在国家创新体系中，影响大学组织的另外两个主体——产业（以企业为代表）和政府的地位和作用进一步凸显。

[①]　李立国：《大学治理变迁的理论框架：从学术－政府－市场到大学－国家－社会》，《清华大学教育研究》2020 年第 4 期，第 1～9 页。

[②]　亨利·埃茨科威兹：《三螺旋——大学·产业·政府三元一体的创新战略》，周春彦译，东方出版社，2005，第 145～148 页。

表 2－2　三螺旋理论的核心要点

三螺旋创新体系运行步骤	①两个机构领域之间或三个机构领域之间的实质性合作 ②每个机构领域内部的革命性变革，它们在增强各自内核功能的同时，延伸和拓展其他机构领域的一些功能
三螺旋创新体系的要素	（1）宏观层面：大学、政府、产业 （2）微观层面： ①个体创新者与机构之间 ②R&D 与非 R&D 创新活动之间 ③单一机构领域与多机构领域（混合）
三螺旋创新体系的关系	①技术转移 ②合作与冲突协调。冲突体现在任务冲突、关系冲突 ③合作领导 ④替代 ⑤网络
三螺旋创新体系的功能	知识空间——知识的生产 创新空间，如科技园、孵化器 趋同空间，如理事会、董事会

马永斌、王孙禺在系统考察大学、政府和企业关系时，运用了资源依赖理论去解释三个主体的关系，他们认为，三类组织分别拥有属于自己的专用资源，同时存在资源依赖关系。比如，大学依赖企业的资金支持、技术、教学实验基地、科研转化场所和产品孵化基地；大学依赖政府的资金、政策和宏观指导；企业和政府依赖大学的人才、科技、知识、资源。[①]此外，大学、政府和企业之间的关系还可以用交易成本理论来解释，如三者合作和联盟是为了降低交易成本，如何平衡三方利益成为重要问题，三类组织在合作中要不断调整目标，进行组织创新。尽管对三类组织之间的互动有不同的理论解释，但毫无疑问的是，大学、政府和企业是影响大学自身发展的三个重要主体。

三螺旋理论给本书提供了以下三个方面的启示。

第一，在应用型专业重构的过程中，主要是三个主体——大学、政府和企业——在其中发挥作用。

第二，三个主体分别拥有属于自己的专用资源。比如，大学具有人才

[①]　马永斌、王孙禺：《浅谈大学、政府和企业三者间关系研究》，《清华大学教育研究》2007年第 5 期。

资源、知识资源、科技资源；企业具有技术资源、教学实验场所、科研转化场所、产品孵化基地以及管理人员和技术人员；政府具有资金资源、政策资源。

第三，三个主体互相提供资源、交换资源。这种资源交换与互动，是专业重构的动力。

第二节　分析框架

一　资源维度：专业重构所依赖的资源类型、作用、提供者

（一）专业重构所依赖的资源类型

菲佛与萨兰基克在《组织的外部控制——对组织资源依赖的分析》中，开宗明义地指出，"组织根植于相互联系以及由各种各样的联系的网络之中。所需要的各种资源，包括财政资源、物质资源以及信息资源，都是从环境中得到的，因此使组织不得不依赖这些资源外部提供者"[①]。他们在研究企业组织时还发现，企业组织依赖其他组织的资源包括组织合法性、经费、人才、技术投入、客户等。

资源依赖理论也被用来研究高等教育问题，从现有文献看，研究者将大学作为一个组织，并对其资源依赖类型进行了研究，主要包括以下六个方面。

一是从一般高校组织及发展看，刘献君将高校组织依赖外部组织的资源划分为三维九要素。三维即基础性资源、发展性资源和衍生性资源。九个要素分别是人力、物力、财力；学术、市场、政府；观念、文化、制度。[②] 李从浩从资源依赖角度出发研究大学战略行为，认为高校组织需要依赖保障高校运行的基础性资源、学科规划"话语权"、人事任免权、资金投入和政策等资源。因此高校组织采取顺从、控制依赖和影响环境等策

① 杰弗里·菲佛、杰勒尔德·R.萨兰基克：《组织的外部控制——对组织资源依赖的分析》，闫蕊译，东方出版社，2006，第4页。
② 刘献君：《应用型人才培养的观念与路径》，《中国高教研究》2018年第10期，第6~10页。

略来获取资源。①

二是从新建本科高校发展历史看，刘静茹以常熟理工学院为案例，以资源依赖理论为分析框架，认为高校组织发展需要从外部组织中获取政策资源、财力资源、人力资源与空间资源；案例高校通过控制稀缺资源，把握学科、专业、师资三个关键资源，通过组织变革、创造发展环境，成功实现了向本科高校转型。②

三是从地方应用型本科高校看，王绿原认为，地方应用型本科高校依赖政府的财政拨款、政策红利；依赖企业的实习实训基地、技术人才、企业项目资源；依赖其他社会组织资源对高校的认可度、社会组织捐赠资源。③ 曾婧认为地方应用型本科高校依赖地方财政、高考生源、地方政策、就业市场等资源。④

四是从地方高校转型发展看，杨小秋和曲中林从地方高校向应用型转型发展的环境出发，提出转型发展要谋划资源转型，建议通过组织发展战略，获得政府资源、企业资源、专业学位资源和校友资源，通过资源驱动助推转型发展。⑤

五是从民办高校发展看，张会敏以华中科技大学武昌分校为个案，描述了独立学院"高度的多重资源依赖性"特征，如民办高校对投资方的资源依赖，主要是办学资金以及校园用地、校园用房、仪器设备、图书资料；对申请方（主办方）的资源依赖主要是管理干部、师资、教学制度、学校文化；对政府的资源依赖主要是政策。⑥

六是从国外高校发展看，孙健、王沛民以印度理工学院为案例，对其

① 李从浩：《资源依赖下的大学行为选择》，《高教探索》2017 年第 4 期，第 29～36 页。
② 刘静茹：《资源依赖视角下新建本科院校的变革与转型——基于常熟理工学院的案例调查》，《现代教育管理》2016 年第 3 期，第 58～64 页。
③ 王绿原：《资源依赖理论视角下应用技术大学发展路径研究——以 Q 学院为例》，硕士学位论文，广西师范大学，2017。
④ 曾婧：《基于资源依赖理论的地方高校转型发展策略》，《黑龙江高教研究》2019 年第 4 期，第 29～31 页。
⑤ 杨小秋、曲中林：《地方本科院校转型发展对于资源的依赖与获取》，《黑龙江高教研究》2018 年第 5 期，第 74～77 页。
⑥ 张会敏：《独立学院的发展道路探索——基于资源依赖的理论视角》，硕士学位论文，华中科技大学，2008。

获取资源的战略进行研究，认为印度理工学院能够在短短 50 年内成为亚洲及全世界知名的研究型大学，得益于其执行了服务社会、国际合作、联系校友这三个重要的获取资源的发展战略，从而形成了竞争优势。[①]

依据资源依赖理论，结合地方应用型本科高校专业建设的特征，本书将专业重构所需要的资源做如下分类（见表 2-3）。

表 2-3　地方应用型本科高校专业重构所需要的资源分类

资源类型	资源描述
政策资源	合法性政策；支持性政策
信息资源	行业产业对人才规模、规格、能力的需求；对技术服务的需求
知识资源	显性知识，主要是行业企业发展的最新共性技术；缄默知识
人才资源	实习指导教师；"双师双能型"教师；产业教授
教学资源	实践教学场所资源
资金资源	直接性资金支持；间接性资金支持

（二）各种资源与专业重构之间的关系

1. 政策资源何以影响专业重构

在高等学校系统的外部力量中，首先要考虑的是国家权力对专业建设的影响。因为，从国家整体利益出发，政府会通过政策来干预专业设置与专业建设，尽管因为政体不同，所以干预方式和行为有所差异，但总体而言，国家对专业建设的干预，主要体现在合法性政策和支持性政策。

合法性政策方面，表现在以下三点。一是在我国，教育部出台指导性的普通高校本科专业目录，这也意味着高等学校办专业，需要按照政府颁布的专业指导目录进行，在目录范围内的专业获得了政府的合法性支持。二是在我国，政府为了引导专业教育服务经济社会发展，还设置了特设专业和国家控制布点专业，国家权力的介入意味着一个学校没有获得国家的授权，是不能够开设特设专业和国家控制布点专业的。三是在我国，政府制定专业设置、专业评估、专业建设质量标准等相关法规和管理制度，这

[①]　孙健、王沛民：《基于资源观的大学发展战略初探——以印度理工学院为例》，《高等工程教育研究》2008 年第 3 期，第 74~78 页。

会影响高校专业建设定位、人才培养方案制订、课程结构、师资配备，以及专业建设和发展必备的支持条件。

支持性政策方面，表现在以下两点。一是政策支持，以国家级"专业综合改革试点"为例，教育部《关于启动实施"本科教学工程""专业综合改革试点"项目工作的通知》（教高司函〔2011〕226号）明确支持高校"通过自主设计建设方案，推进培养模式、教学团队、课程教材、教学方式、教学管理等专业发展重要环节的综合改革"。二是资金支持，如国家级"专业综合改革试点"项目，教育部对部属高校"每个建设点支持建设经费150万元"。

2. 信息资源何以影响专业重构

三螺旋理论强调，在高校、政府和产业三个主体之间，他们的互动和运行状态是人员、信息和产品的螺旋循环。也就是说，因为三个不同性质的组织之间存在信息不对称问题，三螺旋的运行必然涉及信息资源共享。专业重构也是如此，无论是专业设置、专业调整，还是人才培养方案的制订，都离不开大学组织对信息资源的获取及掌握。

一是区域产业结构影响人才培养方案制订。地方应用型本科高校的学科专业结构与地方产业结构之间紧密互动，必然要求高校反向设计，以区域产业结构变动来驱动专业改革，进而构建和完善学校专业群与地方产业链的紧密对接及良性互动机制。[①] 其中关键是地方高校要掌握区域产业发展的信息，高校所在的区域有什么样的产业？产业结构如何？哪些产业是主导产业、哪些产业是关联产业、哪些产业是基础性产业？在某一个产业当中，是否具有全产业链？如果没有全产业链，是处在产业链的上游、中游还是下游？规模以上的企业主要集中在产业链的什么位置？龙头企业发展战略如何？政府的产业政策，即区域政府想重点发展哪些产业？这些产业对人才、技术需求状况如何？以上这些问题都是需要去了解的。

二是人才需求侧信息影响人才培养方案的制订。应用型本科高校是"为学生提供学术和职业准备，以培养应用科学和现代技术领域的在管理

[①] 董立平：《地方高校转型发展与建设应用技术大学》，《教育研究》2014年第8期，第67~74页。

岗位上的工程师和技术师为目标"①,作为培养为区域经济社会发展服务人才的地方应用型高校需要清楚地知道,产业所需要的应用型人才的规模和数量、典型工作岗位及岗位能力要求。除此之外,还需要通过调研,了解目前学校所培养的毕业生在企业发展的状况,用人单位及毕业生对应用型人才培养的意见和建议。

3. 知识资源何以影响专业重构

20世纪中期,哲学家波兰尼将知识分为言传知识和意会知识两类。言传知识,又称显性知识,指可用书面文字、图表或数学公式表达出来的知识;意会知识,又称隐性知识、缄默知识,是"未被表达的知识,像我们在做某事的行动中拥有的知识,是另一种知识"②。在这两类知识中,隐性知识具有默会性、情境性的特点,隐性知识的重要学习方式是在实践中去领悟、去获得,或者通过"师传身授"的方式进行。

波兰尼关于知识分类的研究,推动了学习理论的革命。吴重涵将其思想引入地方应用型本科高校转型发展研究,他认为,学术型高校的劳动资料主要是陈述性知识和命题性知识,与之对应的是,应用型本科高校的劳动资料主要是程序性知识和实践隐性知识,比如,寻找马上可以付诸实践的问题解决方案、产品设计和革新方案。③ 也就是说,相比学术型高校,应用型高校更注重意会知识或隐性知识、缄默知识的传授。

依据上述分析,知识资源何以影响专业重构,也可以从两大类别知识角度来分析。在程序性知识和实践隐性知识方面,地方应用型本科高校一是要加大实践教学比例,通过实践教学,让学生在校内外实习实训基地学习,去领悟、体会和获得隐性知识;二是让企业指导老师,通过顶岗实习、做中学、毕业设计真题真做等方式,传授给学生隐性知识;三是通过促进学校教师参加工程实践活动,提升传授隐性知识的能力和水平,比

---

① 陈小虎:《"应用型本科教育":内涵解析及其人才培养体系建构》,《江苏高教》2008年第1期,第86~88页。

② 石中英:《缄默知识与教学改革》,《北京师范大学学报》(人文社会科学版)2001年第3期。

③ 吴重涵:《向应用型本科高校转型:知识劳动的性质与内涵建设》,《社会科学战线》2015年第10期,第232~238页。

如，德国的应用技术大学要求教师有一线工作经验，晋升教授除了需要博士学位以外，还需要有五年以上企业工作经历，确保教师保持与企业界的紧密联系，能够较好地获得传授什么样的知识以及如何传授知识的信息和能力。

在传授陈述性知识、命题性知识方面，如何对相关知识进行筛选，有赖于对产业发展信息及前景的掌握。潘懋元教授认为，应用型本科对知识的要求是："理论'坚实'，就是理论的科学性很准确、实在，但是不要求过深。"① 因此，应用型本科高校在理论教学时，客观上只需要讲清楚主要原理，不讲理论流派及研究方法、视角区别和理论贡献，这就要求教师需要了解产业发展实际情况及企业对显性知识的需求。理想的状态正如学者郭建如所言，地方应用型本科高校教师既具备"学科型"教师素质，又兼备"术科型"教师素质，前者要求教师既要有系统的学科理论知识，也要掌握必要的职业岗位程序性知识、职业行动能力和技能；后者要求教师不但要有较强的工程实践能力，还需要掌握相关的学科理论知识和方法。②

4. 人才资源何以影响专业重构

尽管教育部规定了最低生师比 18∶1，并允许高校聘请兼职教师，但是从培养高质量的应用型人才来看，师资永远是稀缺资源，特别是实习指导教师、"双师双能型"教师、产业教授，下面，本书将从这三个方面进行详细分析。

一是加大实践教学比例需要增加实习指导教师。三部委发布的《关于引导部分地方普通本科高校向应用型转变的指导意见》明确强调，实训实习的课时要占专业教学总课时的30%。在这个指导意见下，地方应用型本科高校在新修订的人才培养方案中，大多进行了实践教学改革，完善实践教学体系，加大了实践教学的比重。据统计，2017年全国地方应用型本科高校，实践教学学分占专业总学分的比例平均为32.49%。③ 这就意味着，

---

① 潘懋元：《什么是应用型本科？》，《高教探索》2010 年第 1 期，第 10～11 页。
② 郭建如：《地方本科高校转型发展中的核心问题探析》，《黄河科技大学学报》2017 年第 1 期，第 1～11 页。
③ 中国教育科学研究院课题组：《中国应用型本科高校发展报告（2017）》（内部资料），第 86 页。

学生在校内实践和到企业实习实训的时间、频次加大，也就意味着高校依赖企业提供更多的、更优质的技术骨干，投入学生的实习实训的指导过程中。

二是提高"双师双能型"教师队伍比例需要企业师资。三部委发布的《关于引导部分地方普通本科高校向应用型转变的指导意见》第14条提出，加强"双师双能型"教师队伍建设，指出要通过加强三类人才——企业里优秀的专业技术人才、管理人才和高技能人才担任专业带头人或教师，参与应用型本科专业建设。在意见指导下，有一些省份在三部委文件的基础上，还对"双师双能型"专兼职教师队伍提出了具体的数字目标，如陕西省提出了试点高校的学校双师型占比要有50%以上。从实现途径看，除了促进高校自身专任教师到行业企业学习交流、实践锻炼外，引进企业人才也是一个重要途径，所以，高校依赖企业优质人才。

三是吸引产业教授到高校需要企业优秀人才。《国务院办公厅关于深化产教融合的若干意见》（国办发〔2017〕95号）第16条提出，"加强产教融合师资队伍建设……鼓励有条件的地方探索产业教师（导师）特设岗位计划"。为大力实施人才强省战略，加快创新型省份建设，更好地推进产学研合作，探索高校与企业联合培养人才的新机制，一些省份，如江苏、上海、广东、湖北出台了办法，意在选聘一批科技企业家到普通本科高校担任产业教授。这也意味着，高校选聘产业教授更需要依赖企业领军人物、优秀人才。

5. 教学资源何以影响专业重构

教学资源涵盖的范围比较广，本书所指的教学资源主要是校内外实践教学场所资源。因为，实践教学对培养学生实践创新能力的作用日渐凸显，加强实践教学资源建设的重要性亦日渐凸显。

一是提升学生的实践能力需要加大校内实验室、实习实训场所建设。实践教学包括实验、实习、课程设计、毕业论文设计、参观、调查、第二课堂和社会实践活动等。在校内培养学生离不开必要的实验室和实习实训场所，为此，地方应用型本科高校要根据实践教学目标，筹措资金，增加实验室建设投入，加强实验室工程化改造力度，增强实验教学培养学生应用能力、工程实践能力的功能。除了自筹经费之外，地方应用型本科高校还应该通过引企驻校、校企一体等方式，吸引优势企业与学校在校内共建共享生产性实训基地。

二是提升学生的实践能力需要加大校外实习实训场所建设。地方应用型高校在应用型人才实践能力培养过程中的认知实习、企业实习、生产实习都离不开企业的支持。因此，要加强校企合作，突出企业育人的重要作用，大力加强校企合作平台建设，形成校企"双主体"的实践教学机制，使企业的优势资源为高校所用。当前，《国务院办公厅关于深化产教融合的若干意见》提出，"通过探索购买服务、落实税收政策等方式，鼓励企业直接接收学生实习实训"，为高校开展生产性实习实训提供了良好的政策环境。

6. 资金资源何以影响专业重构

资金是一个组织正常运行的基本保障，是组织财政资本的集合。[①] 专业运行、建设、改革、发展对资金资源的依赖是显而易见的，这可以从以下三个方面来说明。

一是专业依赖高校的基础性资金投入。首先，高校办专业要投入资金，提供专业生存、建设和发展需要的教室、实验室、实习实训基地、仪器设备、图书资料以及日常运行经费。其次，国家专业管理制度也对经费有约束性要求。比如，《普通高等学校本科专业设置管理规定》（教高〔2012〕9号）第九条第六款"具备开办专业所必需的经费"，《普通本科高校本科教学工作水平评估方案（试行)》中"教学经费"观测点是"四项经费"中的"本专科业务费"，且要求"持续增长"或"持平"。所以，专业建设发展离不开高校的资金资源。

二是专业依赖政府和高校激励性资金投入。为了提高专业人才培养质量，教育主管部门对专业建设进行激励性资金投入。比如，"一流专业建设就是改善专业办学条件、累积专业办学资源的过程"[②]，最近教育部的"一流专业"建设计划也提出，要完善经费保障，并按照国家财政税收体系

---

① 王名、贾西津：《中国 NGO 的发展分析》，《管理世界》2002 年第 8 期，第 30~43、154~155 页。

② 马廷奇：《"双万计划"与高等教育内涵式发展》，《江苏高教》2019 年第 9 期，第 15~20 页。

改革要求，对部委高校和地方高校所需经费来源进行了明确的权属划分。[①]"双万计划"如此，之前实施的各项专业建设政策，如特色专业、协同育人专业、卓越计划等，也是如此。在教育部的政策导向下，省市教育主管部门及学校也出台相应政策，对优势专业予以资金支持。

三是专业依赖其他社会组织，尤其是企业的支持性投入。专业建设还有待于其他社会组织的资金和实物支持。比如，当前一些地方应用型本科高校实行的"定制班"人才培养模式改革，就是一种典型的例子，企业需要高校为其定向培养一定数量的人才，在这种模式中，企业不仅向高校输入师资资源、知识资源，还包括资金资源，这些资金资源主要以学生奖励的形式出现。有研究指出，企业"定制班"的资金投入基本上来自企业，学校往往以现有资产为支撑条件，现金投入较少。[②] 此外，企业等其他社会组织除了现金资源支持外，还提供专业建设条件改善的实物资金、支持学生学科竞赛的经费、支持学生学业的奖学金和助学金等。

（三）资源的提供者——高校、政府和企业

前文基于三螺旋理论，论述了高等教育的三元主体——高校、政府、企业，它们的互动是专业重构的重要基础。具体而言包含以下三个方面。

第一，专业重构依赖高校组织的资源。在高校内部，专业作为一个组织实体，在实物上要依赖学校和二级学院提供物质资源；专业教育涉及学术和职业两个维度，[③] 在学术维度上，反映到教学活动中，公共课程如思政、外语，专业基础课，学科课程等需要相应教师提供，形成了与其他二级学院和专业的互动关系。

第二，专业重构依赖企业组织的资源。比如，从职业维度看，高校专业要培养满足行业企业需要的人才，就需要了解行业企业对人才规格、岗位能力的需求，自然而然要与企业互动，不仅如此，地方应用型本科高校

---

① 《教育部办公厅关于实施一流本科专业建设"双万计划"的通知》，http://www.gov.cn/zhengce/zhengceku/2019－12/03/content_5458035.htm。

② 李华辉：《产学研背景下高职院校的突围之路——以自动化生产线机器人教学模式创新为例》，《科技风》2019年第13期，第30页。

③ 余东升、郭战伟：《专业教育：概念与历史》，《高等工程教育研究》2019年第3期，第116~120页。

的专业教育，强调人才的实践能力、应用能力，需要行业企业提供实习实践场所，所以专业与企业之间存在互动。

第三，专业重构依赖政府组织的资源。在我国，专业是由国家管控的，其名称、设置、学位授予、质量评价等都要接受政府管理，故而与政府产生互动关系。比如，实证研究表明，在"总体性社会"中，我国的高校是政府的附属机构，虽然缺乏自主权，但也得到了政府实实在在的庇护，公办大学的经费全部来自财政拨款，除此之外，高校还可以获得体制资源及市场资源。[①]

总之，依据资源依赖理论，高校、政府、企业三个主体之间之所以互动，是因为三个主体都能够为专业重构提供资源，各类主体提供的主要资源类型如表2-4所示。要说明的是，表2-4中所列是三个主体提供的主要资源，并不代表他们在提供专业重构所需的诸多其他资源方面无能为力。比如，政府除了提供政策资源、资金资源外，还可以通过政策影响企业和高校，推动企业和高校去提供各种资源。

表2-4　不同主体提供专业重构所需的主要资源类型

提供主体	提供主要资源类型
政府	政策资源、资金资源
高校	政策资源、知识资源、人才资源、教学资源、资金资源
企业	信息资源、知识资源、教学资源、人才资源、资金资源

综合专业重构所依赖的资源类型、作用、提供者三个方面的论述，结合高校组织内外部环境的变化，从资源的维度看，专业重构示意如图2-2所示。

二　组织维度：控制环境、获取资源的组织变革

斯宾塞·约翰逊曾经说过，世界上"唯一不变的是变化本身"。组织总是处于变动不居的环境中，高校组织也是如此。从资源依赖理论出

---

① 刘云波、郭建如：《不同举办主体的高职院校资源汲取差异分析》，《教育发展研究》2015年第19期，第53～58页。

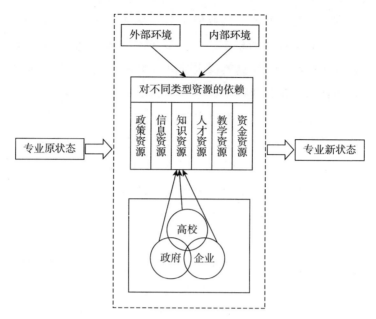

图 2 - 2　基于资源维度的专业重构示意

发，高校组织作为一个开放系统，面对内外部环境的变化，当然需要变革。所谓的高校组织变革，是指高校组织在外部环境和内部条件发生变化的情况下，调整组织目标、优化组织结构、再造组织流程、重塑组织文化等行为，目的在于通过变革，提升组织效率，以适应生存竞争和创新发展需要。[①]

高校组织为了应对内外部环境的变化，需要进行变革，那么变革的要素包括什么？本书从文献研究入手，就高校组织的变革要素进行梳理，期望从国内外代表性成果入手，发现和整理众多研究者从不同理论视角和大学类型出发的研究成果，抽取共同要素，为后文的分析奠定基础。

一是欧洲"创业型大学"组织转型要素。伯顿·克拉克在《建立创业型大学：组织上转型的途径》中，归纳了高校组织转型的"黄金五律"，即强有力的驾驭核心、拓宽的发展外围、多元化的资助基地、激活的学术心脏地带、一体化的创业文化。[②] 而且，高校组织转型的五个要素是相互

---

① 李桂荣：《大学组织变革成本分析》，《教育研究》2006 年第 2 期，第 33 ~ 40 页。

② 伯顿·克拉克：《建立创业型大学：组织上转型的途径》，王承绪译，人民教育出版社，2003，第 4 页。

作用的。更重要的是，所谓"创业型大学"是基于内外部环境发生变化的自主变革，组织制度和动力机制上的不断变革推动了大学的发展。此外，伯顿·克拉克在对斯特拉斯克莱德大学进行案例研究时，明确指出其是一所典型的英国技术学院，践行"有用学习200年"的思想，该案例研究可以为我国地方应用型本科高校提供借鉴。

二是美国"研究型大学"组织转型要素。詹姆斯·杜德斯达认为：一个快速发展的世界要求大多数的社会机构发生深刻的、永久性的变化。[1]当然，面对不断变化着的世界提出的挑战和机遇，多数美国大学也在努力做出反应，主要体现在使命、资源、组织和管理、知识的变化、文化问题等。[2]

三是中国"民办高校"组织转型要素。郭建如在对陕西省四所民办大学实地考察的基础上，运用组织理论，借鉴和整合国外关于"创业型大学"的研究，进行案例比较分析，认为中国"民办高校"组织转型必须考虑的要素有：强有力的驾驭核心和领导能力；日益扩大组织机构的活动范围；拓宽资金来源渠道；培育特色和品牌专业，激活学术"心脏"地带；建立"创业文化"。[3]

四是中国"巨型大学"组织转型要素。张慧洁通过对"中外大学组织变革"的案例研究，详细分析了中国"巨型大学"组织变革要素——目标、制度、结构、权力——这四者在组织转型中发挥着至关重要的作用，进一步分析发现，组织文化是制约组织转型四要素发展的关键，具有导向和约束作用。[4]

五是"中国教学研究型大学"转型要素。蔡林慧提出大学的使命、资源、结构和学术活动等是制约"中国教学研究型大学"转型的关键因素，相应地，"教学研究型大学"转型需要从组织目标、组织结构、资源获取

① 詹姆斯·杜德斯达：《21世纪的大学》，刘彤、屈书杰、刘向荣译，北京大学出版社，2005，第12页。
② 詹姆斯·杜德斯达：《21世纪的大学》，刘彤、屈书杰、刘向荣译，北京大学出版社，2005，第228页。
③ 郭建如：《陕西民办高校的组织转型——以四所民办本科高校为例》，《高等教育研究》2007年第9期。
④ 张慧洁：《中外大学组织变革》，复旦大学出版社，2005，第2~3页。

方式和组织文化方面进行变革。[①]

六是地方应用型本科高校组织变革要素。郭建如在研究新建本科高校向应用型转型时，提出了向哪里转、转什么、为什么转、如何转以及评价转型成效五个核心问题。在如何转当中，强调高校主体地位，因为转型意味着人才培养方式、流程、组织结构等方面的系统转变，所以高校组织要通过组织变革来实现转型。[②]

综合前文关于高校组织变革的讨论，结合本书的实际，将地方应用型本科高校，面向区域产业变动的专业重构过程中的组织变革确定为三个要素：组织目标、组织战略和组织结构。

（一）组织目标

组织的创立和发展具有明确的目标。理性系统组织观这样定义组织：组织是意在寻求特定目标且有高度正式化社会结构的集体。这个概念强调了以下两个特征。其一，组织是拥有相对具体目标追求的集体。比如教育组织，尽管人们对教育功能问题存在无休止的争论，但具体到每个学校，学生要修哪些课程以及修完多少课程才能毕业的基本目标是高度一致的。其二，组织还是一种相对而言高度正式化的集体。这里的正式化，主要是对约束行为的规则做出明确的显性表述，以便确定组织结构中各个角色和角色之间的关系规范，规范一旦确定，就不会因为具体占据这些角色的人不同而改变。[③] 美国学者达夫特进一步论述，"所谓组织（organization）是指这样一个社会实体，它具有明确的目标导向、精心设计的结构、有意识协调的活动系统，同时，又同外部环境保持密切联系"[④]。管理者需要从组织预期目标出发，精心地组织和协调组织的资源，确定合适的组织结构，以实现组织的目标。

---

① 蔡林慧：《高等学校办学转型与管理创新》，《国家教育行政学院学报》2007 年第 1 期，第 24～29 页。

② 郭建如：《地方本科高校转型发展中的核心问题探析》，《黄河科技大学学报》2017 年第 1 期，第 1～11 页。

③ W. 理查德·斯科特、杰拉尔德·F. 戴维斯：《组织理论——理性、自然与开放系统的视角》，高俊山译，中国人民大学出版社，2011，第 32 页。

④ 理查德·L. 达夫特：《组织理论与设计》（第 10 版），王凤彬、张秀萍、刘松博、石鸟云等译，清华大学出版社，2011，第 12 页。

高校组织也具有明确的目标。伯顿·R. 克拉克在研究高等教育系统时指出，学术系统以知识为基本材料，制作和操作以知识为基础的材料便是教学工作和科学研究工作。① 因此，"教学、研究和社会服务"是宣明大学组织综合性目标的最佳范例。② 克拉克·科尔对于高校的组织目标回答得干脆和直接，他强调，高校的基本任务包括三个方面——传播、扩展和应用知识。③ 而对传播、扩展和应用知识这三者不同的价值取向，以及现实条件的制约，形成了不同的大学类型和组织目标。

组织目标在地方应用型本科高校专业重构中具有重要的作用。一是导向作用。"无目标的思考，无目标的行动是成就不了大业的"④，目标指引组织前进的方向，决定行动策略。二是规约作用。比如，理性系统的组织观认为，目标是组织规划、制订、选择和推进行动方案的准绳，同时也是组织决策、组织行动的方向与约束。⑤ 三是激励作用。自然系统的组织观认为，目标具有聚情和激励的作用，目标是参与者获得认同与激励的源泉。正如伯顿·R. 克拉克指出的，高等教育组织目标"可以帮助内部人和局外人了解高等教育系统的一般性质。正规目标有助于提高士气和抚慰外部群体"⑥。在大学组织内部，一定的组织目标将鼓舞教职员工的士气，凝聚师生的智慧，激励大家为实现组织目标而不懈奋斗。

（二）组织战略

根据环境依赖理论，组织内外部的环境在长时间段内是变动不居的，组织唯有在洞察环境变化的基础上，发挥组织的主观能动性，积极主动

---

① 伯顿·R. 克拉克：《高等教育系统——学术组织的跨国研究》王承绪、徐辉、殷企平、蒋恒译，杭州大学出版社，1994，第25页。
② 伯顿·R. 克拉克：《高等教育系统——学术组织的跨国研究》王承绪、徐辉、殷企平、蒋恒译，杭州大学出版社，1994，第24页。
③ Clark Kerr：《大学的功用》，陈学飞、陈恢钦、周京、刘新芝译，江西教育出版社，1993，第96页。
④ 眭依凡：《大学校长的教育理念与治校》，人民教育出版社，2001，第275页。
⑤ W. 理查德·斯科特、杰拉尔德·F. 戴维斯：《组织理论——理性、自然与开放系统的视角》，高俊山译，中国人民大学出版社，2011，第209、271页。
⑥ 伯顿·R. 克拉克：《高等教育系统——学术组织的跨国研究》，王承绪、徐辉、殷企平、蒋恒译，杭州大学出版社，1994，第24页。

地适应环境、改变环境甚至创造环境，才能持续健康发展。否则，组织将陷入生存的危机。面对外部环境的影响或控制，组织大致有两种战略选择。

选择之一是通过改变组织以适应环境。最典型的就是权变理论，该理论详述了这一过程：第一阶段，在开放系统的世界里，环境的变动不居，造成了组织对其他组织资源的需求，因此，管理者要调整组织战略，以适应内外部变化了的环境的需求；第二阶段，一旦组织的战略进行了调整，技术、结构、产品、价值观等各种权变要素及其规模会发生改变，而不同的组织会对这些权变要素有不同的适应性，不同的适应性会导致结构改变，进而影响绩效；第三阶段，当组织的管理者发现组织结构不适应当时的权变要素，使组织绩效受到影响的时候，反过来又会采取措施改变组织结构，以适应权变要素，从而改进绩效。[①] 也因此，适应环境与改变环境相比，其局限性较大，操作复杂。

选择之二是组织改变环境。主要有以下三种重要的策略。一是通过诸如合并、多样化等方式，尽力构建一个协商一致的环境，以维护组织利益。这就是通常意义上的组织间的共同合作，尽管这种策略比较容易操作，且灵活多样，但存在组织对组织自身不能进行有效控制的风险。二是通过对环境进行控制，比如，成立联合董事会、行业组织及采取规则性的限制手段等，以改变组织相互依赖的状况。相比第一种策略，这种策略的操作难度更大，达成预期目标的困难更多，对组织的控制力、动员能力和执行能力要求更高。三是通过政策、法律法规对相对依赖进行控制。比如，菲佛和萨兰基克研究发现，对政府的合同依赖严重的公司，要"通过对议员进行疏通，并维系与掌管其命脉的政治决策者的密切关系"[②]，尽管组织可以通过政府这一更具有控制力的组织，为自己创造一个较好的环境，但对一般组织而言，是难上加难。

---

① W. 理查德·斯科特、杰拉尔德·F. 戴维斯：《组织理论——理性、自然与开放系统的视角》，高俊山译，中国人民大学出版社，2011，第 357 页。

② 杰弗里·菲佛、杰勒尔德·R. 萨兰基克：《组织的外部控制——对组织资源依赖的分析》，闫蕊译，东方出版社，2006，第 15 页。

（三）组织结构

依据资源依赖理论，组织要适应或改变环境，需要调整组织结构。组织结构的调整至少发生在两个层面。一是组织内部，要通过调整不同部门的结构或增加新的组织部门来适应变化的环境；二是组织与组织之间，无论采取合并还是合作的方式，都会涉及与其他组织的关系，其最终目的还是要使组织与外部的整体环境相适应。本书主要关注高校组织内部的组织结构调整。

首先，自中世纪以来，依据学科知识分类原则，形成了传统的"学科专业学院结构"，成为我国地方应用型本科高校的主要组织形态。但在外部环境发生变化的情况下，地方应用型本科高校确定了建设应用型本科大学的组织目标，需要加强与政府和企业界联系，外部组织和资源的进入势必要求变革传统的"学科专业学院结构"，在实践中形成了产业学院、行业学院以及共建共享型、高校为主型和企业为主型"双院制"学院结构。① 因此，在地方应用型本科高校专业重构的组织变革中，要关注学院组织结构的调整和变化。

其次，依据资源依赖理论，组织结构调整的目的是突破原有的资源约束，调集多样化的资源，在更广阔的范围内有效利用，从而更好地实现组织目标。在这一过程中，就需要增加新的部门来专门从事此项工作，如成立产教融合处、对外合作处，专门来处理日益复杂的大学组织与外部其他组织的关系。理想的组织结构是成立产教融合教育组织管理委员会，以联结和处理学校方和合作方，促进双方之间的合作与融合。②

依据上述的分析，本书提出基于组织变革维度的专业重构示意图（见图2-3）。该示意图表明，面对内外部环境的变化，地方应用型本科高校要通过组织目标的设立、组织战略的选择和组织结构的调整来进行组织变革，组织变革推动了资源集聚，从而促进专业从原状态向新状态转变。

---

① 王云儿：《产教融合背景下的"双院制"模式》，《高教发展与评估》2019 年第 3 期，第 82~87、108 页。

② 毕文健：《应用型本科院校教育组织形态创新研究——基于产教融合的战略思路》，《江苏高教》2020 年第 7 期，第 71~78、124 页。

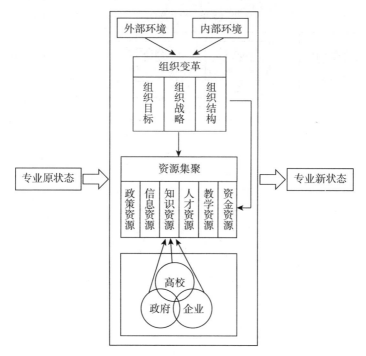

图 2 – 3 基于组织变革维度的专业重构示意

三 "环境变化—组织变革—资源集聚"的专业重构分析框架

综合前面的有关分析，本书借助资源依赖理论和三螺旋理论，从资源与组织视角来分析专业重构的逻辑，形成了"环境变化—组织变革—资源集聚"的专业重构分析框架（见图 2 – 4）。

具体而言，该分析框架有如下功能。

第一，该分析框架有助于揭示专业重构发生的过程。地方应用型本科高校强调专业对接产业，当地方高校所在区域产业发生变化时，原有的专业不能够很好地适应这一变化。为此，高校需要进行组织变革，获取各种资源，推动专业重构，以适应区域产业的变化。

第二，该分析框架从资源依赖的角度解释专业重构发生的深层逻辑。其一，地方应用型本科高校专业重构需要各种资源，包括政策资源、信息资源、知识资源、人才资源、教学资源和资金资源；其二，高校、政府、

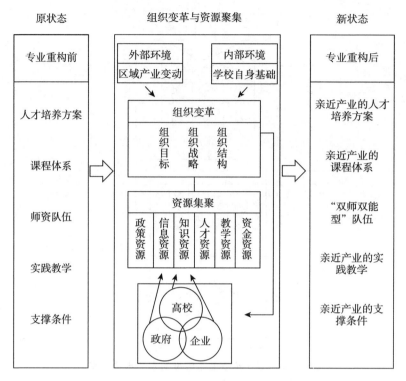

图 2-4 "环境变化—组织变革—资源集聚"的专业重构分析框架

企业三类主体各自拥有不同的资源，并进行资源交换，在资源交换过程中，各种资源不断集聚，为专业重构提供资源驱动力。

第三，该分析框架阐明了组织变革是推动高校、政府和企业三个主体互动，进而促进资源集聚的关键。从组织视角而言，环境变化导致专业面临资源困境，为了突破资源依赖的困境，高校组织通过组织目标的设立、组织战略的选择和组织结构的调整，推动高校、政府和企业三个主体互动，进而促进了资源集聚，使得专业从原状态向新状态转变。

第三节 专业重构模式的划分

根据资源依赖理论和三螺旋理论，高校、政府、企业三类主体为专业重构提供了资源，并不断进行资源交换。但不同主体在所提供资源的价值高低、资源供给的可替代程度、资源供给的数量三个方面均存在差异。根据这些差异，本书将专业重构模式划分为三类，高校驱动模式、政府驱动模式和企业驱动模式（见图 2 - 5）。

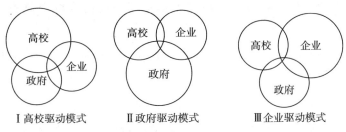

Ⅰ 高校驱动模式　　Ⅱ 政府驱动模式　　Ⅲ 企业驱动模式

图 2 - 5　地方应用型本科高校专业重构驱动模式划分

第Ⅰ类代表的是高校驱动模式。在这种模式中，专业重构的资源主要是由高校推动和提供的，也就是高校组织坚持"有所为有所不为"，通过向优势学科和专业倾斜，调配内部资源，争取外部资源。尽管高校自身也与企业和政府发生联系，但高校组织是专业重构的主要承担者和主导力量。

第Ⅱ类代表的是政府驱动模式。在这种模式中，专业重构主要是由政府出于参与高等教育竞争，为产业发展、经济发展和文化建设、社会建设提供支持的目的，通过提供重要资源，推动高校办学改革所引发的。尽管高校自身发挥了重要作用，行业企业也发挥了重要作用，但政府是专业重构资源的主要提供者。

第Ⅲ类代表的是企业驱动模式。在这种模式中，专业重构主要由企业嵌入高校，直接提供重要资源，并引发"鲶鱼效应"，促进高校组织和政府也提供一些资源。尽管这种变革是由高校组织发起的，高校自身在资源提供中也发挥了重要作用，但企业是专业重构资源的主要提供者。

小　结

罗伯特·K. 殷指出，在解释性案例研究中，研究者在仔细分析案例材料，发现关键概念的基础上，尽可能建立概念与概念之间的联系，并试图建构一种关于案例的解释，以便能够发现一些具有理论意义的观点，[①]　力

---

① 罗伯特·K. 殷：《案例研究：设计与方法》（原书第 5 版），周海涛、史少杰译，重庆大学出版社，2017，第 173 ~ 175 页。

求做到不只是讲故事，而是产出知识①。本章在聚焦研究问题、分析案例材料的基础上，尝试与已有的理论——资源依赖理论和三螺旋理论对话，建构分析框架，用于解释地方应用型本科高校面向区域产业的专业重构问题。

第一，资源依赖理论的核心观点及其在本书中的应用。资源依赖理论的核心观点有以下三个方面。一是四个基本假设。二是环境分析是理解组织行为的重要步骤。组织根植于互相联系的社会网络之中，组织需要的各种资源都是从环境中得到的，因此，要重视对组织内外部环境的分析。三是进行组织变革，以摆脱资源依赖。组织可以发挥能动性，积极主动地适应环境、改造环境或控制环境，减少环境对组织发展的影响。

资源依赖理论在本书中的应用有以下三个方面。一是高校里的专业建设，包括专业重构，需要依赖各种资源，如政策、信息、知识、人才、教学和资金资源等。本书还论述了上述资源在专业重构中的作用。二是地方应用型本科高校面向区域产业的专业重构，需要高校进行组织变革。本书根据文献研究结果，结合实际，提出了组织变革的重点在于确立组织目标、选择组织战略、调整组织结构。三是依赖关系影响组织的决策，不同的资源会影响地方应用型本科高校的变革行动。

第二，三螺旋理论的核心观点及其在本书中的应用。三螺旋理论的核心观点包含以下三个方面。一是高校、政府和企业是知识型创新系统的三个重要主体。二是高校、政府和企业都在进行人员循环、信息循环和输出循环。三是要实现三螺旋创新，两个机构领域之间或三个机构领域之间要进行实质性合作，每个机构领域内部进行变革，使得它们在增强各自内核功能的同时，延伸和拓展其他机构领域的一些功能，由此形成持续创新流，共同发展。

三螺旋理论在本书中的应用包含以下三个方面。一是高校、政府和企业三个主体分别拥有属于自己的专用资源。二是三个主体在专业重构的过程中，发挥着提供资源、推动专业重构的重要作用。三是三个主体互相提

---

① 张静：《案例分析的目标：从故事到知识》，《中国社会科学》2018年第8期，第126～142、207页。

供资源、交换资源，进而形成共生性依赖关系，这是专业重构得以发生的根本逻辑。

第三，整合资源依赖理论和三螺旋理论，构建了"环境变化—组织变革—资源集聚"的专业重构分析框架。该分析框架不仅有助于揭示专业重构发生的过程，而且从资源依赖的角度解释了专业重构发生的深层逻辑，从组织变革的角度阐明了专业重构的行动逻辑。

第四，整合资源依赖理论和三螺旋理论，从高校、政府和企业三个主体提供资源的价值高低、资源的可替代程度、资源的数量多寡出发，划分了地方应用型本科高校面向区域产业重构的高校驱动、政府驱动和企业驱动三种模式。模式的划分，既方便具体案例的呈现，也为后续探究专业重构模式差异产生的根源奠定基础。

第三章 专业重构的高校驱动模式

2019 年 9 月，A 学院为车辆工程等三个专业的 50 名硕士研究生，隆重举行了首届研究生开学典礼。在典礼上，A 学院校长不无骄傲地宣告，"经教育部批准，2018 年 9 月我校正式成为硕士学位授予单位，这标志着我校向着建设以交通为特色的高水平应用型综合性大学的宏伟目标迈出了关键的一步。这是学校一以贯之地坚持与地方共生共荣，深度融入地方经济社会发展的结果；是一以贯之地坚持以工为主，文理支撑，突出应用，多学科协调发展的结果；是一以贯之地坚持有所为，有所不为，特色发展的结果"①。

20 年前，A 学院还只是一个以师范高等专科学校为主体组建的新建本科院校，经过 20 年的建设和发展，2015 年"机电汽车"学科群成为 H 省优势特色学科群，2019 年车辆工程、机械设计制造及其自动化等 11 个本科专业成为 H 省一流本科专业，2018 年学校成功获得了硕士学位授权，学校名副其实地由一所师范类高校转变成一所以工科为主的应用型综合性高校。案例高校 2008 年开办的车辆工程专业，一开始确定为车身工程方向，特色不够鲜明，2010 年调整为新能源汽车方向，迅速成为战略性新兴（支柱）产业人才培养计划项目，并获批省一流专业，2021 年获得了中国工程教育专业认证协会、教育部高等教育教学评估中心的工程教育认证，该专业所在的学科成为优势学科，并获批硕士学位授权点。这期间，案例高校的内外部环境发生了怎样的变化，案例高校又是怎么实施组织变革的呢？

---

① 潘文倩、熊竹韵：《我校举行首届研究生开学典礼》，http://www.hbuas.edu.cn/info/1041/6418.htm。

本章将按照"环境变化—组织变革—资源集聚"的分析框架，叙述车辆工程专业重构的过程，描述和讨论案例高校自身是如何争取、整合、分配和利用资源，进行专业重构，推动学校发展的。

第一节　环境分析：A学院变革前的内外部环境

一　A市产业及汽车产业发展概况

A市产业发展概况。A市位于H省西北部，居汉水中游，是国家历史文化名城、汉江流域中心城市，长江中游城市群重要成员，H省"一主两副"副中心城市之一。2019年，A市GDP为4812.84亿元，在全国337个地级以上城市中位列第46，在H省位列第2。[①] 据统计公报，2019年A市产业结构分别是：第一大产业——汽车产业，产值2149亿元，全年实现汽车整车产量38.4万辆，同比增长23.4%，其中新能源汽车4万辆，同比增长23.8%；第二大产业——农产品及加工产业，产值1611.3亿元，同比增长12.2%；第三大产业——装备制造业，产值近千亿元，以轨道交通、航空航天、节能环保、智能和农机等装备为主，同比保持两位数的增长；第四大产业——战略性新兴产业，产值超过500亿元，主要包括电子信息产业元器件、机电控制、蓄电池等三大板块，该年度继续保持稳中向好的态势；第五大产业——医药化工产业，产值494.5亿元，同比增长8.1%；第六大产业——文化旅游产业，全年实现旅游总收入415亿元，同比增长20%；第七大产业——新能源新材料产业，全年实现产值267.7亿元，同比增长32.4%。[②]

在A市的产业结构中，可以看到，汽车产业是其主导产业。鉴于本书将以A学院的车辆工程专业为例对其专业重构的构成进行描述，因此有必要回溯该市汽车产业的发展脉络并对新能源汽车产业发展进行描述。A市

---

① 中国经济：《第一财经：2019年中国城市GDP50强　17城超万亿》，http://www.199it.com/archives/1041797.html。

② 夏永辉：《A市七大产业发展势头强劲　实现规上企业产值5881.7亿元》，http://news.cnhubei.com/gundong/p/10358969.html。

经信委课题组"A市汽车产业的起步与勃兴"记载，20 世纪 80 年代初，东风汽车集团有限公司（原第二汽车制造厂）（简称"东风汽车"）实施"三级跳"发展战略，开始在 A 市北部的油坊岗建设生产基地，就此揭开了汽车产业发展的序幕，并形成了"零部件制造—整车生产—传统动力汽车与新能源汽车并进"的发展脉络。

起步阶段。1984 年 10 月 5 日，二汽 A 市基地正式奠基，整个"七五"期间累计投资达到 5.6 亿元，除建设铸造三厂及相应的配套企业外，最重要的是引进了美国的康明斯发动机生产线，年产量达到 6 万台。彼时，A 市提出"依托二汽，大力发展汽车工业"的战略。到 1990 年，全市汽车及零部件企业发展到 95 家，与二汽配套供货的有 45 家，汽车产业实现工业总产值 6 亿多元，占全市机械工业产值的 50% 以上，全市工业产值的 9%。

提速阶段。1991 年以后，A 市汽车产业发展步入快速增长期，经过 10 年的培育和发展，逐步形成以整车为龙头，以汽车总成为骨干，以零部件为依托的汽车制造业格局，汽车产业迅速成为全市的支柱产业和龙头产业，成为拉动经济社会发展的第一引擎。1996 年，A 市出台《关于加快发展汽车工业的若干意见》，聚焦打造百亿元汽车产业，建成国内知名的汽车工业大市。这一时期，富康、蓝鸟、风神 7200－1 车、东风"小霸王"经济型轻型卡车、东风 6480 型轻型客车整车生产线建成，实现了康明斯发动机总成，另外具备 252 种配件、644 种零部件的生产能力。到 2000 年全市汽车工业产值首次突破百亿大关，达到 112 亿元，占全市工业总产值的 39.5%。

裂变阶段。进入 21 世纪，A 市汽车产业步入高速发展的通道，产业规模成倍扩张，产业链日趋完善，新能源汽车形成雏形。彼时，A 市颁布了发展汽车产业的三个政策性文件，同时加大了对汽车产业基础建设的投入力度。这一时期，新增东风日产天籁整车生产线，A 市成为国家汽车动力与部件产业基地，"十五"末期，汽车产业产值达到 314 亿元。"十一五"及其后，A 市传统汽车产业不断前进，风神 20 万辆扩能项目竣工投产，英菲尼迪轿车国产化项目落户，"两纵三横三平台"形成，实现了发动机总成，车身（含驾驶室）总成，车桥总成（驱动系统总成、非驱动桥总成），变速器总成，车架总成，电器和仪表系统总成，轴承、座椅、灯具、蓄电池、调角器、车门锁、发电机、起动机、摩擦材料、油品化工等产品系列总成。

在发展传统动力汽车的同时，"十一五"期间，A市的新能源汽车产业开始起步。新能源汽车是指采用非常规的车用原料作为动力来源，综合车辆的动力控制和驱动方面的先进技术，形成的技术原理先进，具有新技术、新结构的汽车。① 当前，我国新能源汽车产业面临前所未有的发展机遇，《国务院办公厅关于印发新能源汽车产业发展规划（2021—2035年）的通知》提出：总体目标是推动我国新能源汽车产业高质量可持续发展，加快建设汽车强国；发展方向是坚持电动化、网联化、智能化；到2025年，我国新能源汽车市场竞争力明显增强，动力电池、驱动电机、车用操作系统等关键技术取得重大突破，安全水平全面提升。纯电动乘用车新车平均电耗降至12.0千瓦时/百公里，新能源汽车新车销售量达到汽车新车销售总量的20%左右，高度自动驾驶汽车实现限定区域和特定场景商业化应用，充换电服务便利性显著提高。②

A市开始打造汽车工业新的增长极。国家大力发展新能源汽车产业的战略，对以汽车产业为龙头产业的A市产生重大影响，A市政府决定在传统动力汽车产业的基础上，推动新能源汽车产业发展。一是出台系列文件，鼓励新能源汽车产业发展。政府先后下发了《关于发展新能源汽车产业的意见》《市人民政府关于加快A市新能源汽车产业发展的实施意见》、《A市新能源汽车产业战略发展规划》《中国新能源汽车之都行动规划》、《A市新能源汽车产业"十三五"发展规划》。二是加快产业链建设。2009年，A市政府提出，在产业起步阶段，主要是建立A市新能源汽车整车生产基地；与国内外有关院所联合组建"产学研"一体化研发平台；发展专业化、规模化的关键部件产业；不断完善新能源汽车产业链，促进新能源汽车产业的可持续发展。三是产业基础逐步形成。初步形成新能源汽车"两纵三横"（纯电动汽车、混合动力汽车，动力电池、驱动系统、控制系

---

① 项冬东、王佩：《浅谈新能源轻卡随车工具的设计匹配》，《汽车实用技术》2021年第3期，第40~43页。

② 《国务院办公厅关于印发新能源汽车产业发展规划（2021—2035年）的通知》，https://www.gov.cn/zhengce/content/2020－11/02/content_5556716.htm。

统）的产业形态。2010 年，东风汽车集团有限公司研发上市了 7 款新能源汽车产品，2016 年形成了 4 家新能源汽车整车企业，规划到 2020 年建成年产 20 万辆新能源汽车整车生产线；全市建设各类新能源汽车充电站 70 多座，充电桩总体规模达到 5425 个，投入运营的新能源汽车有 500 多辆。2013 年，A 市入围首批国家级新能源汽车推广应用城市。[①]

A 市大力发展新能源汽车产业，对 A 市高等教育提出新要求。这个要求具体体现在《市人民政府关于加快 A 市新能源汽车产业发展的实施意见》文件中，政府对 A 市高校提出的要求主要是以下三个方面。一是参与研发，成立 A 市新能源汽车工程研究院。基本思路是：依托国有大型企业东风汽车集团有限公司等，联合国内外和区域高校、院所，以 A 市新能源汽车工程研究院为依托，以吸引领军人才为关键，以引进优质资源为重点，开展新能源汽车关键技术攻关，推进产学研用结合，推动新能源汽车产业化。二是技术服务。以健全和完善 A 市新能源汽车监控中心为重点，通过研发质量标准，推进安全运营，促进 A 市新能源汽车产品迭代。三是人才培养要求。支持 A 学院、A 市职业技术学院、A 市汽车职业技术学院等院校发挥人才培养功能，为产业勃兴提供人力资源。其措施包括，建设新能源汽车及关键零部件领域相关学科；鼓励院校开展职业教育和岗位技能提升培训；鼓励高校从国内外引进一流产业人才。

二 A 学院变革前的发展历程

A 学院是 1998 年以师专为主体升本的首批新建本科院校，并以此为契机，拉开了中国高等教育大众化的序幕。A 学院是我国中部地区一所地方应用型本科高校，管理体制是"省市共建，以市为主"。同大多数地方应用型本科高校一样，A 学院的发展经历了两次转型，即由中专到大专再到本科的转型和由师范院校向综合性院校的转型，前者是办学层次的提升，后者是学科专业结构的调整。目前，A 学院正在由普通地方本科高校向应用型本科高校转型。

---

① 彭艺唯、魏月如：《从"新"开始抓机遇——A 市新能源汽车产业发展纪实》，《A 市日报》2016 年 10 月 25 日，第 3 版。

第一次转型，即办学层次的转型，经历了一个漫长的过程。根据《A学院校志（1958—2008）》记载，学校办学历史最早可以追溯到创办于1958年的A市师范高等专科学校；1966~1978年，武汉大学在此设立分校；1998年3月，以A市师范高等专科学校为主体，与A市职业大学、A市教育学院合并组建升格为本科高校；2000年7月，H省工艺美术学校整体并入；2012年2月，更为现名。

A学院升本以后，从形式上完成了由大专到本科的转变，也开始了"实现办学层次由专科到本科提升"的转型。此次转型目的是建设合格本科，以迎接教育部本科教学工作水平评估为主，主要任务包括合校、扩建新校区和接受教育部本科教学工作水平评估。关于合校，因为A学院是以师范高等专科学校为主体，四所学校合并组建的，故A学院早期要完成"合心、合力、合家"的任务，对专业、师资、系科和管理体制进行调整，此项任务到2000年底基本完成。关于扩建新校区，A学院颇费一番周折。升本以后，A学院开始进行校园规划，并于1999年底获得了H省教育厅和市政府的批准，正值学校拟全面启动新校区建设之际，因校区建设在著名的风景区，原建设部对学校选址建设提出新意见，直到2004年底，调整后的规划获得原建设部和原国家文物总局批复，此后A学院开始大规模地建设新校园，到2008年，新增土地面积约51.17公顷、建筑面积近20万平方米。关于接受教育部本科教学工作水平评估，A学院建立之初，学校党委就提出"三年理顺，五年达标，八年把学校建设成一所在全省有一定影响力的新型的多科性本科院校"的目标，为此，学校在完成大众化扩招任务的同时，要兼顾接受教育部本科教学工作水平评估事宜。

与建设合格本科同步的是，A学院开始由师范类高校向综合类高校发展。自建校开始，A学院一直举办师范教育，到升本时已经有40年的历史，师范教育的积淀和优势比较明显，因此，升本后A学院以原有师范类专业为主，扩展新专业，承担扩招任务。比如，在合并之前，A市师范高等专科学校以培养中学师资为主，开办了中文、数学、物理、化学、体育、政史、英语、地理、生物等专业，到20世纪90年代中后期，开始开设一些以工程技术类为主的应用型专业，比如计算机（1994年）、化学工艺（1995年）、旅游（1996年）、应用电子（1997年）。以此为主要基础，升本后直到 2008 年，A 学院还是以师范类专业为基础新增本科专业。

此外，A 学院合并之前的主体之一——A 市职业大学，是为了满足 A 市汽车及其他工业发展需要建立的，当时主要由原华中工学院（现华中科技大学）援建，自 1983 年建校至合并之时，先后开办了机械制造、纺织工程、电气技术、工业与民用建筑、化学工程、精细化工等专科专业，这些后来成为 A 学院发展相应工科专业的重要基础。

关于从升本到 2008 年 10 年间学校学科专业发展情况，学校现任副校长、时任机械与汽车工程学学院常务副院长表示：

> 学校从升本到接受本科评估的 10 年时间里，专业主要是以原师范高等专科学校为基础来进行扩张的，这既是许多地方本科高校的通用做法，也跟学校的资源约束条件有关。在升本之初，最主要的任务是扩建新校区和迎接本科教学工作水平评估，其中，新校区所需要的经费是巨大的，在财政拨款有限的情况下，主要是要通过增加招生数量来获取学费收入，辅之以银行贷款。资源约束反映到学科专业上来，就是优先发展师范类和人文社科类专业，因为办理工科，尤其是工科，实验室、教学设备、实践条件、师资等投入很大，特别是实验室建设要很大投入，而办传统的文科类、管理类专业，成本相对低，这是当时的实际情况。但从另一方面来说，学校在发展过程中还是考虑到要为地方经济社会发展服务，所以依据原有的基础，尤其是 A 市职业大学，其原有的工科基础，稳步发展机械制造工程、自动化、工业工程、土木工程等专业，以继续履行并入高校服务地方经济社会发展的职能。（A11）

2015 年，A 学院获批 H 省转型发展改革试点单位，开始以三个试点专业集群为主进行试点，向应用型本科高校转型，为此，《A 学院"十三五"事业发展规划》明确，办学定位是地方性、应用型、综合性；发展目标是建设地方特色鲜明的高水平应用型综合性大学；办学层次是以本科教育为主，积极发展研究生教育；学科专业是以工为主，文理支撑，突出应用，多学科协调发展；服务面向是面向基层，服务地方，立足 H 省，辐射全国；办学特色是与区域经济社会文化发展深度融合。值得注意的是，A 学院在实施"十三五"规划过程中，结合当地政府的期盼，于 2012 年初制定了《创建综合性大学工作方案》，该方案的重点是：获取硕士学位授予权；2020 年前后争取更名为大学；朝综合性大学方向发展，建设省内一流、特色鲜明、高水平的综合性大学；发展主线是内涵发展、实力提升、彰显特色；建设思路是统一规划、全面建设、优选路径、重点突破，聚内部合力、借外部资源，实现跨越发展。这一目标的确立既与学校相关，也与 A 市加强高等教育、建设工业强市和副省级中心城市战略有关，关于这一点后文将进行详述。

第二节　行动策略：组织变革及其过程

基于地方应用型高校服务区域经济社会发展，专业对接产业的基本逻辑，案例高校 A 学院，在区域经济社会发展过程中会采取了什么样的战略呢？下面，从组织目标、组织战略和组织结构三个方面进行论述。

一　组织目标：建设与城市共生共荣的应用型大学

在我国，高等学校实行的是党委领导下的校长负责制，党委负责学校的全面工作，党代会是制定学校发展战略的重要会议。下面，通过对 A 学院的两次党代会确定的战略的分析来阐释其组织目标的转变情况。

第一，强调坚持应用型办学定位。2008 年 A 学院的第一次党代会强调，在办学思路上，要做到"三个坚定不移"，即坚定不移地走教学型、应用型大学办学之路，坚定不移地走为地方经济社会发展服务的办学之路，坚定不移地走开放办学之路。2014 年 A 学院召开了更名后[①]第一次党代会，再次强调：科学发展、高质量发展必须坚持地方性、综合性、应用型的办学定位，坚持培养德智体美全面发展、具有社会责任感、实践能力和创新精神的高层次应用型专门人才的培养目标。2017 年，A 学院一位副

---

① 　根据教育部和 H 省通知，2012 年 12 月，A 学院更名为 H 文理学院，为叙述方便，本书统一称为 A 学院。

校长在暑期学校领导班子务虚会上的发言，进一步阐明了坚持立足地方的应用型办学定位。

> 黄教授在谈到转型发展时，说过很重要的一段话，办学定位不同，学校的各项政策就不同，工作重心也不同，学校日常工作也不同。首先，学校定位是全校共识性的问题，必须深入每个教职员工心中，必须体现在工作的方方面面，必须渗透到骨髓里面去。其次，依据定位调整工作重点。我们的学校定位是应用型的，所以我们应该高举应用型研究的大旗，立足于地方，立足于行业，立足于企业，开展应用型研究；从实际问题出发，突出应用，开展技术服务；从智库建设、文化传承创新、国际交流合作等诸方面发力，总之，做到有为有位，有位有为，让地方政府、行业企业离不开你。最后，我们高水平应用型大学的定位，要有优势和特色，胡子眉毛一把抓不行，至少得在某一个学科方面突出，服务行业产业发展特色显明，以此带动其他学科专业发展。[①]

第二，强调与城市共生共荣。2008 年的第一次党代会强调，学校必须为地方服务，即要"树立 A 学院，首先是 A 市的，然后是 H 省的、全国的乃至全世界的"理念，表明了要与地共生、与地共融、与地共赢。2014 年，A 学院的党代会较为详细地分析了学校在区域经济社会快速发展中面临的新机遇，比如 A 市建设省域副中心城市和汉江流域中心城市，要求学校创建与省域副中心城市相适应的高水平应用型综合性大学，给学校发展带来了挑战和机遇，为此，学校要实现三个转变：实现由教学为主向教学科研并重型转变，实现由单纯本科教育向以本科教育为主、积极开展研究生教育转变，实现以教师为中心向以学习者为中心转变。[②]

2018 年 3 月，学校党委做出了全面服务 A 市经济社会发展的决定，继

---

① A 学院：《【改革大家谈】汪云：坚定创建综合性大学 推进学校综合改革》，http://www.hbuas.edu.cn/info/1041/5442.htm。

② 丁世学：《在逐梦征程上奋力作为——A 学院关于地方高校特色发展的探索与实践》，《学习月刊》2015 年第 20 期，第 45～48 页。

续坚持"立足 A 市，扎根 A 市，融入 A 市，服务 A 市"的服务发展理念。为了落实这一理念，学校党委有针对性地提出了"扎根县域，创新引领，精准服务，合力共进"的指导思想，突出"地方性"，打好"地方牌"，说好"地方话"。①

第三，强调学科专业布局对接区域产业。2008 年的第一次党代会，在总结分析 1998 年学校升本以来办学历史的基础上，提出要对学科专业布局进行调整，改变以原有师范办学基础为主外扩专业的做法，要按照"依托学科、突出应用"的原则，以社会需求为导向，面向经济社会发展一线进行专业设置调整与建设。②

2014 年，A 学院的党代会在阐明外部机遇时指出，A 市产业政策是重点发展汽车、智能装备制造、新能源新材料、电子信息、医药化工、农产品深加工和旅游服务等产业领域，因此，学科专业要"以工为主，文理支撑，突出应用，多学科协调发展"③，注重产业链与教育链协调发展、产教融合、创新驱动发展，突出"与区域经济社会发展深度融合"的办学特色定位。

第四，强调建设地方特色鲜明的高水平应用型综合性大学。在 2008 年的第一次党代会上，A 学院认为，学校经过 10 年的本科办学实践，获得了教育部普通高校本科教学工作水平评估"优秀"的成绩，成功实现了由专科到本科办学的转变。在新的起点上要建设综合性大学，远景目标是到 2020 年把学校建设成一所以文理工为主，多学科协调发展，在全国同类院校中知名的地方综合性大学。④ H 省"一主两副"城市发展战略⑤，明确了 A 市建设省域副中心城市的定位，这一定位要求 A 市要建设产业 A 市、

---

① 卜润慧：《丁世学：服务地方突出"地方性"　打好"地方牌"　说好"地方话"》，http://www.hbuas.edu.cn/info/1041/4038.htm。

② 唐峻、丁世学主编《A 校校史（2008—2018）》，长江出版社，2018，第 4 页。

③ 唐峻、丁世学主编《A 校校史（2008—2018）》，长江出版社，2018，第 5 页。

④ 周应佳、李儒寿：《A 校校史（1958—2008）》，湖北人民出版社，2008，第 101 页。

⑤ "一主两副"城市发展战略：2003 年，H 省委、省政府决定重点发展 H 省会城市和 A 市及 Y 市；2011 年，H 省委、省政府下发《关于全面实施"一主两副"重大战略决策加快推进 A 市跨越式发展的决定》等三个文件，全面推进 H 省"一主两副"区域发展战略。

都市 A 市、文化 A 市、绿色 A 市。作为地方高校，要建设地方特色鲜明的高水平应用型综合性大学，努力成为推动区域经济社会发展的人才知识科技转移中心。[①]

二 组织战略：差异化竞争

差异化发展一直是 A 学院重要的发展思路。2009 年，A 学院原党委书记撰文分析了地方高校发展面临的困难，例如，基础上，地方高校办本科历史短，积淀不深；区位上，远离省会中心城市，吸引力不强；观念上，相对封闭的环境导致思想解放不彻底；处于高校发展圈层中的外围，获取财政支持困难；资金、招生、引进人才等是学校发展的瓶颈，学科专业建设面临较大挑战和压力。[②] 因此，切忌贪大求全，要采取差异化竞争战略，寻求特色和差异化发展。"特色是地方高校的发展之本，是赢得未来和占据制高点的关键。"[③] 2015 年，A 学院校长强调，差异化发展是大学办学治校的主要趋势，差异化发展体现了结合实际，特色发展、科学发展、协同发展，能够有效避免同质化。[④]

差异化发展战略源于资源约束和高校竞争。办学资源是高校运行过程中所拥有或支配的促进其战略目标实现的各种要素的总和，面对越来越激烈的高等教育竞争环境，办学资源不仅是地方高校办学的基本条件和基础，而且是其持续发展和特色构建的基本条件和基础，能否有效地或能多大程度地获取办学资源，就成为影响地方高校生存发展和特色构建的重要因素。上述两位学校主要领导认识到了资源对地方高校发展的约束，为此，强调要实施差异化竞争战略，实现特色发展。A 学院党委书记在一次讲话中强调：

---

① 马小洁：《政产学研结合　服务地方发展》，《学习月刊》2013 年第 16 期。

② 周应佳：《关于地方高校发展的战略思考与实践》，《襄樊学院学报》2009 年第 1 期，第 5 ～ 9 页。

③ 周应佳：《关于地方高校发展的战略思考与实践》，《襄樊学院学报》2009 年第 1 期，第 5 ～ 9 页。

④ 丁世学：《在逐梦征程上奋力作为——A 学院关于地方高校特色发展的探索与实践》，《学习月刊》2015 年第 20 期，第 45 ～ 48 页。

一所大学的资源是有限的，在此种情况下，总的要求用"拼尽力气，想尽办法，用尽资源"的"三尽"精神，在"不可能"中积极争取机遇，在"有可能"中努力创造成果。具体来讲，一方面要积极动员各方力量支持和参与学校建设，特别是要集中人、财、物等力量办好学校的大事，要在大局中考虑问题，从大处着眼、从全盘考虑，积极形成合力。另一方面是不能按照过去的方式，用有限的资源去维持现行的活动运转，要"有所为，有所不为"，砍掉一些项目，以便更加合理地调配资源，实现资源配置的最优目标，从而发挥整体优势。

差异化竞争战略，在 A 学院表现在学科建设、专业建设、平台建设、师资队伍建设、校院两级管理制度等诸多方面。鉴于本书主要关注专业，故主要讨论差异化竞争战略在专业建设中的表现。

第一，基于资源约束和差异化竞争战略，A 学院坚持"围绕产业建专业"，办好专业促产业。正如该校校长所言，"紧密结合 A 市'一个龙头六大支柱'产业发展需求，进一步凝练学科方向，调整优化学科结构布局，加大资源整合力度，促进学科要素向重点学科和优秀团队聚集"[1]。通过 10 余年的调整，A 学院逐步形成"汽车机电"、"新能源材料科学"与"化学工程"学科群，以及与区域产业发展相协调的专业体系（见表 3 - 1）。

表 3 - 1　A 学院专业设置一览（2008 ~ 2017 年）

专业名称	设置年份	培养目标
车辆工程	2008	为 A 市主导产业——汽车产业培养高级工程技术人才
汽车服务工程	2008	为 A 市主导产业——汽车产业培养高级工程技术人才
社会工作	2008	在原有的优势专业基础上，培养社会需要的人才
社会体育	2008	在原有的优势专业基础上，培养社会需要的人才
对外汉语	2008	人才培养模式与国际教学体系接轨

---

[1]　丁世学：《在逐梦征程上奋力作为——A 学院关于地方高校特色发展的探索与实践》，《学习月刊》2015 年第 20 期，第 45 ~ 48 页。

续表

专业名称	设置年份	培养目标
食品科学与工程	2008	对接 A 市现代农业及农产品深加工产业
动画	2010	对接 A 市文化旅游产业
建筑学	2010	契合学校建立交通大学发展目标
临床医学	2010	为 A 市基层医疗卫生机构培养"下得去、留得住、用得上"的临床医学专业人才
物流管理	2010	服务地方产业经济发展
软件工程	2011	对接 A 市装备制造业
交通设备与控制工程	2012	为 A 市主导产业——汽车产业培养高级工程技术人才
护理学	2012	为 A 市基层医疗卫生机构培养"下得去、留得住、用得上"的临床医学专业人才
物联网工程	2013	对接 A 市装备制造业
舞蹈表演	2013	在原有的优势专业基础上，培养中小学师资
绘画	2013	在原有的优势专业基础上，培养中小学师资
通信工程	2014	对接 A 市电子信息产业
工程造价	2014	契合学校建立交通大学发展目标
食品质量与安全	2015	对接 A 市现代农业及农产品深加工产业
能源与动力工程	2015	为 A 市主导产业——汽车产业培养高级工程技术人才
医学检验技术	2017	为基层医疗卫生机构培养高素质应用型专业人才

资料来源：依据《A 校校史（2008—2018）》整理而成。

从表 3-1 可以看出以下三点。一是 A 学院在新增专业上，体现了"围绕产业建专业"的思路，在新增的 21 个专业中，对接 A 市"一个龙头六大支柱"产业的专业共有 14 个，占 67%。二是对接主导产业的专业呈现从散点式设置到集群式发展现象，如汽车产业是 A 市主导产业，A 学院先后设置了车辆工程（2008 年）、汽车服务工程（2008 年）、交通设备与控制工程（2012 年）、能源与动力工程（2015 年）。在谈到为什么这样设置专业时，现任车辆工程专业负责人表示：

　　二汽的汽车产业是逐步转移到 A 市和 W 市的，实际上 W 市主要是研发，A 市是生产基地。因为汽车生产涉及管理，所以，学校在早期设置了工业管理专业，与机械设计制造及其自动化、自动化专业一道，为汽车零部件配套企业培养人才。后来，A 市开始有了整车生产线，现在每年整车生产量是 30 万辆左右，所以，我们开办了车辆工程专业，主要是培养整车生产"车－控－管"复合型工程技术与管理人才。当时还有一个考虑，A 市这么大的一个产业和市场，汽车服务不可少，所以决定开办汽车服务工程专业，来培养掌握汽车检测与故障诊断技术等专业知识和应用技能，能够胜任汽车主机厂及汽车营销企业管理层岗位、二手车鉴定、机动车检测中心站、汽车金融及保险企业管理层岗位工作的高级应用型技术人才。此外，随着 A 市试车厂、汽车检测中心和智能汽车、新能源汽车的开发，我们考虑到需要培养智慧交通面临的交通检测、交通数据管理与分析、交通管理与控制方面的人才，所以设置了交通设备与控制工程专业和能源与动力工程专业。总体来讲，通过这些专业，我们可以培养汽车设计－汽车制造－汽车生产管理－汽车检测－汽车售后服务等全产业链的专业链。（A01）

三是专业设置服务于建设综合性大学的组织战略。A 学院在专业设置上，强调要全面落实学校办学定位，坚持地方性、应用性和综合性的基本办学方向，不断优化"以工为主，文理支撑，突出应用，多学科协调"的学科专业结构。2017 年，A 市决定在 A 学院的基础上建设 H 省交通大学，并成立了以市长为组长的工作领导小组，[①] A 学院加强了与交通有关的土木工程、交通工程和物流管理等专业的建设。

第二，基于差异化竞争战略，A 学院在专业建设方面建立了三项重要制度，促进优势专业建设。一是分层分类建设专业制度。《A 学院本科专业建设与管理办法》（校政教发〔2014〕8 号）提出，按照坚持突出重点与兼顾一般相结合的原则，加大教学投入，改善办学专业、办学条件，集中精力建设一批在省内有地位、行业有特色，能较好代表和体现学校办学水平且有广泛社会影响力的特色专业和品牌专业。在分层分类的指导思想下，A 学院将专业建设划分为 4 个层次，即新办专业、合格专业、特色专

---

① 《H 省 A 市将创办 H 省交通大学，市长秦军任筹建工作小组组长》，https：//www. thepaper. cn/newsDetail_forward_1786951。

业、品牌专业，在保证新办专业和合格专业基本专业建设条件外，通过专业评估、设立特色专业建设项目，对特色专业予以重点建设，且要求原则上推荐省级及以上的品牌专业（或类似的本科教学工程项目），优先从学校特色专业中遴选。对特色专业、品牌专业在 3 ~ 5 年建设期内分别予以20 万元、40 万元专项投入。

二是建立了专业建设首席负责制。在明确二级学院是专业建设主体的基础上，实施了专业建设首席负责制，明确具体教师直接负责专业建设与改革，A 学院规定：对专业建设首席负责人，在建设期内经过考核给予奖励，其中，达到良好标准每个专业负责人每年奖励 3000 元，达到优秀标准奖励 5000 元。进一步分析可知，尽管 A 学院采取的分层分类专业建设管理办法是很多地方高校通行的做法，但深究其中的逻辑，其还是通过绩效考核、目标管理的方式，以专业建设实际成效为基础进行资源分配的，这也是 A 学院差异化竞争战略的体现。正如 A 学院教务处前处长的评述：

> 学校的专业建设管理制度很明显是一种差异化的策略。一旦这个专业被认定为特色专业，学校就会有 20 万元经费的投入，有了这些投入，就可以改善教学设备、购买图书资料、实施教学改革工程、加强与企业联系，甚至有利于师资队伍建设，资源的进入使得这个专业将会越办越好，教学质量提升更快，社会声誉不断增强，形成"强者恒强，弱者恒弱"的马太效应。（A02）

三是专业调整和退出机制。根据《A 学院本科专业设置管理规定》（校政教发〔2014〕7 号）文件，学校结合专业就业情况、招生情况与专业发展评估情况，建立了专业预警与退出机制，如毕业生初次就业率低于60% 的专业、报考率低于 20% 的专业、专业评估达不到合格标准的专业，一律停止招生，连续 4 年不招生的专业做撤销处理。依据此项制度，A 学院 2012 年撤销科学教育专业，2013 年思想政治教育、美术学、生物科学、公共事业管理等专业暂停招生，2014 年汉语国际教育专业暂停招生，2015年化学、信息与计算科学专业暂停招生，2016 年撤销了教育技术学专业。实际上，在高校内部，竞争是学科专业动态调整过程中必不可少的要素，竞争有利于进行资源优化配置。[①] 有研究认为，办学资源在具体高校中是一个定值，如何配置就是关键。比如，在师范院校中，师范类专业与非师范类专业、优势专业与一般专业之间就存在办学资源争夺关系，[②] 撤销专业和暂停专业招生，一方面是为了优化专业结构，倒逼专业办出特色，另一方面专业作为实体，其存在和发展必须依赖资源，而撤销专业则是减少专业之间对资源的争夺，以便将有限的资源用在刀刃上。

三　组织结构：教学学院的调整和新增职能部门

（一）教学学院的调整

当前，我国应用型高校的学院设置一般表现为三种形式，一是以学科为基础进行学院设置。正如伯顿·克拉克所言，"当我们把目光投向高等教育的生产车间时，我们所看到的是一群群研究一门门知识的专业学者，这种一门门的知识被称为学科，而组织正是围绕这些学科建立起来的"[③]。高校组织如此，学院组织更是如此，这是应用型高校当前学院设置的主要模式。二是以行业或产业为主的模式。比如，产业学院的"组织建制将基于产业技术和社会问题逻辑"，以超越于传统意义上的学科知识逻辑，以及区别于行政命令主导的权力逻辑。[④] 三是"学科＋专业类"模式，即具有综合性。比如，国内应用型本科高校的文学与传媒学院，往往设有汉语言文学、新闻学、广告学、数字媒体艺术，其涉及的学科包括文学、艺术学两个一级大类，中国语言文学类、新闻传播学类和设计学类三个二级大类。

学院设置是大学治理的重要内容。周川认为，我国的学院以教师和学生为主体，设有相应的管理机构和职位，管理相关学术事务，以履行大学基本职能。[⑤] 比如《A 学院章程》规定：学校实行校院两级管理，学校按

① 甘国华：《论教育市场失灵与政府规制》，《江西教育科研》2005 年第 1 期，第 3～6 页。

② 龙宝新：《论教师教育大学的教师教育力及其提升路径》，《贵州师范大学学报》（社会科学版）2019 年第 5 期，第 83～94 页。

③ 伯顿·克拉克主编《高等教育新论——多学科的研究》，王承绪、徐辉、郑继伟、张维平、张民选译，浙江教育出版社，2001，第 107 页。

④ 李忠红、胡文龙：《基于三链融合的理工科高校组织变革研究》，《高等工程教育研究》2018 年第 6 期，第 71～77 页。

⑤ 周川：《学院组织及其治理结构》，《中国高等教育评论》2012 年第 0 期，第 121 页。

照事权相宜和权责统一的原则，在人、财、物、事等方面规范有序地赋予学院相应管理权，学院在学校授权范围内实行自主管理，履行相应职责。因此，二级学院的调整不仅是学科专业的重新组合，还涉及内部职责权利的调整、资源配置方式的变革。下面对 A 学院二级学院的组织结构变迁情况（见表 3 - 2）进行分析。

从表 3 - 2 可以看出以下三点。一是传统的学院变革幅度不大。比如文学与传媒学院、音乐与舞蹈学院、美术与设计学院、土木工程与建筑学院、医学院，都是因为增加了相应的专业，为了名实相副，将学院进行更名。二是学院的拆分。比如，教育学院中将体育教育专业分出来，加上新增的社会体育专业，组建新的体育学院。数学与统计学院、计算机工程学院，机械工程学院、汽车与交通工程学院也是如此。在这个过程中，可以看出，机械工程学院和汽车与交通工程学院的单独设立，为两个学院增加新的专业奠定了基础，服务汽车产业、机械制造产业的优势凸显出来。三是因为专业的调整，根据学科专业类别，组合成新的学院，比如经济与政法学院、管理学院，几经变迁，变成了马克思主义学院、政法学院，经济与管理学院、资源环境与旅游学院。

从以上分析我们可以得知，学院组织结构重组是教学单位按照一定的结构方式重新排列组合，促进组织结构的优化，形成新的结构系统，产生新的意义，发生新的作用，发挥新的功能。研究大学组织变革的文献表明，组织结构的调整，对大学组织功能存在正向的显著影响。[①]

表 3 - 2　A 学院二级学院组织结构变迁一览（2009 ~ 2017 年）

2009 年	2010 年	2013 年	2016 年	2017 年
经济与政法学院	经济与政法学院	经济与政法学院	经济与政法学院	马克思主义学院
				政法学院
管理学院	管理学院	管理学院	经济与管理学院	经济与管理学院
				资源环境与旅游学院

---

① 任玉珊：《建设应用型本科大学：组织转型与创新》，光明日报出版社，2012，第 158 页。

续表

2009 年	2010 年	2013 年	2016 年	2017 年
教育学院	教育学院	教育学院	教育学院	教育学院
		体育学院	体育学院	体育学院
文学院	文学院	文学院	文学院	文学与传媒学院
外国语学院	外国语学院	外国语学院	外国语学院	外国语学院
音乐学院	音乐学院	音乐学院	音乐学院	音乐与舞蹈学院
美术学院	美术学院	美术学院	美术学院	美术与设计学院
数学与计算机科学学院	数学与计算机科学学院	数学与计算机科学学院	数学与计算机科学学院	数学与统计学院
				计算机工程学院
物理与电子工程学院	物理与电子工程学院	物理与电子工程学院	物理与电子工程学院	物理与电子工程学院
机械与汽车工程学院	机械与汽车工程学院（+正处级单位——新能源汽车性能检测与诊断实验室）	机械与汽车工程学院	机械与汽车工程学院	机械工程学院
				汽车与交通工程学院
建筑工程学院	建筑工程学院	建筑工程学院	建筑工程学院	土木工程与建筑学院
化学工程与食品科学学院	化学工程与食品科学学院	化学工程与食品科学学院	化学工程与食品科学学院	食品科学技术学院
				化学工程学院
—	医学院	医学院	医学院	医学院
—	孔明学院	孔明学院	孔明学院、创新创业教育学院	孔明学院、创新创业教育学院

资料来源：依据《A 校校史（2008—2018）》整理而成。

A 学院在教学机构重组的同时，科学研究机构也在迅速发展。比如，汽车与交通工程学院，组建了 3 家国家级科研平台，共建国家动力电池产品质量监督检测中心（A 市）（2011 年）、国家汽车零部件检测重点实验室（A 市）（2011 年）、国家汽车质量监督检测中心（A 市）（2011 年）；3 家省级平台，单独建设 H 省电动汽车测控工程技术研究中心（2014 年）、纯电动汽车动力系统设计与测试 H 省重点实验室（2014 年）、H 省校企共建汽轮机测控系统研发中心（2015 年）。而且，为了促进学科专业的发展，A 学院将研究机构挂靠到汽车与交通工程学院，实行"院所合一"的运行体制，使其既承担教学任务，又完成科研指标，成为教学科研生产的联合体。A 学院科研平台调整情况如表 3 - 3 所示。

表 3-3   A 学院科研平台调整一览（2008~2018 年）

学院名称	附属科研平台机构名称
政法学院	H 省知识产权培训基地
计算机工程学院	H 省农业大数据处理技术研发与应用示范型国际科技合作基地
物理与电子工程学院	低维光电材料与器件 H 省重点实验室 + H 省压敏电阻器企校联合创新中心
机械工程学院	A 市华中大先进制造工程研究院 + 汽车零部件制造装备 H 省协同创新中心 + H 省校企共建电液伺服阀研发中心
汽车与交通工程学院	纯电动汽车动力系统设计与测试 H 省重点实验室 + H 省校企共建汽轮机测控系统研发中心 + H 省电动汽车控制工程技术研究中心
食品科学技术学院 + 化学工程学院	H 省校企共建蔬菜生态种植技术研发中心 + H 省校企共建酚醛树脂改性及应用研发中心
经济管理学院	H 省自贸区研究中心
资源环境与旅游学院	汉江研究院

（二）新增校校、校地、校企合作部门

美国学者亨利·埃茨科威兹在研究高校、产业、政府三者是如何推动科技创新时意识到，当高校与产业、政府之间的关系发生变化时，高校组织内部也发生变化，最显著的就是高校的内部组织结构持续不断地更新。[①]在 A 学院，除了上述学院组织结构、科研平台调整外，还涉及职能部门的调整，其中，应对外部环境变化和实施组织战略的最主要机构是对外合作机构。A 学院负责校地、校企、校校合作机构变迁情况如下。

2009 年 5 月，根据工作需要，经 A 学院党委常委会研究决定，设立发展联络处，为正处级单位，其主要职能是校企合作、校地合作、校校合作、教育发展基金会日常工作、校友会日常工作。2013 年 4 月，成立 A 学院对外合作办公室，为学校独立设置的直属机构，正处级建制，履行原发展联络处的对外合作职能。2014 年 6 月，对外合作办公室调整为学校行政机构，正处级建制。2016 年 6 月，撤销对外合作办公室，成立对外联络与合作处，为学校正处级行政机构，主要履行校企合作、校地合作、校校合作职能。

---

① 亨利·埃茨科威兹：《三螺旋——大学·产业·政府三元一体的创新战略》，周春彦译，东方出版社，2005，第 52 页。

对外联络与合作处的工作职责主要是：着力推进校地、校企、校校合作向纵深发展，全方位融合；深化校地、校企合作，拓宽科技联合攻关、项目联合申报、科技成果转化等渠道；加强与省市两级党委和政府及教育主管部门的沟通协调，争取社会各界对创建工作的更多支持；优化与部属高校对口支持合作机制，细化帮扶领域、实化帮扶措施、凸显帮扶成效；进一步加强与地方政府、高校、企业、科研院所、行业协会的合作联系沟通，协调校内院系、职能部门与合作单位的关系，推进合作项目良性开展；继续跟踪与拓展 A 市及 A 市高新区、县市区等地区签订的校地合作项目，在项目合作中取得良好的社会效益和经济效益；继续深化与华中科技大学、武汉大学、西南大学的战略合作，细化合作项目；建立合作信息发布机制，依托各种信息渠道，加强学校的对外宣传，推介合作项目，促成交流合作；进一步加强与 A 学院战略合作伙伴的联系交流，推进重点合作项目，促进合作形式的多样化，多层次、多渠道开展合作与交流。①

对外联络与合作处在促进专业建设方面起到了重要作用。比如，每年编制该校的科研成果和专利目录，向企业进行推介，企业觉得有用的话予以接洽和转化；同时，在日常工作中收集企业的技术需求，经过整理后向学校发布。正如《三螺旋——大学·产业·政府三元一体的创新战略》一书指出的，通常大学都是通过技术转移办公室，把相关的知识与技术转移出大学，通过产业联络办公室收集来自产业的问题，一旦这两个过程串联起来，那么就会产生各种线性起点彼此加强的相互作用的过程。② 此外，对外联络与合作处还在教学和专业建设过程中发挥了与企业、政府和高校沟通的桥梁和纽带作用，详情将在下一节进行叙述。

第三节　专业实现重构的"解释"：差异化竞争战略与资源集聚

在本章的第二节，详细介绍了 A 学院面向区域产业发展的组织变革战

---

① 唐峻、丁世学主编《A 校校史（2008—2018）》，长江出版社，2018，第 200~201 页。

② 亨利·埃茨科威兹：《三螺旋——大学·产业·政府三元一体的创新战略》，周春彦译，东方出版社，2005，第 52 页。

略，那么组织变革是如何推动原有专业的重构呢？下面以车辆工程专业为例进行分析。

一　车辆工程专业早期建设情况

（一）组建机械与汽车工程学院，服务区域支柱产业

如前文所述，自 20 世纪 80 年代东风汽车集团有限公司的"三级跳"发展战略实施以来，汽车产业在 A 市不断勃兴，到 2009 年该市汽车产业产值达 314 亿元，占全市 GDP 的 56%，成为 A 市龙头产业。从升本到开展本科教学的 10 年间，A 学院在原来 A 市职业大学的基础上开办了机械设计制造及其自动化专业（1998 年）、工业工程专业（2004 年）。2008年，A 学院在完成升本早期三大任务后，在 A 市政府的推动下，在 A 学院办本科教育 10 周年之际，组建机械与汽车工程学院，开始布局新专业——车辆工程和汽车服务工程，以服务汽车产业的发展。这标志着 A 学院坚持教学型、应用型办学定位，开始有意识地对接区域支柱产业，逐步形成专业链对接产业链的学科专业布局。

（二）聘请重点高校专家担任院长

尽管有一定的工科办学基础，但在当时，A 学院工科专业办学经验有限，基础比较薄弱，基于此，2007～2011 年，A 学院聘请了一名武汉理工大学汽车工程学院退休的院长、博士生导师——D 教授担任院长，主持当时的机械与汽车工程学院工作，他的主持给车辆工程专业早期的发展带来了重要影响。学校现任副校长、原机械与汽车工程学院常务副院长谈到聘请 D 教授主持学院工作这段历史时，做了如下评述：

> 学校尽管升格为本科了，但思想观念、教学组织方式转变需要一个过程，特别是从中专和大专过来的学科专业，建设的像本科，这个很重要，所以学校借鉴其他新建本科院校的做法，聘请了从武汉理工大学汽车工程学院院长位置上退休的 D 教授担任院长，全职在学校工作，他的主要任务是带领我们进行机械工程二级学科建设。现在回过头来看，D 教授担任院长一方面完成了建设合格本科的任务，带来了

重点高校办学理念，另一方面也会不自觉地延续精英高校本科办学模式，这也成为后来要按应用型大学建设目标进行改革的原因。(A11)

（三）模仿精英高校人才培养模式

申报车辆工程专业时，A学院将专业方向确定为车身工程方向。原因在于：一是契合当时A市产业基础，彼时，A市具有了整车生产能力，且有车身、车桥、发动机、电子总成能力；二是与1998年开始举办的机械设计制造及其自动化专业能够为车辆工程专业主干课程提供的知识基础有关，换句话说，受到办学条件和学科基础的限制。

应该说，这是符合当时实际情况的做法，但从当时的人才培养方案看，还是存在延续精英高校本科办学模式的问题，这主要体现在课程上：一是重视自然科学知识的训练，如高等数学Ⅰ、高等数学Ⅱ、概率论与数理统计、线性代数共248个学时，大学物理及物理实验达到104个学时，工程图学有106个学时；二是重视机械工程和力学知识训练，开设的理论力学、材料力学共136学时，机械原理、机械设计共120学时；三是系统开设了汽车制造工艺学，包括汽车制造工艺学（机械加工）、汽车制造工艺学（冲压）、汽车制造工艺学（焊装与涂装）；四是实践性教学环节偏少，总共设置了10个方面的实践教学，共26个学分，占整个学分的15%，且在时间安排上，除了军事训练、毕业实习和毕业论文设计外，其他的集中实践教学环节为10周时间。在谈到当时的课程体系时，现任汽车与交通工程学院院长认为：

> 总体上看，当时申报车辆工程专业时，借鉴武汉理工大学的人才培养方案的痕迹比较多，尽管考虑到了学校的办学定位，但在课程上还是强调学科体系，当然这与当时学校专业办学基础、师资力量有关……用今天的眼光看，这种做法还是忽视了重点高校与地方应用型本科高校两者在培养目标、学科基础、办学条件、学生来源上面的差异。(A05)

（四）师资偏少且缺乏工程实践能力

据《A学院校史（1958—2008）》记载，到2008年全校有专任教师

707 人，副高级以上职称教师 247 人，硕士、博士学历教师 356 人，35 岁以下年轻教师 367 人，部分专业师资短缺、结构不够合理、学历层次偏低，部分青年教师从出校门到进校门，缺乏教学经验和实践教学锻炼，教学效果不够好。[①] 时任机械与汽车工程学院系主任，现汽车与交通工程学院党委书记认为：

> 回顾当时的情况，具体到新举办的车辆工程专业（车身工程方向），在当时缺乏专门的师资，该专业和同年举办的车辆服务工程专业师资主要来源于机械设计制造及其自动化专业，加上新引进师资，师资偏少且缺乏工程实践能力，这应该是当时地方高校的普遍状况，这种困难是通过边建设边发展，逐步加以解决的。（A10）

2008 年，A 学院出台了加强师资队伍建设的《A 学院教师培训管理办法》，明确提出建立青年教师"导师制"、到企事业单位实践锻炼、专业转向培训等教师岗位培训形式。同时，为了鼓励教师参加培训，学校决定，经批准参加一年及一年以上的课程进修、专业转向培训和到企事业单位实践锻炼的教师，工资待遇保持不变，并按规定报销培训费、住宿费，给予差旅补助。[②] 这些措施在一定程度上缓解了师资偏少的问题。

（五）与龙头企业合作处于起步阶段

2008 年，A 学院组建机械与汽车工程学院之时，在 A 市政府的支持下，推动了 A 学院与东风汽车集团有限公司合作，双方签订了合作办学框架协议，东风汽车集团有限公司捐赠 50 万元设立"东风汽车奖学金"，其旗下的日产乘用车公司捐赠了发动机；此外，大型机械制造企业湖北三环集团有限公司（简称"三环集团"）为 A 学院捐赠了 100 件/套教学设备。[③] 可以说，2008 年 A 学院与东风汽车集团有限公司、湖北三环集团有

---

① 周应佳、李儒寿：《A 校校史（1958—2008）》，湖北人民出版社，2008，第 164 页。
② 周应佳、李儒寿：《A 校校史（1958—2008）》，湖北人民出版社，2008，第 167 页。
③ 詹中新：《走校企合作办学之路　大力培养应用型人才》，《科技经济市场》2009 年第 12 期，第 112～113 页。

限公司的合作，开启了车辆工程专业与龙头企业合作之路。新能源汽车研究团队负责人回忆：

> 回顾当时的情况，不像今天我们与东风汽车集团有限公司、三环铸造、新火炬、宇清传动、清研新能源、绿捷新能源那样紧密的合作，只是刚刚起步。之前学校的机械设计制造及其自动化、车辆工程专业，大多是与东风汽车配套零部件企业联系比较多一些，基于学科基础、师资力量和管理体制等原因，与东风汽车这样的大公司合作还只是起步。（A04）

二　专业重构的过程：聚集校内资源，争取外部资源

（一）基于差异化发展战略，重构人才培养目标

如本章第一节所述，自 2010 年开始，国家持续发力发展新能源汽车产业。在此背景下，A 市汽车产业也做出发展新能源汽车产业的战略调整，开始逐步建设和完善新能源汽车产业链。新能源汽车产业的勃兴向 A 学院提出了参与研发、提供技术服务和培养人才的需求，对 A 学院 2008 年开办的车辆工程专业提出新的挑战。

为回应挑战，A 学院在 2010 年启动车辆工程专业改革，将车辆工程专业培养目标调整为主要培养服务新能源汽车产业，汽车与交通工程学院教授、A 学院科技处处长在谈到主要转向新能源汽车时候，充分肯定了当时的选择。

> 我是这样认为的，升本以后，学校逐步布局对接汽车产业链的相关专业集群，随着它的发展，实力有一定的提高。但是，与搞汽车行业的老牌高校，如武汉理工大学、湖北汽车工业学院相比，在传统的车辆工程专业的人才培养、科学研究、技术服务等方面，它们肯定比我要强。当时的机遇是市里面在大力发展新能源汽车，特别是新能源汽车是未来社会发展方向，所以，我们将车辆工程的专业方向调整为新能源汽车，目的就是差异化竞争，通过将已有的基础和新能源汽车

结合起来，专注电动的动力系统、电动控制系统，打造我们的特色，加上引进了高层次的人才团队，我们的优势逐渐显现。（A07）

专业方向调整后的培养目标是：以汽车产业为依托，以新能源汽车和智能网联汽车应用为导向，以电驱动、无人驾驶和智能交通为技术特色，培养富有创新意识，具备车辆基础知识、融合自动控制、信息技术、企业管理等方面应用技能的"车－控－管"复合型工程技术与管理人才，能够适应汽车尤其是新能源汽车领域零部件设计、先进制造、测试试验、智能控制的技术和管理工作。毕业生可在新能源汽车、零部件、汽车智能化产品研发、机械制造、轨道车辆、工程机械相关企业从事技术开发、测试验证与管理等工作，也可从事机械和自动控制、IT领域相关工作。①

在 A 市新能源汽车产业集群建设研讨会上，A 市领导对将车辆工程专业人才培养目标调整为新能源汽车方向给予充分肯定。② 该市李副市长在讲话中是这样认为的：

在新能源汽车集群发展过程中，A 市高等教育做出了重要贡献。比如，A 学院以创办交通为特色的地方应用型大学为目标，主动对接产业发展需求，积极开展新能源汽车人才培养、科学研究，其发展方向与国家产业发展方向和我市行业需求完全一致……产业人才供给上，希望各学校以电驱动、无人驾驶和智能交通为技术特色，培养富有创新意识，具备车辆基础知识、融合自动控制、信息技术、企业管理等方面应用技能的"车－控－管"复合型工程技术与管理人才，适应区域汽车产业转型升级需求。

（二）依据产业发展需求和基础，重构课程体系

从"十五"开始，科技部持续在"五年计划"中，按照建成"三纵

---

① 《A 学院汽车与交通工程学院专业介绍》，http://qcxy.hbuas.edu.cn/info/1033/1067.htm。

② 聂金泉：《A 市新能源汽车产业集群建设研讨会在我校召开》，http://www.hbuas.edu.cn/info/1041/3928.htm。

三横"技术体系要求，支持新能源汽车科技创新。所谓"三纵三横"技术体系，"三纵"指的是燃料电池汽车、混合动力汽车和纯电动汽车；"三横"指的是电池及管理技术、电机与驱动技术、电控技术。[①]"三纵三横"技术体系对于车辆工程新能源汽车方向课程体系的设计具有重要的指导意义。

尽管有国家层面的技术指导，A学院还是在充分调研的基础上，认真分析了区域新能源汽车产业发展概况和发展趋势，确定课程体系。该院C博士主持撰写的研究报告《A市汽车产业发展调研报告》指出：

> A市作为我国首批新能源汽车生产示范基地之一，目前已经建成"两纵三横三平台"（纯电动汽车、混合动力汽车；动力电池、驱动系统、控制系统；部分标准平台、基础设施平台、检测平台）较为完整的产业链条。整车方面，涌现了以东风天翼、东风旅行车、东风特种车等为代表的新能源整车生产企业；电池技术方面，出现了以骆驼集团、国能、海博思创为代表的动力电池生产企业，以追日为代表的充电设施配套企业；驱动系统、控制系统方面，建有以宇清传动、中车电机为代表的一大批新能源汽车核心零部件企业；平台方面，建成了以国家汽车质量检测检验中心、中国动力蓄电池检验检测中心、智能网联汽车检测检验中心等为代表的专业检验检测机构。[②]

正是基于深度调研，A学院的车辆工程专业（新能源汽车方向），按照"三个模块、一条主线"的原则构建课程体系，其中，"三个模块"是公共基础课、专业基础课和专业课模块。[③]"一条主线"是贯彻于始终的实践性环节。关于公共基础课程，在这里不做赘述，关于实践教学，将在重构实践教学部分进行讨论。

---

① 刘回春：《科技部"三纵三横"技术体系 持续支持新能源汽车科技创新》，https://baijiahao. baidu. com/s?id=1684784838804701305&wfr=spider&for=pc。
② A学院科技处：《2015年A学院科技发展报告》，2015，第10页。
③ 王书贤、向立明、邓利军：《校企协同下的车辆工程专业人才培养模式研究》，《教育教学论坛》2017年第50期，第35~36页。

A 学院的专业基础课程以"机械、电气、控制"为中心，注重扎实根基、打好学科基础，注重知识序列阶梯与能力阶梯相统一，为后续专业课程铺路搭桥（见表 3 - 4）。

表 3 - 4　A 学院车辆工程（新能源汽车方向）专业基础课程体系

知识类别	支撑课程
自然科学知识	高等数学、线性代数、概率论与数理统计、大学物理、大学物理实验
专业基础知识	画法几何与机械制图（一）（二）、理论力学、材料力学、机械原理、机械设计、机械设计课程设计、机械制造技术、机械制造技术课程设计、电路分析基础、电子技术基础、互换性与技术测量、工程材料与热加工
专业知识	汽车构造（一）（二）、汽车发动机拆装实习、汽车底盘拆装实习、汽车理论、汽车测试技术、电动汽车结构与原理、新能源汽车概论、汽车可靠性

车辆工程（新能源汽车方向）课程体系的设计，立足于行业发展，以培养创新思维与提高动手能力为目标，将"电池""电机""电控"作为专业核心课程，以纯电动汽车为主，同时兼顾混合动力汽车，在传统燃料汽车专业课程的基础上增加新能源汽车课程（见图 3 - 1）。

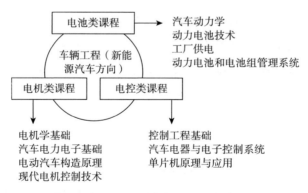

图 3 - 1　车辆工程（新能源汽车方向）专业主干课程示意

此外，A 学院的汽车与交通工程学院还注重教材编写，截至 2018 年，学院组织出版教材 7 部，其中特色教材 4 部、立体化教材 1 部、专业教材 2 部。特色教材分别是《光伏发电技术原理及工程应用》《汽车可靠性基础》《纯电动汽车 IGBT 可靠性及健康管理研究》《电动汽车测试技术及传感器》，立体化教材是《电气控制及可编程序控制器》，2 部专业教材分别是《汽车电器及电子设备检修》《电机及现代控制技术》。

（三）以"三进""双百"活动为抓手，重构师资资源

教育部高教司原司长张大良强调，地方本科高校在转型发展过程中，要重视"双师双能型"教师队伍建设，使专任教师教师资格、工程师资格兼具，教学能力、工程实践能力兼备。[①] 调查显示，地方应用型本科高校主要通过加强培训以提升教师的教学能力、选派教师到企业挂职锻炼、引进具有丰富实务经验的教师、加强"双师型"教学队伍建设等方式加强"双师双能型"教师队伍建设，许多地方高校还创新了职称评聘、绩效考核、经费支持等政策，促进教师参加工程实训。[②]

A学院在确定了车辆工程专业要重点向新能源汽车方向发展后，注重对师资队伍进行改造，这主要体现在以下三个方面。

一是人才引进方面，实行倾斜政策。人才队伍建设按照"增加总量、强调双师、优化结构、建设团队、全面提高"的原则进行。[③] 2007～2019年，A学院车辆工程专业共引进教师18人，其中博士11人，有企业工作经历的8人、有研修经历的5人（见表3-5）。

表3-5 A学院车辆工程专业引进教师情况一览（2007～2019年）

序号	学历学位	入职时间	入职前后经历
1	硕士	2007年	入职后德国研修1年
2	硕士	2008年	入职前电路企业工作3年，中专任教2年
3	博士	2008年	入职后赴新加坡南洋理工大学、清华大学研修2年
4	本科	2008年	入职前为高职教师
5	博士	2009年	入职前在一汽工作2年
6	硕士	2009年	无
7	博士	2010年	入职后美国游学1年
8	博士	2013年	入职前汽车企业工作2年，入职后博士服务1年

---

① 张大良：《把握"学校主体、地方主责"工作定位 积极引导部分地方本科高校转型发展》，《中国高等教育》2015年第10期，第23～29页。

② 中国教育科学研究院课题组：《中国应用型本科高校发展报告（2017）》（内部资料），第177～179页。

③ 《A学院关于进一步加强人才队伍建设的实施意见》（校党文人〔2017〕7号），载《A学院规章制度汇编》（第一辑）。

续表

序号	学历学位	入职时间	入职前后经历
9	硕士	2014 年	入职前东风工作 3 年
10	硕士	2014 年	入职前电子企业工作 2 年
11	博士	2014 年	入职后赴美研修 1 年
12	博士	2014 年	入职前汽车企业工作 5 年
13	硕士	2015 年	入职前汽车企业工作 4 年
14	博士	2015 年	无
15	博士	2016 年	无
16	博士	2017 年	入职前赴美游学 1 年
17	博士	2019 年	无
18	博士	2019 年	入职前汽车、机械企业工作 7 年

资料来源：根据 A 学院汽车与交通工程学院官方网站整理。

二是教师队伍锻炼方面，先后开展了"三进"活动及"服务 A 市双百行动计划"。第一阶段，开展"三进"活动。所谓"三进"是指进车间找课题、进农村征难题、进社区送服务。该活动起源于 2013 年，是 A 学院开展群众路线教育实践活动推出的新举措。[1]"三进"活动，其一，鼓励教师"带着理论进社会，深入社会解难题；带着项目到一线，深入一线找课题"。截至 2018 年，A 学院共 317 人次教师与乡村、企业和社区签订合作协议，每年横向合作到账经费 500 万元以上。[2] 其二，促进教师了解并服务地方经济社会发展，提升了教师人才培养能力和科研水平，共产生 133 项优秀成果，其中《"南水北调"对水源区农业生产的影响》获得时任 H 省委书记和副书记的批示。[3] 其三，通过"三进"活动带动了专业建设，如该校新闻网报道：

> 通过"三进"学校建成一批实习实训教学基地，带回一批研究课题，锻炼了一批青年教师……将专业转型发展、应用型专业改革与学校"三进"活动结合起来，寻求产学成果转化，求学于企业，服务于

---

[1] 唐峻、丁世学主编《A 校校史（2008—2018）》，长江出版社，2018，第 100 页。

[2] 唐峻、丁世学主编《A 校校史（2008—2018）》，长江出版社，2018，第 202 页。

[3] 唐峻、丁世学主编《A 校校史（2008—2018）》，长江出版社，2018，第 100 页。

社会，开拓出以专业改造为途径，以提升教师技能为目标，力求与行业发展全方位对标的新路。[①]

新能源汽车研究团队仅 2017 年为企业开展了技术培训 8 场次，建立了校企联合塑性成型工程研究中心，协助企业实施了中国智能制造示范项目；联合申请发明专利 3 件，合作申请并授权实用新型专利 3 件，合作完成计算机软件著作权登记 6 件；"汽车转向节轻量化技术研究与开发"项目获得 H 省产学研后补助立项支持。就"3D 打印增材自动化成套设备""数字化焊接成套设备"等技术研发课题签订了委托开发合同，目前已到账科研经费 150 余万元。2017 年，团队的两项科研成果"一种润滑油油品检测装置"和"汽车转向节缺陷管理系统 V1.01"成功在企业得到了转化应用。[②]

第二阶段，实施"服务 A 市双百行动计划"。2018 年，A 学院在总结"三进"活动工作的基础上，为贯彻落实党的十九大精神，开始实施"服务 A 市双百行动计划"，促进教师深入社会、贴近群众、服务地方，增进校地合作，提升学校服务地方经济社会发展能力。其具体内容是从 2018 年起，每年组织 100 名博士（教授）对接 100 个村（企业），开展科技文化服务。[③]

与"三进"活动相比，"服务 A 市双百行动计划"在广度、深度和经费资助上进行了制度创新。比如，在广度上，要求各教学学院组织团队参与，并将该项活动纳入目标管理考核；在深度上，要按照协同育人要求，广泛吸纳在校大学生参加；在经费资助上，为了切实做好做实"小切口，大服务"，A 学院根据实际情况，采取定期或不定期相结合的方式，对前

① 王郑强：《【暑期"三进"】紧抓专业内涵建设，提升师资能力培养》，http://www. hbuas. edu. cn/info/1041/4411. htm。
② 曹林涛：《新能源汽车研究团队开展"三进活动"纪实》，http://www. hbuas. edu. cn/info/1042/1142. htm。
③ A 学院科技处：《关于印发〈"双百行动计划"实施细则的通知〉》，载《2018 年 A 学院科技发展报告》，第 117～120 页。

期取得良好成效的后续项目和跨学科系统化项目予以资助，并鼓励团队争取与服务合作方或其他社会力量签订横向科研项目合同，以投入经费弥补"服务 A 市双百行动计划"经费需要，如 2018 年 A 学院共分 2 批立项 111 个项目，每个项目资助 3 万元。

"服务 A 市双百行动计划"是如何提升教师队伍的工程实践能力的呢？下面结合汽车与交通工程学院的工作总结材料和访谈资料对此进行分析。

其一，送服务方面。通过"服务 A 市双百行动计划"，强化广大教师的社会服务意识，丰富教师服务地方的途径和方式，促进教师利用丰富的理论、专业的思维、广泛的信息，以及丰硕的研究成果，结合企业生产优化生产工艺，推动科技转动，开展联合攻关，切实解决生产和管理一线的实际问题，全面服务 A 市经济社会发展。

其二，找合作方面。围绕科研创新和成果转化，鼓励教师结合已承接的横向科研项目主动进企业、进社区、进乡村，对接企业，联合开展技术创新、知识产权申请和成果转化推广，促进行业企业科技创新能力提升。2019 年，汽车与交通工程学院各个教师团队与湖北德宜智精密机械有限公司、枣阳方民农业机械有限公司、东风海博新能源科技有限公司、荆门意祥机械有限公司等企业达成横向合作意向 10 项，实质协助企业改进产品性能、提高生产效率 3 家。

其三，提能力方面。推动教师从学校走向社会，从理论走向实践，促进教师了解人才需求和生产需求，增加实践经历，锻炼实践能力，完善教学内容，丰富教学手段，扩展研究视野，提升研究效益，保证人才培养的有效性和科学研究的针对性，切实提升教师的教学科研能力。

其四，服务人才培养方面。比如，汽车与交通工程学院结合 2019 版人才培养方案修订工作和 2019 年本科教学思想大讨论的"金课打造"，就各专业培养目标、毕业要求及分解指标点、课程体系、教学安排及相互的支撑关系等问题，深入政府机构、相关企事业、社会组织、社区、乡村等机构进行调研，在课程教学目标、教学内容、教学资源、教学方法和课程考核等方面开展研讨、建设。针对 2019 年立项的课程建设项目，课程团队主动走进相关企事业单位，充分挖掘其育人资源，完成课程建设与改革任务。汽车与交通工程学院副院长认为：

老师到企业去搞科研服务、横向项目，有一个重要功能是与人才培养结合起来了，浅层次的是将项目整理加工后变成教学案例，上课时给学生讲，给予学生一个很间接的收获。深层次是带学生参与项目，特别是高年级学生、研究生，他们自己跟着老师去参与，在实践中是主体，得到的是很直接、很深刻的收获。（A03）

三是逐步建立了一支高水平的服务产业发展的团队。从最直观的现象看，截至实地调研时（2019 年 12 月），车辆工程专业有专任教师 20 人，其中教授 2 人、副教授 5 人；教师队伍中，具有博士学历的有 13 人。另外，聘请了"楚天学者"，北京理工大学机械与车辆学院教授、博士生导师，清洁车辆北京市重点实验室主任 ZYT 担任"节能与新能源汽车团队"负责人；[①] 聘请国内电动机软起动产业技术最早的科技开拓者之一教授级高工 YLH 为产业教授。车辆工程专业师资队伍建设初见成效，结构比例渐趋合理，教师的整体能力和水平也在逐步提升。

下面，根据 A 学院官方网站和访谈材料介绍其中的 2 位教师。

教师之一——WY，女，九三学社社员，二级教授。2000 年毕业于北京理工大学，获工学博士学位，武汉大学、华中科技大学、武汉科技大学兼职硕士生导师，机械工程 H 省重点特色学科首席带头人，汽车零部件装备制造数字化 H 省协同创新中心主任。曾任 A 学院汽车工程学院常务副院长、机械与汽车工程学院常务副院长（正处级）、机械与汽车工程学院院长，现任 A 学院副院长。她的主要研究方向为发动机智能检测与控制技术、应用分形理论的发动机结构控制与优化、电动汽车动力系统的控制策略与优化算法。

她自到 A 学院任教以来，曾到东风汽车集团有限公司挂职锻炼两年，在负责主持机械与汽车工程学院工作的八年时间内，干了几件重要的事情，如围绕产业来拓展平台、实验室、工程中心、研究院；强调引进人才学科契合度要 100%，才能进团队工作；鼓励教师主动推销自己，下企业，加强与产业界联系；鼓励科研成果转化和专利产业化；引智入校，A 学院

---

① 唐峻、丁世学主编《A 校校史（2008—2018）》，长江出版社，2018，第 109 页。

现有力量不能解决的企业难题，请其他高校教师，如新能源汽车北京实验室（挂靠在北京理工大学）、A 市华中科技大学先进制造工程研究院等平台科研人员帮忙一同解决。①

近年来，WY 带头参加"三进"及"服务 A 市双百行动计划"，与 A 市宇清传动科技有限公司共同申报并获批"863 项目"1 项，与 A 市乐泰机电有限公司合作申报并获批 H 省科技厅技术创新专项重大项目 1 项，获得 H 省科技进步奖二等奖 1 项、三等奖 1 项，主持了"纯电动客车车载在线隔离型充电机研究开发""插电式商用车用电驱动机械式自动变速器驱动系统开发"项目等。

教师之二——WHW，男，教授。2012 年毕业于中南大学交通信息工程及控制专业，获工学博士学位，A 学院"机电汽车"H 省优势特色学科群"新能源汽车动力系统设计与测试技术"方向带头人、新能源汽车研究团队负责人（2016～2019 年），主要从事新能源汽车控制器仿真及开发、测试及可靠性、汽车零部件轻量化、智能驾驶等方面的研究。

2015～2017 年，作为"博士服务团"成员，在三环集团有限公司挂职锻炼，2018 年至今，在 A 学院"服务 A 市双百行动计划"要求下，带领团队以"保姆式、蹲点式"的方式扎实推进服务实体产业，与 A 市发改委、质检所、标准所和东风汽车、三环集团、湖北长鑫源汽车实业有限公司等企事业单位签订技术开发协议 20 余项，为企业技术培训 50 余人次，转化成果 5 项，横向到账经费年均 300 余万元，参与行业标准制定 3 项。

WHW 教授每年下企业行程有 3 万多公里，驻扎企业平均 100 天，他做科研的目标除了服务企业外，还有及时做学生的引路人，引导学生成长于企业并反哺企业。"中重型商用车模块化多功能智能仪表平台开发及应用"获得了 H 省科技进步三等奖、"驾驶员坐姿自动调整系统及方法"实现了科技成果转化。②

（四）自建和依托校外平台，重构实践教学体系

车辆工程（新能源汽车方向）的专业课实践操作性强，为此，A 学院

---

① 崔瑞波：《隆中山下"女诸葛"》，http://www.hb93.gov.cn/jsrw/8714.jhtml。

② 卜润慧、李金萌：《【湖文好故事】WHW：驻扎企业　共赢发展》，http://www.hbuas.edu.cn/info/1041/7212.htm。

采取自建和依托校外平台方式（见图 3 - 2），设置多层次、多阶段实践环节，运用虚拟仿真、项目化、做中学、师徒制等工程实践模式，提升学生实践动手能力。①

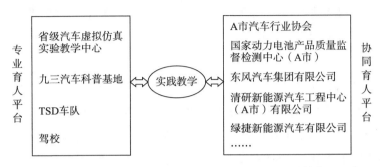

图 3 - 2　车辆工程（新能源汽车方向）实践教学与支撑体系示意

在认知性实践教学方面，建在 A 学院汽车与交通工程学院的九三汽车科普基地发挥了重要作用。该科普基地是由九三学社 A 市委、A 市汽车行业协会与 A 学院共同建设，包括"汽车的组成""世界名车""世界汽车赛""中国汽车工业史""A 市汽车产业""汽车整车生产工艺"等板块，建有柴油喷射系统实验馆、底盘实验馆、发动机部件馆、发动机拆装实验馆、发动机检测实验馆、发动机台架实验馆、悬架展示馆、整车实验馆，可以开展认知性实习。此外，认知性实习还借助校外平台，因为与传统汽车相比，新能源汽车在结构、原理、关键零部件方面存在较大差异，因此，车辆工程专业依托东风汽车集团有限公司、清研新能源汽车工程中心（A 市）有限公司、绿捷新能源汽车有限公司在大一、大二开展认知实习，增强学生对新能源汽车的认识和了解。②

在实验性实践教学方面，省级汽车虚拟仿真实验教学中心承担了此项功能。该平台主要是为汽车专业群（机械设计制造及其自动化、自动化、工业工程、车辆工程、汽车服务工程、交通设备与控制工程、能源与动力工程）服务，由 4 个互相关联的平台组成，包括 1 个实际操作平台——纯

①　向立明、邓利军、王书贤：《应用型本科院校培养学生应用能力的探索——以 A 学院车辆工程专业为例》，《大学教育》2017 年第 10 期，第 51～53 页。

②　聂金泉、吴华伟、廖育武、姚鹏华、梅雪晴：《依托地方产业集群的车辆工程专业校外实践教学基地建设》，《教育教学论坛》2020 年第 43 期，第 161～162 页。

电动汽车动力系统设计与测试平台，1 个实际操作与虚拟仿真相结合平台——发动机及底盘拆装与虚拟装配平台，2 个虚拟仿真平台——汽车性能测试虚拟仿真平台、汽车电子电器测试技术虚拟仿真平台。[①] 在这个大的平台下面，可以进行发动机拆装、底盘拆装与虚拟装配、传感器和执行器的使用、信号采集、汽车电器设备的故障诊断、纯电动汽车结构及动力系统设计等实验实训。

在创新性实践教学方面，自主组建的 TSD 车队发挥了重要作用。参加全国性的车类学科竞赛，有助于学生提升实践动手能力、创新能力、团队协作能力，促进学生个性的发展，为此，2011 年 A 学院在东风汽车集团有限公司支持下组建了 TSD 车队（包括油车、电车、智能汽车等）。TSD 车队自组建以来，年年参与大赛，构建了"赛教研融合"的学科竞赛培养体系。[②] 目前，A 学院共有 4 个类型的车队，分别是方程式车队，主要是参加中国大学生方程式汽车大赛，参加油车、电车、Baja 的学生约 120 人；节能车队，主要参加节能减排类科技竞赛、全国大学生工程训练综合能力竞赛、Honda 中国节能竞技大赛，约 65 人；智能车队，主要参加全国大学生智能汽车竞赛、电子设计大赛，约 60 人。近 5 年来，A 学院车辆工程专业组建的上述学科竞赛团队，基本覆盖了专业 80% 的学生，学生创新意识大大提升，自我管理和自我学习能力得到加强。田野调查期间，笔者实地参观了 TSD 车队的工作室和训练场，一名 TSD 车队队员/车辆工程专业大三学生表示：

> 加入 TSD 车队，参加 FSEC（"中国大学生电动方程式大赛"，Formula Student Electric China），确实让我体会到将知识与实践相结合的重要性，因为参加 FSEC 所需的知识，不仅与汽车相关的专业课程密切联系，也与汽车理论、电动汽车结构与原理、动力电池技术、现代电机控制技术等相关，通过参加竞赛，我能更好地理解理论知识，

---

① 邓利军、刘祯、王书贤、刘朋、向立明：《地方本科高校车辆工程专业特色体系研究》，《科技视界》2020 年第 5 期，第 23～25 页。

② 吴华伟、汪云、刘祯、梅雪晴、丁华锋：《以车类学科竞赛为载体的应用型车辆工程专业实践创新教学探讨》，《中国现代教育装备》2020 年第 13 期，第 109～111 页。

更好地促进自己通过自学、向老师请教等补齐知识短板，更好地体会用所学的知识创造新事物的快乐。（A08）

在综合性实践方面，车辆工程专业主要通过与行业协会、共建平台和骨干企业合作，建立起了较为稳固的校外实践教学基地。该专业通常选择行业内具有代表性的中大型企业，在学生修完专业基础课程后，以分散的方式前往 A 市各个基地开展生产实习。2020 年，A 学院组织安排 2017 级车辆工程专业学生赴东风康明斯发动机有限公司、东风电驱动系统有限公司和清研新能源汽车工程中心（A 市）有限公司、绿捷新能源汽车有限公司实习。通过实习，不断提高学生的动手能力和工程实践能力。

此外，毕业设计采取"校企双导师制"，真正实现"题目来自生产现场、作品源于生产现场、答辩就在生产现场"[1]。所谓"题目来自生产现场"，是要求学生必须从生产一线选择合适的毕业设计题目，由校内教师与企业工程师共同指导；所谓"作品源于生产现场"，是要求学生在时间和空间上，将毕业设计与毕业实习同步进行；所谓"答辩就在生产现场"，是指毕业设计完成后，学生在企业完成毕业答辩，同时，毕业设计的最终成绩要参考实习成绩。[2] 2020 年车辆工程专业学生毕业设计，题目来自生产一线的达到 73.6%，其中获得校级优秀论文的有 5 篇，2 篇被推选参加 H 省本科毕业论文（设计）评审联盟评选。[3]

（五）促进优质资源集聚，重构支撑体系

教育部《普通高等学校本科专业设置管理规定》对专业设置提出了支撑条件的要求，包括经费、教学用房、图书资料、仪器设备、实习基地等，也就是说，专业建设要有一定的支撑条件。下面从仪器设备、实习基地和图书资料三个方面逐一分析车辆工程专业支撑条件重构情况。

---

[1] 刘元林、张增凤、李洪涛：《基于"卓越计划"的机械类"3+1"人才培养模式改革》，《黑龙江教育（高教研究与评估）》2013 年第 1 期，第 41~42 页。

[2] 王书贤、向立明、邓利军：《校企协同下的车辆工程专业人才培养模式研究》，《教育教学论坛》2017 年第 50 期，第 35~36 页。

[3] 《汽车与交通工程学院 2020 年目标管理常规工作自评报告》，http://qcxy.hbuas.edu.cn/info/1008/2363.htm。

在专业所需仪器设备方面，从横向上比较，汽车与交通工程学院拥有的省级平台排在 A 学院前列。由表 3 - 3 可以看出，A 学院一共有 14 个省级重点平台（含研究中心、工程中心和重点实验室），分布在 8 个学院，而机械工程学院、汽车与交通工程学院各占 3 个，纯电动汽车动力系统设计与测试 H 省重点实验室、H 省电动汽车控制工程技术研究中心则是直接为车辆工程及相关专业提供支持条件的重要平台。此外，2011 年，A 学院还与东风汽车集团有限公司等，共建国家动力电池产品质量监督检测中心（A 市）。

从支持实践课程方面分析，根据 A 学院《车辆工程专业人才培养方案》（2019 年版），汽车底盘拆装实习、汽车发动机拆装实习、汽车测试技术、汽车发动机原理、汽车电器与电子控制系统、动力电池技术、现代电机控制技术、汽车可靠性工程基础等 8 门涉及专业实践的课程可以在其现有的平台上进行，据 A 学院《汽车与交通工程学院 2020 年目标管理常规工作自评报告》，汽车与交通工程学院全年每间实验室利用率人时数 ≥ 100 人学时/间。

在实习基地方面。截至 2020 年，学院有 28 个实践教学基地，其中车辆工程汽车服务工程专业 23 个、自动化专业 5 个。学院以"九个共同合作"① 为原则，加大同实习基地合作力度。2020 年，为进一步加强学生实践能力，组织安排 2017 级车辆工程专业学生赴东风康明斯发动机有限公司、A 市九州汽车有限公司、湖北长鑫源汽车实业有限公司、东风电驱动系统有限公司和湖北安畅星科技有限公司进行生产实习。车辆工程专业老师与企业联合申报获批 H 省企校联合创新中心 3 个。教学实验平台建设项目——智能交通实验室，如期完成。②

在图书资料方面，汽车与交通工程学院自有图书资料充裕。《A 学院

---

① "九个共同合作"是指学校与实习基地在人才培养、人才评估、课程建设、教材建设、项目合作、科研、教学、师资和就业等九个方面展开深度合作。参见王书贤、吴华伟、梅雪晴、张琨《基于应用型人才培养的校外实习实训基地建设研究》，《轻工科技》2020 年第 4 期，第 164 ~ 165 页。

② 《汽车与交通工程学院 2020 年目标管理常规工作自评报告》，http://qcxy.hbuas.edu.cn/info/1008/2363.htm。

图书资料室管理办法》表明，实施图书资料管理改革，将图书和信息资源服务移到二级学院和科研院所，允许二级学院利用学校划拨经费，院所创收经费部分经费，学科建设、专业建设和课程建设专项经费，科研教研专项经费，各类捐赠等自主购买图书资料。2014 年 4 月，学校图书馆在机械与汽车工程学院等 11 个学院建立了图书资料室（后改为图书馆分馆），2014 年 5 月，学校首次组织了 12 名师生代表到政府招标的中标公司现场参与选购图书活动。[①] 通过这项制度创新，加之资源向汽车机电学科倾斜，汽车与交通工程学院图书馆分馆已有藏书 8 万余册，为包括车辆工程专业在内的专业提供专业图书资料。

三　专业重构的效果

在详细叙述车辆专业重构的过程中，可以看出，车辆工程专业在 A 学院差异化竞争战略的实施过程中，在校内政策倾斜，汇聚各种资源的情况下，实力不断增强。在提升服务能力的同时，企业和政府资源源源不断进入，推动了专业人才培养方案、课程体系、师资队伍、实践教学和支撑条件的重构。从专业建设的角度看，专业重构的成效显著，这主要表现在以下五个方面。

一是满足了区域产业发展需求。根据《A 学院申请新增硕士学位授权报告书》，A 市有汽车及零部件企业 384 家，产值 2160 亿元。车辆工程专业及其他相关专业紧密结合汽车龙头产业，与东风汽车、宇清传动、三环集团、骆驼集团开展深度合作，近半数毕业生在 A 市及周边工作，为新能源汽车产业集群提供了重要的科技和人才支撑。通过建设，该专业逐步发展成区域一流、特色鲜明、实力雄厚的专业。[②]

二是车辆工程（新能源汽车方向）专业进入良性循环轨道。2011 年获批 H 省省级“战略性新兴（支柱）产业人才培养计划”项目，2015 年成为 H 省省级“产业计划”项目，2020 年获批 H 省一流专业，2021 年接受

---

①　唐峻、丁世学主编《A 校校史（2008—2018）》，长江出版社，2018，第 16～17 页。

②　黄能会：《地方高校新能源汽车产业链专业人才培养模式》，《知识经济》2020 年第 21 期，第 135～136 页。

了中国工程教育专业认证协会、教育部高等教育教学评估中心的工程教育认证。此外，该专业所在的学科成为优势学科，2017 年与机械工程、化学工程专业一道，获批工程硕士学位授权点。

三是形成了与行业和职业发展相衔接的教学体系。比如，该专业与以宇清传动为代表的新能源汽车企业合作，创新人才培养模式，在企业的直接赞助下，成立了"宇清班"，进行"订单培养"。该专业学生最后一年学业在企业完成，学生不仅完成了贴近实际的校企合作开发的课程学习，而且本科毕业设计的选派，使 100% 的选题来自企业工程技术类项目，学生受到企业导师和学校导师的双重指导，不仅完成了学业要求，更体现了企业工作要求，做到了"工学结合"，实现了人才培养与行业和职业发展的有效衔接。[1]

四是学生发展较好，就业率、考研率稳步提高。2015 年以来，学生除了考取研究生外，连续 3 年就业率稳定在 98% 以上，部分优秀毕业生进入东风汽车、宇清传动等大型企业工作；2015～2020 年，每年考取研究生 30余人，考研上线率在 20% 以上；2015～2018 年，学生申请获得专利 15 项，计算机软件著作权 12 项，国家级和省级大学生创新创业训练项目 35 项，公开发表教研、科研论文 23 篇，获得中国大学生方程式汽车竞赛奖励 12 项。[2]

五是教师队伍服务新能源汽车产业发展能力持续增强。A 学院深度融入地方经济社会发展，教师以暑期"进车间、进农村、进社区"的"三进"活动和"服务 A 市双百行动计划"为载体，围绕地方经济社会发展重点问题开展专题式研究，横向科研项目工作稳步推进，决策咨询服务深入开展，一批调研咨询报告被政府部门采纳，效益显著。比如机械工程类专业集群，车辆工程（新能源汽车方向）专业与东风汽车集团有限公司、湖北中航精机科技有限公司等 10 余家公司签订了科研合同 400 余项，合同金额达 2.8 亿元；校企联合攻关、解决技术难题 500 余项；企业技术免费培训200 余次。

---

① 吴华伟、梅雪晴、聂金泉、丁华锋、张远进：《"分类指导、多方联动、校企深度融合"的应用型本科车辆专业人才实践探讨》，《高教学刊》2018 年第 23 期，第 173～175 页。
② 吴华伟、梅雪晴、聂金泉、丁华锋、张远进：《"分类指导、多方联动、校企深度融合"的应用型本科车辆专业人才实践探讨》，《高教学刊》2018 年第 23 期，第 173～175 页。

小　结

本章依据"环境变化—组织变革—资源集聚"的分析框架，对 A 学院的车辆工程专业重构过程进行了研究。

第一，详述了专业重构的过程（见图 3-3）。A 学院外部环境变化主要是：A 市在改革开放之初，开始承接东风汽车（原第二汽车制造厂）产业转移，汽车产业逐步发展成 A 市的龙头产业，"十一五"期间，A 市响应国家政策，积极发展新能源汽车。内部环境变化主要是：完成本科教学工作水平评估后，A 学院积极向应用型高校转型发展，这期间，在政府的主导下，积极创建 H 省交通工程大学。在内外部环境变化的情况下，A 学

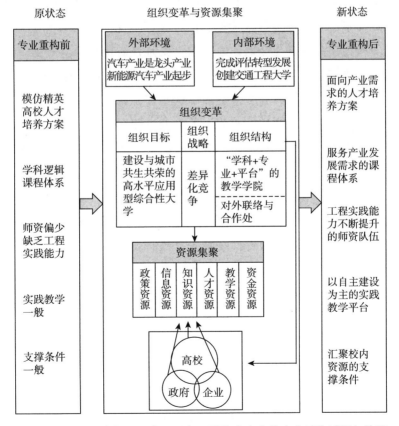

图 3-3　A 学院车辆工程专业面向区域汽车产业的专业重构过程与效果

院进行了组织变革：确定了建设与城市共生共荣的高水平应用型综合性大学的组织目标；实施差异化竞争战略；按"学科＋专业＋平台"原则，调整教学学院结构，并增设了对外联络与合作处。组织变革推动了各种资源向改革专业集聚，进而促成了专业重构。

以车辆工程专业为例，该专业是 A 学院于 2008 年，在完成本科教学工作水平评估后，主动服务区域汽车产业而新建的。尽管该专业有一定的办学基础，但车辆工程专业设立之初以车身工程为方向，办学特色不鲜明，竞争力不强。基于差异化竞争的组织战略，2010 年，A 学院开始对该专业进行重构，将专业由车身工程方向调整为新能源汽车方向。通过专业方向调整和资源重点投入，该专业形成了面向产业需求的人才培养方案、服务产业发展需求的课程体系、工程实践能力不断提升的师资队伍、以自主建设为主的实践教学平台以及汇聚校内资源的支撑条件。通过差异化竞争战略，车辆工程专业实现了重构，服务了区域新能源汽车产业，成为 A 学院首个接受工程教育专业认证的专业，成为 H 省优势特色专业。

第二，高校自身提供了车辆工程专业重构的重要资源，包括政策资源、人才资源、教学资源和资金资源。这些资源主要是基于差异化竞争战略，校内资源倾斜来实现的。首先，A 高校不断调整教学学院设置，突出汽车与交通工程学院地位；其次，将有限的资金用来建设各类教学、科研和创新平台，服务包括车辆工程专业在内的对接汽车产业链的专业群，夯实了实践教学和专业建设支撑体系；再次，通过持续开展教师"进车间、进农村、进社区"的"三进"活动及"服务 A 市双百行动计划"，提升教师工程实践能力；最后，通过科技服务和调研获得产业信息，构建了贴近新能源汽车产业的人才培养方案和课程体系。通过差异化竞争战略、校内资源倾斜和校外资源汇聚，车辆工程专业实现了重构。

第三，政府在专业重构中也提供了政策资源、资金资源。其一，政府的支持性政策，特别是 A 市政府主导的建设 H 省交通工程大学目标，促成了政府支持 A 学院"机电汽车"学科群优先发展，加大了东风汽车等大型汽车企业对车辆工程专业的支持力度。其二，政府自 2013 年起，每年专设1000 万元科技产业发展专项资金，扶持 A 学院服务地方产业发展；将汽车科普基地建在 A 学院，成为车辆工程专业及其他汽车类专业实习基地。

第四，企业在专业重构中也提供了信息资源、知识资源、教学资源和人才资源。在 A 市政府引导下，在 A 学院持续开展的教师"三进"活动及"服务 A 市双百行动计划"作用下，基于产业发展需要，A 市以东风汽车为代表的新能源汽车企业与车辆工程专业联系紧密，为其提供了产业发展信息、实习实训场所和指导教师，并共建了一些科研和创新平台，促进了专业重构所需要资源的汇聚。

第五，专业重构实现了高校、政府和企业三方共赢。作为高校来讲，专业重构提升了应用型人才培养能力，较好履行了地方应用型高校服务区域经济社会发展的使命，实现了建设应用型大学的组织目标。作为政府来讲，区域内高校培养的人才能够为区域汽车产业，包括新能源汽车产业发展提供人力资本，从而实现产业发展目标。作为企业来讲，企业不仅能够以较低的成本招聘到产业人才，而且专业所在的教学科研人员能够为其提供较好的科技服务。

第四章　专业重构的政府驱动模式

本书选择 B 学院作为研究案例出于一个偶然的机会。2016 年，H 省在 B 学院召开"H 省应用型高等学校联盟"成立大会，作为联盟轮值主席单位——B 学院的领导以《创新"校 +"协同育人机制，推动学校转型发展》为题，介绍了该校转型发展的情况，赢得了与会者的好评，也吸引了笔者的注意。循着 B 学院领导报告的内容，笔者找到了《中国教育报》有关该校的系列报道，重点关注了该校实施"校 +"合作的做法，如该校"东奔西走""走南闯北"，先后与江苏宜兴、贵州仁怀、广东佛山、湖北武汉和黄梅等地政府和企业，开展产教融合，推动转型发展。

为此，笔者在 2019 年 3 月和 6 月，分别前往江苏宜兴和 H 省 B 市进行田野调查，笔者观察到：B 学院的环境工程专业是一个有着 40 年办学历史的专业，早在 1981 年，B 学院就开始以专科专业的形式培养环境保护人才，该校升本以后，该专业也率先升格为本科，多年来，该专业为当地的经济社会发展做出了重要的贡献。但在 2010 年前后，由于学校所在城市产业转型发展，B 学院出现了要不要继续举办环境工程专业的争论。经过争论和探索，2014 年该专业到距离 B 市 600 公里的江苏宜兴（县级市）办学，之所以到宜兴去办学，是因为宜兴建有我国唯一一个以发展环保产业为特色的国家级高新技术产业开发区，该产业园肇始于改革开放之初，1992 年成为国家级产业园，现年产值达到 500 亿元，涉及大气治理、污水治理、固体废物治理、土壤修复等领域的环保设备制造、环保产品生产、环保施工等，产业链齐全。B 学院到江苏宜兴环保科技工业园办学，与清华大学、哈尔滨工业大学、南京大学研究生院等一道，为宜兴的环保产业做出了巨大的贡献。2021 年，B 学院的环境工程专业成功入选国家级"一流本科专业建设点"。

为什么 B 学院会到外地办学? B 学院的外部环境尤其是区域产业环境发生了什么变化? 面对这些变化, 学校又是如何应对的? 是什么样的组织变革推动了环境工程专业的专业重构? 在 B 学院发生的故事, 成为一个地方本科院校面对区域产业变动向应用型高校转变, 成功实现专业重构的典型案例。本章将按照"环境变化—组织变革—资源集聚"的分析框架, 叙述 B 学院环境工程专业重构的过程, 探讨专业重构背后的故事。

第一节 环境分析: B 学院变革前的内外部环境

一 B 市主要产业及环保产业发展概况

B 市自古以来就以矿冶城市著称。1973 年考古发掘出的大冶铜绿山古铜矿遗址, 证明 B 市自商周至春秋时期是当时重要的铜矿采掘和冶炼中心; 三国时期, 相继开展了铁矿的开采和冶炼; 唐宋以后, 铜铁矿的采掘冶炼进一步发展, 并开始了银矿的采炼、煤矿开采和石灰生产; "洋务运动"时期, 成立了汉冶萍煤铁厂矿公司, 这是当时中国近代工业最大的钢铁联合企业, 随后创办了铁厂、水泥厂, B 市也成为中国近代工业的发祥地之一。

新中国成立后, B 市逐步发展成一个典型的自然资源依赖型城市。为了支持新中国建设, 第一个"五年计划"期间, B 市的大冶钢厂被列为国家重点建设项目。在国家政策的支持下, B 市开始大规模建设工业尤其是重工业。其中, 采掘工业迅速发展, 范围涵盖有色金属矿产开采、黑色金属矿产开采、煤炭开采、建材矿产开采, 截至 1985 年底, 采掘工业实现工业总产值 88035 万元, 占工业生产总值的 36.33%, 固定资产占全市工业固定资产的 59.86%, 利税占全市工业利税的 36.08%。在工业布局上, B 市前期主要发展重工业, 到"六五"期间, 在发展重工业的同时, 发展机械、电子、化工、纺织、轻工、医药等工业。[①] 直到"十二五"期末, B

---

① B 市地方志编纂委员会编纂《B 市市志》(上), 中华书局, 2001, 第 307~309 页。

市八大产业集群中，黑色金属、有色金属产值超过 300 亿元；装备制造、建材、食品饮料和化工医药产值超过 100 亿元；纺织服装、能源产业紧随其后，接近 100 亿元。①

几千年生生不息的矿冶之火，铸造了 B 市"矿冶文明之都"的辉煌，也使其走到了"矿竭城衰"的边缘，到 2009 年，B 市主要矿产资源进入了开采晚期，保有储量大幅下降，煤、铁、铜、钴和金的保有储量分别只占累计探明储量的 24.25%、23.03%、39.68%、26.90% 和 39.52%。②在此背景下，2009 年 3 月，B 市被国务院批准为全国第二批资源枯竭城市转型试点。由此，"十二五"期间，B 市逐步由资源型城市向"生态立市，产业强市"转型，《B 市国民经济和社会发展第十二个五年规划纲要》明确了其目标，即实现由资源主导型经济向多元综合型经济转变，打造三个基地——中部地区特色先进制造业基地、全国特钢和铜产品延伸加工基地、鄂东的交通枢纽和大宗物流中心，产业发展的重点是：推动黑色金属、有色金属、建材等传统优势产业链条向下游延伸，提高产品附加值；全力发展特色装备制造、新材料、医药化工、电子信息等战略新兴产业；积极发展纺织服装、食品饮料、商贸物流、文化旅游等业务。

因为本书将以 B 学院环境工程专业的重构过程为例进行分析，为此，有必要对 B 市的环保产业进行扫描。采矿、炼矿与环境保护天然相关，理论上讲，矿冶城市是可以形成配套的环保产业的，但 B 市的环保产业发展并不充分，其原因需要从历史材料和访谈材料中去追寻。总结起来，主要有以下三个方面。

一是如前所述，B 市在发展过程中，特别是早期的计划经济体制下，注重重工业投资，忽视轻工业发展，可能是导致环保产业没有充分发展的重要原因。随着矿产资源的枯竭，城市要进行转型发展，这让没有充分发展的环保产业雪上加霜。《B 市人民政府关于印发 B 市资源型城市转型与可持续发展规划的通知》确定的发展方向是：发展四大传统产业——黑色

---

① 《马先权：对 B 市加快发展"八大产业集群"的思考》，http://focus.cnhubei.com/original/200909/t805598.shtml。

② 任世茂：《B 市资源枯竭型城市转型情况调查》，《政策》2009 年第 9 期，第 8~11 页。

冶金、有色冶金、建材、能源；两大吸纳就业型产业——纺织服装业和食品饮料业；四大潜力型产业集群——特色机械制造业集群、医药化工产业集群、电子信息产业集群、新材料产业集群。也就是说，直到 B 市转型发展前后，该市环保产业仍没有充分发展，而且不是该市产业政策中的重点产业。

二是从文献看，根据 1999 年 H 省对 B 市环保产业的调查，B 市环保产业有一定的发展，但不够充分，主要体现在以下三个方面。其一，从业企业数量，共有 17 家与环保有关的企业，从事环保产品生产、技术服务、三废综合利用的分别是 8 家、5 家和 4 家，固定资产总数为 2556.8 万元，环保产值年总数为 1870.67 万元，但与 1993 年的调查统计结果相比，企业数、从业人数、固定资产、产值和年利润分别增加 7 家、640 人、6.5 倍、4.7 倍和 2.8 倍。其二，由于从业单位规模小、市场竞争力低，本地市场占有率为 34.2%，经济效益差。其三，在环保具体领域，如在三废资源综合利用方面，固体废弃资源年综合利用量为 12.9 万吨，产值为 847.9 万元，体量不够大；在环保产品方面，主要是传统的电类、旋风类和袋式除尘器等围绕大气污染防治设施的配件，产品先进性差、产品质量和水平一般；在环保技术服务方面，主要集中在环境影响评价、环境监测、环保产品营销等处在链条末端的服务，且囿于企事业单位体制，市场竞争力低。[①]

三是因为 H 省省会城市的虹吸效应。地域上，B 市与省会城市 W 市相距 100 公里，而 W 市的与环保产业相关的科教资源、装备制造、产品营销、市场开拓优势明显，如 B 学院环境科学与工程学院副院长认为：

> W 市与 B 市相距不远，特别是 1991 年我省第一条高速公路——武黄高速公路通车后，将两地的车程由 4 小时缩短为 1 小时，W 市优势明显体现。此外，当时的大型厂矿，都是中央和省政府直接投资的，部分小矿归市里，管理体制上属于央企或省属企业，因为在做必要的环境保护工程时，也主要依托集团内的其他公司，所以留给当地的企业相当少。（B06）

---

① 黎斌、王艳玲：《B 市环保产业现状调查与发展趋势研究》，《地质勘探安全》1999 年第 3 期，第 29～30、36 页。

以上表明，与矿冶工业关系密切的环保产业在 B 市发展不充分，随着矿产资源的枯竭、城市转型发展，弊端显露。B 市的战略规划表明，环保产业并非其发展重点，这也导致没有充分发展起来的环保产业在该市产业结构中的比重不断下降，这也给 B 学院自 1981 年举办的环境工程专业的继续发展带来挑战。

二　B 学院变革前的发展历程

B 学院是我国中部地区一所地方应用型本科高校，管理体制是"省市共建，以市为主"，学校坐落在"近代中国民族工业摇篮"——H 省的 B 市。同大多数地方应用型本科高校一样，B 学院的发展经历了两次转型，即由中专到大专再到本科的转型和由专科性质高校向综合性院校的转型，前者是办学层次的提升，后者是学科专业结构的调整。

相较 A 学院而言，B 学院的办学层次转型经历的时间不算长。B 学院的前身是创建于 1975 年的工业学校，1977 年曾开办本科专业（4 年制的电气自动化专业，首批招收学生 40 人），经历了 H 省高等学校 B 市高工班、W 工学院（现 W 理工大学）B 分院、B 市高等专科学校等办学阶段，2004 年升本成为 B 理工学院，2010 年通过教育部本科教学工作合格评估。

B 学院的前身主要是服务 B 市的工业经济发展的，1983 年 9 月在与其他学校合并的基础上，开始了专科教育，主要开办环境工程、生物、法律、秘书、历史、工业与民用建筑等专业，还设有环境监察、医疗等干部专修班。到 1984 年，通过专业调整设置了环境保护、法律、工业与民用建筑等 4 个系 8 个专业，均为三年制专修科。[①] 从专业设置看，B 学院在早期是一所以工为主的，服务地方工业经济发展的学校。

B 学院升本以后，从形式上完成了由中专到大专再到本科的转变，也开始了"实现办学层次由专科到本科提升"的转型。此次转型目的是建设合格本科，以迎接教育部本科教学工作水平评估为主。该校党委书记曾撰文指出，"新建地方本科院校的办学目标定位，应根据'总体规划、分期建设'的要求，在升格后 2 ~ 3 年内应通过学士学位授予权的评估，4 ~ 5

---

① B 市地方志编纂委员会编纂《B 市市志》（下），中华书局，2001，第 1272 页。

年内应通过普通高等学校本科教学工作水平评估"①。

　　与建设合格本科同步的是，B 学院开始向综合性高校转型。建校开始，B 学院以理工科专业为主，其后，逐步增加了管理学、经济学、医学、文学、教育学、艺术学等学科门类，初步形成了符合学校办学定位，以工为主、工理结合，学科门类比较齐全、多学科协调发展、数量适宜、结构合理、交叉渗透的本科专业结构与布局。这种专业的扩张模式主要是：其一，以 B 市职工疗养院为基础，逐步开设药学、医学检验技术、护理学、临床医学等医学类专业；其二，依托已有基础，举办国际经济与贸易、工商管理、市场营销、物流管理专业；其三，新增了英语商务、英语、汉语言文学、小学教育、学前教育、音乐学、舞蹈表演等专业，出现了向综合性院校发展趋势；其四，为了服务该市重点产业——服装纺织产业，开办服装设计工程、服装与服饰设计等专业。到"十三五"初期，该校理工科21 个应用型专业基本涵盖 B 市八大支柱产业集群（黑色金属、有色金属、高新技术、建材、纺织服装、机械制造、能源、食品饮料等）。②

　　2014 年，B 学院成为 H 省首批转型发展试点高校，2015 年入选中国应用技术大学联盟。在转型发展过程中 B 学院确定了建设具有鲜明特色的高水平地方性应用型大学的发展目标，明确了立足鄂东南、面向 H 省、辐射全国的服务定位，形成了"12345"应用型人才培养新思路。"12345"的核心内涵是，围绕"一个目标"，即提高应用型人才培养质量；协同"两个体系"，即以师为主体系和以生为主体系；③ 坚持"三个导向""三个发展"，培养"三种能力"，即职业导向、学理导向和创新导向，全面发展、自主发展和可持续发展，知识学习能力、工程应用能力和集成创新能力；推进"四个结合"，即国际结合、校际结合、校地结合、校产结合；努力实现产业、专业、学业、就业和创业"五业一体"。

---

① 丁杰：《论新建地方本科院校的科学定位》，《B 理工学院学报》2005 年第 3 期，第 1~6 页。

② 程幼金、李宏：《科学定位，提升质量，探索应用型人才培养新模式》，载程幼金、李宏《应用型本科教育教学探索与实践——B 学院十年本科教育总结》，武汉理工大学出版社，2012，第 1~25 页。

③ 潘超：《应用型本科院校人才培养的"两个体系"研究》，《B 学院学报》（人文社会科学版）2017 年第 5 期，第 78~82 页。

第二节　行动策略：组织变革及其过程

一　组织目标：建设服务行业和区域的应用型大学

三部委发布的《关于引导部分地方普通本科高校向应用型转变的指导意见》明确提出，"转型的主体是学校"，鼓励地方高校结合自身实际，进行转型发展的实践探索。B 学院的目标是以服务"两业三域"为重点，以打造学科专业集群为重点进行转型发展。所谓"两业"是指环境保护和装备制造两大产业，所谓"三域"是指鄂东南地域、环保产业领域、装备制造领域。

在服务环境保护和环保产业领域方面，B 学院对传统优势专业进行了重点转型建设，形成了环境工程、给排水科学与工程、机械设计制造及其自动化、电子信息工程、土木工程等专业相互支撑的"环保产业专业群"。"环保产业专业群"人才培养目标是：坚持面向产业，面向基层，以应用能力培养为主线，使学生掌握扎实的环保理论与基本技能，学生能够基本解决工程中遇到的实际问题，能够从事污染防治、环境规划和资源保护、环境评价与管理等方面工作；注重学生自主学习、科学思维、敢于创新和社会适应等综合能力的提高。

在服务装备制造和装备制造领域方面，构建了机械设计制造及其自动化、电气工程及其自动化、计算机科学与技术等专业相互支撑的"装备制造专业群"。"装备制造专业群"人才培养目标是：坚持面向地方、面向基层，培养适应新型现代技术发展要求的应用技术型人才，强调以应用能力培养为主线，使学生掌握 5 个模块的知识，注重培养学生 4 种能力，促进学生全面发展。

在为什么会有服务行业和服务区域的区分的问题上，B 学院分管教学工作的副校长表示：

作为地方高校，在高等教育改革浪潮中，面对高校之间的激烈竞争，B 学院必须依托自身的局部优势，坚持地方性，突出应用型人才的培养。依托优势就是学校的传统优势专业，如环境工程专业开办于 1981 年，是我国早期环境工程高等教育教学点之一，也是 H 省最早开办的环境工程专业，自 1997 年起就与省内多所高校联合培养本科人才，教学科研特色鲜明。坚持地方性既要强调立足于区域，又要强调放眼全省、全国，地方性的根本含义是培养面向地方、面向基层、面向中小型企业的人才，为地方，当然主要是区域经济社会发展提供智力支撑，在服务地方的过程中形成和保持鲜明的专业特色。（B09）

上述叙述表明，B 学院的组织目标首先是依托学校自身已有的优势进行学科专业建设和集群发展，其次是强调了地方性和地域性的区别。一般来说，地方性强调为地方、为基层，范围是全省和全国；地域性的范围则主要是当地。前文介绍了 B 市区域产业概况，在成为全国第二批资源枯竭城市转型试点后，B 市除了通过技术转型升级，打造全国特钢和铜产品延伸加工基地外，排在首位的是建设中部地区特色先进制造业基地，到"十三五"初期，其装备制造业产值已经超过 100 亿元，因此，B 学院将装备制造和装备制造领域作为服务重点不足为奇。

从关于该校建校历史的描述中可以得知，该校作为服务 B 市工业发展的高校，较早举办了服务矿冶开采的环保类专业，逐步形成服务环境保护和环保产业领域的优势。正如上述受访者谈到的，服务环保产业领域主要是源于学校的优势专业，以及对地方性和地域性概念的理解。因为本书将以环境工程专业为案例，描述其专业重构过程，在此，对该专业的发展以及成为优势专业的过程进行描述。

B 学院的前身——B 市工业学校是一所因城市发展工业而生的学校，与城市产业有着天然的联系。为了大力发展工业经济，1975 年 12 月 B 学院的前身——B 市工业学校成立，当时开办机械、电器、工业建筑、民用建筑等中等专业，其主要目的是培养满足城市工业发展需要的技能型人才。① 尽管 B 市工业经济发展迅速，是当时 H 省的工业重镇，但采矿炼矿带来的对环境的破坏和人民群众生命健康的威胁，成为亟待解决的重要问

---

① B 市地方志编纂委员会编纂《B 市市志》（下），中华书局，2001，第 1272 页。

题。据记载，20 世纪 70 年代 B 市大气污染比较严重，二氧化硫、降尘、颗粒物等监测指标均为全国南方城市的前两位；1980～1981 年，冶金、矿业、纺织业和建材行业排放的工业废水年均增长 8.6%，高于同期工业总产值的增长率；同时，固体废弃物产量到 1985 年达到了 587.8 万吨。[①]

为回应区域发展需求，1981 年，B 学院（当时名为 W 工学院 B 分院）开办了环境监测与治理技术专科专业；1983 年，从环境监测与治理技术专业中分出环保设备制造方向。这是我国较早开始进行环保类专业人才培养的高等教育教学点之一。1981 年开设环保类专业后，B 学院在环保类专业建设方面成效不错，表现在以下三个方面。一是专业大类中专业布点增加（见表 4-1）。

表 4-1　B 学院环境科学与工程类专业开办情况一览

专科专业名称	开办年份	本科专业名称	开办年份
环境监测与治理技术	1981	环境工程	2005
环境监测与治理技术（环保设备制造方向）	1983	环境科学	2011
环境监测与评价	2000	环保设备工程（特设专业）	2016

二是环保类专业成为重点建设专业项目。如环境保护专业 1992 年成为省高等专科学校省级重点专业；1994 年，国家教委环境工程类专业教学指导委员会、国家环保局认为，B 学院"环工系是国内高等专科学校中环境类专业（按国家教委专业目录）专业齐全、办学规范、招生分配稳定、前景广阔的一个典型"[②]。1995 年，国家环保局依托世界银行贷款，实施"人力资源开发（B-5）"子项目，B 学院与北京大学、南京大学、武汉大学、苏州城建环保学院一道成为受资助学校，经费为 15.5 万美元。

三是在全国有一定的影响力。这主要表现在编写和出版教材方面，1995 年，全国大专环境教育专业建设秘书处认定水污染控制工程、大气污染控制工程、环境监测、固体废弃物处理、环境学概论五门课程是环保类

---

① B 市地方志编纂委员会编纂《B 市市志》（下），中华书局，2001，第 288 页。
② 钟丽萍：《加强重点专业建设　办出专科特色》，《荆州师专学报》1995 年第 1 期，第 72～73、83 页。

专科专业的共性主干课程，并推选 B 学院、昆明冶金高等专科学校、广东石油化工高等专科学校、河北轻化工学院、湖南农业大学分别主持上述五门课程教学基本要求的编制。[①] 1995 年底，B 学院完成了《水污染控制工程》教材编写工作，被全国大专环境教育协会工作组推广到全国大专高校使用。此外，B 学院还被推选为编写《大气污染控制工程》教材的 5 个院校之一。[②] 1996 年，B 学院出版了《环保设备设计与应用》。[③]

以上表明，环境保护类专业是该校在长期办学历史过程中形成的优势专业，而 B 市环保产业发展并不充分，且不是政府产业发展的重点方向，故此，B 学院在转型发展、建设应用型大学的过程中，强调组织的目标是要从"两业三域"做文章，既要服务产业，也要服务区域。

二　组织战略："校＋"合作

前文详述了 B 学院服务"两业三域"、建设应用型大学的组织目标，为了实现这一目标，B 学院实施了"校＋"合作战略[④]。所谓"校＋"合作战略，就是"以我为主"，学校与地方政府、科技园区、企业等合作共建非独立设置、混合所有制的二级学院。在具体操作上，地方政府、科技园区、企业积极提供校园、校舍、设备、资金以及实习实训平台，学校提供学科资源、师资、学生、智力及科技服务；在人才培养上，依托产业办好专业，办好专业提升学生的学业水平，再以优质的学业为基础，提升学生就业质量和创业率，形成产业、专业、学业、就业、创业"五位一体"的应用型人才培养模式；在管理模式上，"实行董事会领导下的院长负责

[①] 任耐安：《全国大专环境教育专业建设研讨会召开》，《环境教育》1995 年第 1 期，第 35 ~ 36 页。

[②] 钟丽萍：《加强重点专业建设　办出专科特色》，《荆州师专学报》1995 年第 1 期，第 72 ~ 73、83 页。

[③] 刘大银、胡亨魁、黄翠花：《环保设备专门人才培养的探索》，《中国环保产业》1996 年第 Z1 期，第 27 ~ 28 页。

[④] "校＋"合作战略是 B 学院根据自己多年的办学实践总结的，2016 年，由 B 学院校长、分管教学工作副校长领衔，教务处处长、宜兴工程学院院长、滨江学院院长、临床医学院院长和光谷北斗国际学院院长等以《新建地方本科高校应用型人才培养"校＋"合作战略的构建与实践》为成果名称，申报并获得 H 省第八届高等学校教学成果奖二等奖。参见 B 学院申报材料和《H 省教育厅关于公布第八届 H 省高等学校教学成果奖获奖项目的通知》（H 教高函〔2018〕3 号）。

制"；在动力机制上，实现了学生成才目标，学校发展目标，地方政府、科技园区、企业需求目标三方合作共赢的长效机制。[①]

结合田野调查的档案资料和访谈资料，本书发现 B 学院确定"校 +"合作战略主要基于以下原因。

一是国家的政策引导。中共中央、国务院颁布实施的《国家中长期教育改革和发展规划纲要（2010—2020 年)》强调，高校要牢固树立主动为社会服务的意识，全方位开展服务，推进产学研用结合，加快科技成果转化。《教育部等部门关于进一步加强高校实践育人工作的若干意见》鼓励高校采取校所合作、校企合作、学校引进等方式建设实践教学基地。三部委发布的《关于引导部分地方普通本科高校向应用型转变的指导意见》鼓励高校加快融入区域经济社会发展，对接区域创新要素资源，对接经济开发区、产业聚集区，对接行业企业人才培养和技术创新需求；鼓励进行制度创新，与行业、企业共同组建教育集团或与行业企业、产业集聚区共建共管二级学院。上述政策为 B 学院确定"校 +"合作战略提供了支持性政策。

二是破解学校发展难题。在调研过程中，B 学院分管教学工作的副校长指出：

> 国家在高等教育资源配置上的非均衡化现象依然很明显，在高等教育领域，继实施"211 工程""985 工程"后，又启动实施了旨在提升高校创新能力的"2011 计划"和"双一流"建设战略。这些国家战略必然会加大对相关高校的政策倾斜和资源投入，提升其"先发优势"，这对没有名列其中的高校形成一种发展空间的挤压，进一步增加了地方高校争先进位的压力；此外，B 市确定了资源枯竭型城市转型发展战略，其经济结构在不断优化，学校与区域经济结构优化的重点产业和领域的对接需要进一步紧密，融合发展需要进一步加深。（B09）

---

① 根据 B 学院申报第八届 H 省高等学校教学成果奖材料《新建地方本科高校应用型人才培养"校 +"合作战略的构建与实践》有关表述总结而来。

更为重要的是,"学校正由新建高校向新型高校转型,面临积极适应新常态、财政与管理体制上移、转型发展、学校自身改革与突破四大任务"①,如何将任务压力变为目标动力,如何变学校发展之危为深化改革之机,需要突破传统的观念,需要更加长远的战略眼光,需要更加包容的环境,需要攻坚克难的气魄和勇气,进行改革创新。

三是地方政府的期待。2012 年,在 B 学院更名揭牌仪式上,B 市委书记在讲话中明确提出,B 学院要围绕和适应 B 市发展战略,遵循应用型高等教育发展规律,探索并实现协同育人机制,为地方经济社会发展做贡献。他强调 B 学院是 B 市人民自己办的大学,它与 B 市血肉相连、荣辱与共,是 B 市人的光荣与骄傲,是 B 市跨越式发展的重要支撑,承载着 B 市新一轮追赶跨越的希望和期待。当前,B 市将紧紧围绕深入实施"三大战略"、强化"四大功能"、打造"五大名城"的目标,以资源枯竭型城市转型为主线,以城市功能化建设为重点,以"超六十、跨双百、过双千、达一万"为任务,实现科学发展和跨越式发展。这一目标的实现,必须坚定不移地实施科教兴市、人才强市战略,必须紧紧依靠教育特别是高等教育这一加快科学发展的基础与动力。学校一定要坚持植根 B 市、立足 H 省、面向全国;优化结构布局,深化教育教学改革,推进管理体制创新;面向地方经济社会发展主战场,大力培养应用型人才,强化服务地方发展职能。

"校 +"合作战略的实施是逐步展开的。最早是在 2012 年,B 学院与 B 市中心医院合作办学,组建第一临床医学院和肾脏疾病发生与干预省级重点实验室。2013 年,B 学院与 B 市下辖的县级市人民医院合作,组建了第二临床医学院。

2014 年,B 学院与国家级高新技术产业园区——中国宜兴环保科技工业园共同创办"宜兴工程学院",此举首创中部地方高校支持、服务东部环保产业集群的模式。园区免费提供占地 3.98 公顷的校园和 2.65 万平方米的校舍,每年拨款 500 万元作为本科学生的实习实训和教学日常经费,成为"政产学研用"的资源共建共享的学院。

---

① 《B 学院"十三五"事业发展规划》(内部资料)。

2015 年，B 学院与武汉光谷北斗控股集团创办的混合所有制、非独立设置的二级学院"光谷北斗国际学院"为 H 省第一家混合所有制非独立学院，已开办 4 个本科专业，培养测绘、遥感、卫星导航等各种专业化应用型技术人才。学校和企业按照协议分担办学经费，企业为学生提供得天独厚的学习与实践环境，还吸引了武汉大学、华中师范大学的师资讲授专业课程。

2016 年，B 学院为落实省政府推进"小池省级全面深化改革示范区"建设战略，与 HM 县人民政府共建"滨江学院"，成为 H 省第一家由学校与地方政府签订合作协议，并纳入普通招生计划的非独立二级学院。当地政府投资的占地近 13.73 公顷的校园和 6.2 万余平方米的校舍已建成并投入使用，每年还投入 300 万元用于学院日常运行。

三 组织结构：调整学院结构和新增职能部门

（一）教学学院的调整

在我国，地方高等院校目前是依据学科专业划分构建二级学院，二级学院（在学校架构中通常被划归为与党政职能部门相区别的教学单位）的设置基本上表达了学校的组织结构状况。在 B 学院，存在两种主要的学院结构，一种是与大多数地方应用型本科高校类似的教学学院，另一种是校政合作共建共享型学院（见表 4 - 2）。

表 4 - 2 B 学院教学单位一览

机电工程学院	电气与电子信息工程学院	经济与管理学院
环境科学与工程学院	化学与化工学院	医学院
计算机学院	土木建筑工程学院	艺术学院
师范学院	数理学院	外国语学院
材料科学与工程学院	马克思主义学院、人文社会科学部	继续教育学院
国际学院	体育部	
宜兴工程学院	滨江学院	

资料来源：B 学院官网。

经查阅，在 B 学院的 19 个教学单位中，国际学院主要开展中外合作本科学历教育、外国留学生教育以及中外合作与交流项目，其主要行使组织管理职能，教学活动依托其他举办了专业的教学学院。继续教育学院主要承担全校的成人高等学历教育及各类非学历培训等办学任务，其教学活动也依托其他举办了专业的教学学院。体育部属于公共课部单位，主要承担全校学生的体育教学任务及群众体育运动组织工作。这种结构与诸多地方应用型本科高校类似。

B 学院二级学院结构的特殊性在于与政府一起联合举办的两个学院——宜兴工程学院和滨江学院，这两个学院创办的动因、区别于一般学院的显著特征主要在于以下三个方面。

第一，是实施组织目标和组织战略的需要。《B 学院章程》第 31 条阐述了学校开放办学思路，"学校坚持面向社会，开放办学，拓展办学空间，争取办学资源，增强办学能力，提高服务社会的能力和水平"。基于这一办学思路，B 学院在转型发展过程中，确定了建设服务"两业三域"的组织目标，实施了"校 +"合作战略，为了落实这一战略，建立了与政府合作的异地办学学院。比如，滨江学院是 2016 年为落实 H 省政府推进"小池省级全面深化改革示范区"① 建设战略，与 HM 县人民政府共建的，是 H 省第一家由学校与地方政府签订合作协议，并纳入普通招生计划的非独立二级学院。该学院的建立体现了 B 学院服务"两业三域"中发展区域的发展战略。宜兴工程学院是 B 学院 2014 年与国家级高新技术产业园区——中国宜兴环保科技工业园共同创办的，创造了中部地方高校支持、服务东部环保产业集群发展的模式，体现了 B 学院服务行业的发展战略。

第二，构建"高校 – 园区 – 企业"合作机制。以 B 学院宜兴工程学院为例，该学院实行董事会领导下的总经理（院长）负责制。董事会的职责是：制定学校的培养目标、发展方向和发展规划；研究和确定学校办学、管理、发展中的重大事项；筹集办学资金，确定学校重大建设项目和建设经费的使用；负责协调办学过程中的矛盾，优化办学环境。董事会成员共 9 名，来自宜兴环科园管委会、B 学院和第三方，设董事长 1 人、副董事

① "小池省级全面深化改革示范区"是 2016 年 H 省委、省政府实施的小池开发开放新三年行动计划，是 H 省新型城镇化和城镇管理体制改革试点示范区。小池是地处 H 省 B 市附近的乡镇，与江西省九江市隔江相望，由九江长江大桥连接。

长 2 人、董事 6 人。总经理由 B 学院选派，兼任宜兴工程学院院长，学院实行院长负责制，院长全面负责学院的各项工作。

第三，吸引行业企业参与人才培养方案的制订和教学指导。以 B 学院宜兴工程学院为例，双方合作办学协议书明确，宜兴工程学院设立教学委员会，人员为 13 人，均为与宜兴环科园有合作关系的专家学者，通过对相关学科教学科研的调研、督查，对学院教学、科研、社会服务工作和青年教师培养进行宏观指导，在学科建设及应用型人才培养方面发挥积极作用。宜兴工程学院成立后，组建了第一届教学委员会，吸纳了诸如南京大学和哈尔滨工业大学宜兴研究院等科研院所、鹏鹞环保和一环集团等龙头企业专家的参与，为该学院培养对接环保产业的应用型人才提供指导。

B 学院分管教学工作的副校长这样总结宜兴工程学院和滨江学院的办学价值：

> 地方应用型本科高校转型发展一个重要的瓶颈是资源不足，办学经费、师资理论、实践教学、支撑条件都不够，在这种情况下，与地方政府合作是重要方式之一。宜兴工程学院和滨江学院合作的主要模式是学校提供办学教学资源，异地政府为办学提供场所，并承担一定的运行成本，双方共建实验室和其他平台。通过校地合作，极大拓展了学校办学空间，弥补了办学经费不足，更重要的是促进了学科专业的发展，同时也为当地产业发展做出了贡献，符合学校服务"两业三域"、建设应用型本科大学的目标。（B09）

（二）新增产教融合部门：对外合作处

三螺旋理论在论述三螺旋空间时谈到，三螺旋空间的发展是非线性的。从理论上说，它们能够以任何顺序被创造，每一个空间都可以以其他空间的发展为基础。比如，填补区域三螺旋空间缺口的过程可以从知识空间开始，也就是从大学开始，然后顺次转移到驱动空间和创新空间，或者从驱动空间或创造性空间开始，顺次进行下去。但重要的一点在于，首先在某一个主体里面开展组织创新行动，这一行动的作用在于打破冰点，促进创新要素集成在一起，使区域发展战略更加有效。① 换句话说，三螺旋空间推动创新的最理想的模式是有知识基础、有协商一致的战略、有创新的机制。但理想模式往往难以如愿，因此，机制创新甚至革命性的变革非常关键。

对于大学而言，要想促进高校、政府和企业三个主体的互动，推进产教融合机制的创新非常重要。有研究报告显示，截至 2017 年，设置专门负责和统筹对外合作、产教融合工作机构的地方应用型本科高校，只占全国地方应用型高校的 1/3。② 相比同类高校而言，B 学院较早意识到了这一点且设置了相关机构具体负责产教融合工作。正如该校主要领导所撰文章中指出的：

> 推动校政企合作。从 2007 年到 2011 年，学校加大人才培养模式改革工作的推进力度，不断推进校企合作、校校合作、校政合作，签订了合作协议百余份，基本构建了校地协同、行业协同、市县协同"三个协同"工作机制。与此同时，为了促进合作协议落地见效，学校在 2008 年成立了校政企合作办公室，挂靠科技处，统一负责学校校政企合作，逐步构建起"项目主导、团队运作、学者主体"的合作项目落地机制，释放了合作动能，扩大了合作成果。③

B 学院在推进校政企合作方面呈现建机构、定职责，建机制、促合作的特点。第一，构建了"校政企合作委员会——对外合作处"工作机制。校政企合作委员会由原来的校政企合作办公室演化而来，是学校常设委员会，于 2015 年成立，具体负责研究制定学校与政府、企业、其他高校合作和产教融合的顶层设计、保障措施等总体指导和推进工作。与此同时，

---

① 亨利·埃茨科威兹：《三螺旋——大学·产业·政府三元一体的创新战略》，周春彦译，东方出版社，2005，第 154 页。

② 陈星：《应用型高校产教融合动力研究》，博士学位论文，西南大学，2017，第 193 页。

③ 程幼金、李宏：《科学定位，提升质量，探索应用型人才培养新模式》，载程幼金、李宏《应用型本科教育教学探索与实践——B 学院十年本科教育总结》，武汉理工大学出版社，2012，第 8 页。

2015 年 3 月，根据工作需要，经 B 学院党委常会研究决定，成立对外合作办公室，为正处级单位，与发展规划处合署办公。B 学院发展规划处处长兼对外合作办公室主任叙述了该部门的工作职责。

> 对外合作办公室的主要职能是贯彻落实学校校政企合作委员会的工作部署，负责校校合作、校地合作、校企合作的宏观管理工作；做好宜兴工程学院、滨江学院、光谷北斗国际学院、产业学院等学院的建设、指导等工作。……其中，对宜兴工程学院、滨江学院、光谷北斗国际学院等建设与指导方面，主要是从事国内非常规学院管理的典型案例高校、国家和省市政策、法律事务等方面的研究工作，比如，公办本科高校混合所有制学院管理等，具体的管理有专门的班子负责。（B04）

第二，创新了管理和激励机制。其一，出台了《校企合作办学管理办法（试行）》，进一步明确了校企合作的组织机构、合作条件、项目管理等，具体到项目立项、合同管理、支付管理、过程管理、资产管理、项目考核等事项，既保证扩大校企合作，又加强对学校投资入股的项目，依法履行监管职责，保障学校合法权益。其二，出台了《B 学院支持校企合作团队建设实施办法》，对校企合作团队予以经费支持、荣誉激励，表彰重要贡献者，同时在学术评价上、在职称评审中增加教师要融入团队、服务企业和区域的条款。其三，出台了《B 学院关于加强校地合作促进地方发展的若干意见》，强调通过异地合作办学、人才培养培训、科技研发、决策咨询、平台共建等形式，促进地方发展。此外，还出台了《B 学院关于进一步深化校地合作的实施细则》，完善工作机制。该实施细则明确对在异地办学实体学院工作的教职工给予职称评聘、职务晋升、津贴奖励等在内的激励政策，推进校地合作落地。

第三，促进了创新引发的争议的解决。2014 年，B 学院决定在江苏宜兴环科园异地办学（本章第三节将以环境工程专业为案例，对异地办学过程进行详述），此战略引发了争议。为了解决争议，B 学院的校政企合作委员会专门召开座谈会，对新方案进行交流、碰撞，进一步统一了大家的思想。B 学院发展规划处处长兼对外合作办公室主任回忆了这一过程。

当时的争议主要有三个主要问题。比如，争议之一，培养人才为他人所用的问题。有同志认为，学校到江苏宜兴去办学，花了很大的代价去培养学生，但后来学生会更多地留在宜兴和江浙沪一带，对我们 B 市、对 H 省贡献不大。争议之二，办学成本及成本分担的问题。到宜兴去办学，教师方面涉及从 B 市到宜兴教学的差旅费、生活费、补贴；学生方面涉及生活补贴；管理方面涉及日常教学和工作的管理成本。这些成本怎么分担？争议之三，管理难度与风险问题。培养方面，包括理论教学、请专家授课、学生实习的管理难度和风险；管理方面，存在思想政治工作、日常管理的难度以及安全稳定风险。

经过多次充分的讨论，学校统一了思想，决定远赴千里之外去办学，主要是两条起作用。一是看到中国宜兴环保科技工业园完整的环保产业群对学校专业群建设的推动作用。二是学校长期以来形成的"艰苦创业、自强不息、敢为人先、开放创新"的精神，激励大家解放思想、不怕困难，全神贯注地培养应用型人才。（B04）

第三节　专业实现重构的"解释"：异地产业园区办学与资源集聚

一　环境工程专业应对危机的五年探索

如前文所述，B 学院的环保类专业发展充分，基础较好，成为该校的优势专业，如果不出意外，B 学院环保专业链应该是按照服务当地矿冶产业以及衍生的环保产业发展的既定方向，继续前行。但随着 B 市被认定为资源枯竭城市转型试点，B 市矿冶产能不断下降，矿产、冶金、建材（主要是水泥）、电力（主要是火电）进行环境治理的需求也大大缩减，加之该市环保产业发展势头一般，专业群赖以生存的环保产业基础不够坚实，专业发展遇到一些困难。以 2009 年为重要时间节点，到 2014 年 B 学院到江苏宜兴办学，在这5年间，发生了什么？下面以环境工程专业为例，进行具体分析。

（一）就业岗位的减少，人才培养目标定位难以实现

B市在2008年向国务院申报"资源枯竭"审批的报告中称，目前市区142家矿山企业，相继闭坑22家，关停非金属矿山33家，无法正常生产急待关闭的17家。[①]"四个和十个专项治理"累计淘汰水泥产能400多万吨，淘汰落后发电能力29.2万千瓦。由于部分企业出现生产经营困难，预计全年（2009年）B市新增就业岗位较上年减少7000多个。截至2008年，B市采掘业及初级产品加工业下岗职工人数达到8万人。[②] B学院的环境工程专业，一直以服务地方、服务矿冶企业为主，随着企业尤其是中小企业大量关停、倒闭，就业岗位急剧减少，导致毕业生就业困难。经历过专业建设阵痛的B学院教务处处长坦言：

> 当时的情况的确很糟糕，以前有联系的企业或减产或倒闭，日子很艰难，下岗工人也增多，环保类专业学生在当地就业出现一些困难。尽管随着环保日益受国家重视，政策支持力度加大，企业对环保类人才的需求总体上在增长，但在当地，需求是下降的，所以我们对专业的前景比较担忧。（B03）

此外，B学院在其"十二五"发展规划中强调，坚持应用型发展定位、"职业导向"（三个导向之一）以及结合第一志愿报考率、毕业生初次就业率、专业对口率、学生满意率"四率"调整专业结构，当环境工程专业在区域就业岗位减少，导致学生就业率、专业对口率下降时，专业人才培养目标定位的顺利实现出现困难。

（二）结合区域产业变化，开办新专业

面对城市产业转型，2017年《市人民政府关于印发B市工业转型和升

---

① 黄玉浩：《大冶环境恶化与矿产枯竭》，《新京报》2009年3月18日，第2版。
② 任世茂：《B市资源枯竭型城市转型情况调查》，《政策》2009年第9期，第8~11页。

级"十三五"规划的通知》对产业发展方向进行了调整，即由矿石资源型产业为主导到加快建设先进制造之都，全力打造"五个基地"，即：全国重要的电子信息产业基地、特钢和铜产品精深加工基地、生命健康产业基地、节能环保产业基地和工业物联网产业基地。其中，节能环保产业基地以资源综合利用、节能环保装备、循环经济产业三个方面为发展重点。同时，面对全市大量的废弃塌陷矿区、水土流失、环境污染、生态破坏严重的现实情况，明确进行山体修复、土地复垦、废气矿区的文旅开放和生态综合治理。在此背景下，B 学院的环境科学与工程学院开始与城市产业发展的转型思路相结合，布局新的专业。B 学院教务处处长阐明了这一过程：

> 具体来说就是，政府的转型发展战略，对环保节能产业来讲，是三个方向，一是对因开采矿产遭到破坏的环境进行修复和治理；二是发展循环经济，对废气、废水尤其是固体废弃物加强综合利用，提高经济价值；三是结合老工业城市底子，发展环保机械产业。所以，学校专业设置上进行了调整，由原来主要为厂矿企业培养矿冶生产环境治理、控制、设施运行与管理的人才，转向培养产业发展需要的各类应用型人才。（B03）

故此，B 学院在 2011 年新增了环境科学专业，2015 年新增能源与系统工程专业，2016 年新增环保设备工程专业。

（三）部分优质师资流失，学院师资向新专业转向

2010～2014 年，B 学院的环境工程专业师资流失了 2 人，其中一名教师长期从事水污染控制工程、废水处理新技术教育与研究工作，教学之余与华新水泥股份有限公司合作，获得污泥脱水、去油、低能耗污泥焚烧回转窑等国家发明专利 2 项，新型实用专利 5 项。2012 年，该教师调动工作加盟华新水泥股份有限公司环保事业部。另外一名教师长期从事大气污染控制工程教学研究，同时该教师长期与湖北华电 B 市发电股份有限公司合作开展技术研究，该教师博士毕业后调至有电力行业背景的南京工程学院工作。

除了教师流失外，环境工程专业教师还面临研究方向转向问题，如前文所述，B学院在2011年新增了环境科学专业，2015年新增能源与系统工程专业，2016年新增环保设备工程专业。B学院教务处处长回忆道：

> 学校的专业布局与B市资源枯竭型城市转型发展有关，矿产储量下降后，政府一方面要提高资源利用效率，出台了《B市2008—2012年主导产业链延伸发展规划》，意在促进"四渣一砂"（矿渣、钢渣、铁渣、煤渣和尾砂）再利用率，增加附加值，发展循环经济；另一方面利用现有的机械制造产业基础，发展环保类先进制造业。专业调整后，主干课程发生变化，学院就有意识安排教师进行转向，当时主要通过支持教师到国内外访学、攻读博士学位、调配相关学院专业师资的方式进行。（B03）

梳理环境科学专业、能源与系统工程专业、环保设备工程专业的主干学科和专业必修、选修课程可以看出，它们与原有的环境工程专业有一定的差异，主要偏重于环境科学、环境科学与工程、动力工程及热能物理，与原有的环境工程专业偏重于大气、水、噪声和固体废弃物处置等核心课程存在差异。

（四）实践教学基地由本地向江苏宜兴转移

2002年，B学院的环境工程专业实施"1.5 + 1.0 + 0.5"教学模式改革：所谓的"1.5"指的是学生用一年半的时间，较为系统地学习专业基础课、技术基础课和专业选修课，较为全面地掌握专业基础知识，为后一阶段学习打下基础。所谓"1.0"指学生在学习完毕主要课程后，学校安排学生到厂矿一线学习和工作一年，这一年的主要任务是熟悉环境污染治理、控制、设施运行管理等方面的工作，促进知识和实践的结合。其具体操作是，经过4周的金工、电工集中实习，将学生派往生产一线的不同岗位，在企业导师和学校老师指导下，完成"工业污染源调查""水处理设备调试与运行管理""除尘设备操作与维护"等若干个技能考核项目，同时在一线确定毕业设计的选题，收集与整体选题相关资料。所谓"0.5"

指实习期满后，学生再回学校，用半年的时间补充学习有关专业知识，并完成毕业设计。[①] 这一培养模式，在学校到企业进行调研时，受到宜兴市环保企业的好评。[②] 于是，到本科阶段，该模式得以延续，并发展为"2.5 + 1 + 0.5"模式，从 2007 级环境工程专业开始实行。

如前文所述，B 市矿产资源枯竭，资源类厂矿企业数量大量减少，就业岗位减少，厂矿工人失业，专业依托当地厂矿企业进行实践教学变得越发困难，为了寻找可以替代的实习基地，2008 年 12 月 B 学院组成调研组到宜兴环科园考察，考察的重要成果之一是与当地企业——江苏一环、无锡卓远、欧亚华都、宜兴亨达、江苏津宜、南京侨兴、江苏海洲、江苏高能、江苏绿景等 9 个企业签订了实习基地共建协议书，这些环保企业不仅实力雄厚、装备先进、技术储备足，而且企业技术力量强，能够指导学生实习且解决学生食宿问题。建立校外实习基地的举措解决了当时人才培养方案中的实践教学问题，并开始与宜兴市环保行业建立广泛联系，为其后来到宜兴环科园办学埋下了伏笔。

（五）专业办学的支撑条件开始向矿区环境污染控制与修复转向

随着城市产业转型、新的专业开办，为了适应新的发展战略，2011 年 B 学院重点打造并被批准成立"矿区环境污染控制与修复省级重点实验室"。该实验室的主要研究方向是矿区重金属迁移与富集规律研究、矿区水环境污染控制与治理、土壤重金属污染控制与生态修复。该实验室主要是支撑环境科学、能源与系统工程专业教学，以及环境控制与修复的科学研究。新的重点实验室建设意味着：一方面，尽管环境工程专业也是该实验室支持的专业之一，但在针对性和契合度上打了折扣；另一方面，表明学校和学院对原有的优势专业环境工程支持力度减弱，或者只是维持现有的状态，在进一步投入和改善办学支撑条件，主要是改善实验条件方面支持力度不大。

---

① 胡亨魁、徐超：《黄石高等专科学校环境工程专业教学改革试点方案》，《黄石高等专科学校学报》2002 年第 4 期，第 38~42 页。

② 方月梅、郭建林、汪瀚、樊苏平、肖文胜：《发挥自身特色优势　校企联手共育人才——环境学院赴宜兴考察报告》，《黄石理工学院学报》2010 年第 2 期，第 58~61 页。

二 专业重构的实施：异地产业园区办学

（一）宜兴工程学院建立的三个阶段

第一阶段，是以实习为纽带的接触期。1992 年 11 月，国务院批准设立中国宜兴环保科技工业园，并以发展环保产业为特色，环科园的设立客观上急需环保类应用型人才。如前文所述，1981 年和 1983 年 B 学院的前身开始开办环保监测技术专科专业和环保监测技术（环保设备方向），其注重实践教学的传统，学生除了在当地实习外，也可到宜兴实习。同时，当时的 B 学院在普通招生外，还招收委培生、自费生，在此政策下，每年有 10 余名宜兴和江苏籍学生到学校就读，基于这两个方面的原因，学校和宜兴环科园有了最初的接触和合作。

第二阶段，是建立稳固的实习基地和研究院。B 市实施资源枯竭型城市转型发展战略，企业关停并转，导致环境工程专业学生的实习在当地遇到困难，学校在 2010 年组团到江苏宜兴考察，考察报告充分肯定了宜兴市环保产业发展，并一口气与 9 家企业签订了建立实习基地协议书，环保类专业学生开始大规模到宜兴实习实训。① 宜兴工程学院副院长回忆道：

> 2013 年，学校组建了一个代表团到宜兴环科园，与官方正式接触，商议建立环保产业技术研究院，同年底，宜兴环科园主要领导带队到学校考察，加深了双方了解，2014 年 1 月，双方正式签约，研究院的成立加强了学校教师和宜兴市环保行业企业的联系。（B02）

第三阶段，是建立实体学院。2014 年 5 月，B 学院受宜兴市人民政府邀请，到宜兴环科园实地考察，洽谈合作办学事宜；6 月，双方签订《B 学院——中国宜兴环保科技工业园合作办学协议书》；9 月，宜兴工程学院实现了开学。笔者的田野调查笔记描述了该学院的办学情况：

---

① 方月梅、郭建林、汪瀚、樊苏平、肖文胜：《发挥自身特色优势　校企联手共育人才——环境学院赴宜兴考察报告》，《黄石理工学院学报》2010 年第 2 期，第 58~61 页。

2019 年 4 月，正是江南多雨的时节，在蒙蒙的细雨中，笔者来到了位于江苏无锡宜兴市中国环保科技工业园区里的宜兴工程学院。其一，学院的大门处挂着 B 校宜兴工程学院和中宜环保学院两块牌子，昭示着这所学院是以培养环保人才为主的普通本科高校；其二，这所实体学院是以原铜峰中学为主要办学基地的，校园面积近 4 公顷，建筑面积为 48494 平方米，共有 7 栋建筑，包括 2 栋教学楼，1 栋综合楼，1 座集合了室内篮球场、网球场、游泳池等设施的体育馆，以及教师公寓、学生宿舍、师生食堂等生活设施；其三，建有必要的实验室，在五层综合实验楼里，建有机电控制综合实验室、环境综合实验室、大学生创新创业基地，据老师们介绍，这些实验室主要是园区政府和企业，尤其是重点环保企业捐建的。

（二）宜兴工程学院的办学目标

宜兴工程学院的办学目标：其一，培养产业发展需要的环保类应用型人才，主要是围绕三废一固，进行环保产品开发、环保设备生产、环保工程设计、环保设施检测、环保标准化体系研发、环保技术与产品交易、环保产业投资等方面的中高级应用型人才培养；其二，对园区环保企业开展环保培训，以提高员工素质和迭代升级知识；其三，加强科技项目的研发和成果的推广应用，促进宜兴环保产业转型升级。学院成立时，时任宜兴市委常委、宜兴环科园主任认为：

> 腾出园区内一所中学，建立了中宜环保学院，此举实现了宜兴市首座本科高校落地；通过本科教育本土"落地"，希望实现环保专业人才培养工作从原来的"输血"向"造血"转变。[①]

（三）分段培养模式

宜兴工程学院沿袭了 B 学院多年的实践探索——分段培养制，即第一

---

① B 学院申报第八届 H 省高等学校教学成果奖材料《新建地方本科高校应用型人才培养"校 +"合作战略的构建与实践》服务社会成效部分。

阶段，学生在 B 学院本部学习，时间为 2 ~ 3 年，主要学习通识课程、专业基础课程、部分专业主干课程，具备了一定的专业知识基础；第二阶段，根据专业培养方案，后 2 年或 1 年，到宜兴工程学院完成后续专业课程的学习，特别是在产业园区完成专业实习、生产实习和毕业论文设计等相关实践教学环节，直至毕业。

此外，目前在宜兴工程学院就读的除了环境工程专业的学生以外，为对接宜兴市环保产业链，B 学院的其他有关专业也名列其中，如机械设计制造及其自动化、电气控制及自动化、工商管理和市场营销等，目的是充分利用学校专业群集中优势满足园区环保及相关产业群的发展需要。

三　专业重构的具体过程与效果

（一）服务行业领域与人才培养定位的重构

2014 年，B 学院修订了环境工程专业人才培养方案。这次修订是基于 B 学院确定的服务"两业三域"的组织目标、"校 +"合作战略，以及 B 市资源枯竭型城市转型发展的大环境。新方案强调，以社会需求为导向，培养直接为生产、管理一线服务的应用环保技术人才。具体目标是：培养适应经济社会可持续发展、国际化需要，有良好职业道德、团队合作及学习进取意识，系统掌握环境监测、分析与评价、环保工程设计等方面的基本知识、基础理论和基本技能，具有较强的社会适应能力、工程实践能力、组织协调能力以及集成创新、创业能力，能在环保产业及相关领域从事工程设计、环境监测与评价、运营管理、施工和研发等工作的高级应用型专业技术人才。这些人才在毕业五年后能够成为所在单位的业务部门的基层管理干部、技术骨干或项目主管。

与 2010 版人才培养方案相比，新方案主要有以下两个方面变化。其一，人才培养定位由原来的面向区域到面向行业。2010 版人才培养方案的培养定位是面向区域、城市工矿企业培养环境污染治理、控制、设施运行与管理的应用型人才，修订后的人才培养方案的培养定位是面向环保产业的高级应用型专业技术人才。其二，坚持产出导向的评价标准。新版人才培养方案设定了毕业生五年后的职业发展目标，体现了以学生接受教育后所取得的学习成果为导向，对照毕业生核心能力和要求，倒过来完善人才培养方案、优化课程设置的思路。

关于人才培养定位和人才培养方案的变迁，时任环境科学与工程学院院长，现任学校副校长的一段话，道出了学校对优势专业面对产业变动情况下办不办、如何办问题的思考。

> B市一直是以矿冶等重工业为主导产业的城市，随着矿产资源的枯竭，城市开始转型发展。所谓的转型就是发展新兴产业，逐步摆脱对原主导产业的依赖，这个变化，导致整个学院外部环境发生了改变，这个时候，就要考虑我们的专业服务面向的问题，部分学科专业面向区域产业服务，进行专业调整和改造，这个是必要的。

> 但是我们经过近40年办起来的优势专业、特色专业还要不要发展、怎么发展就有一个观念转变的问题，也是地方高校的地方性到底是面向区域还是面向全国其他地方的观念争论的问题。当时我们认为，地方高校面向地方办学，培养地方需要的、用得上、留得住、干得好的人才，其地方的含义不应该仅仅指区域，特别是高校所在的区域，目光应该更远些，既要立足地方，又要放眼全国。所以，我们提出要继续保持环保类专业优势，放眼全国，面向环保行业培养人才。

> 具体到环境工程专业就是如此，我们的专业优势明显，一直是省里重点建设专业，且正在申报国家一流专业；而宜兴环科园是目前我国环保最集中、产品最齐全、技术最密集、产业链最完整的产业园区，我们选择不远千里到宜兴办学，目的是继续办好优势专业，深化产教融合，提升应用型人才培养能力。（B09）

除此之外，B学院环境工程专业的人才培养定位和目标，放在宜兴环科园看，还与产业对人才需要、高校定位有关。在宜兴，政府还主导建立了"2011计划"协同创新中心，主要是与清华大学、哈尔滨工业大学、同济大学、南京大学等知名高校，以及中国节能环保集团有限公司等大的公司合作，进行协同创新；同时，鼓励研究型高校到园区设立研究院，培养具有创新能力的硕士研究生人才。①

以哈尔滨工业大学为例，其环境工程专业的培养目标是：面向生态文明建设的国家战略，面向环境领域的国际科技前沿和国家重大需求，培养尊重自然规律和工程伦理，具有多维知识结构、创新思维和国际视野，具备沟通协作、科技创新、解决复杂工程问题和终身学习能力，具有优良品德、执着信念和家国情怀，能够在生态文明建设等领域引领未来发展的拔尖创新人才。B 学院的培养方案则与研究型大学哈尔滨工业大学、南京大学等在宜兴环科园建立的宜兴研究院错位发展，培养应用型人才。

（二）"产出导向"与专业课程重构

人才培养目标和方案的重构具体体现在课程体系的重构上面，B 学院的环境工程专业课程重构表现在面向产业的课程调整、产出导向的课程设计，以及注重课程的衔接和与企业共同开发教材。

第一，面向产业进行课程调整。关于课程，主要是根据产业发展情况、经济社会发展对污染治理的新要求，进行了调整、删减和增加，下面以专业必修课的变化进行说明。在调整方面，在 B 学院 2016 版人才培养方案中，将原来的工程力学 B 调整到学科基础课，将环境影响评价调整到专业选修课，此外将物理污染控制工程由专业选修课调整到专业必修课；在删减方面，删除了原方案中的环境噪声控制工程，对此，宜兴工程学院副院长认为：

> 因为关于环境噪声的治理力度大，技术也比较成熟，企业也非常重视，噪声现在不再跟原来一样是环境污染的重要来源了，故此将这个课程减掉，将有关内容放在环境监测课程中，让学生做一般性了解即可。在增加课程方面，新增了土壤及地下水修复，体现了环境治理即生态修复的新要求。（B02）

第二，进行产出导向的课程设计改革。在修订 2016 版人才培养方案

---

① 谷林：《宜兴环保产业 8 项行动谋转型》，http://www.h2o-china.com/news/126469.html。

时，B 学院结合本校进行工程教育专业认证的要求，提出要坚持产出导向，贯彻德育为先、能力为重和全面发展的方针，主动对接经济社会发展需求，依据学校办学定位及人才培养目标，对照本专业毕业生核心能力和要求，以学生接受教育后所取得的学习成果为导向，完善人才培养方案，优化课程设置，更新教学内容。

为此，首先，环境工程专业在与宜兴工程学院教学委员会座谈、走访企业和调研的基础上，经过二次论证，最终形成对毕业生的素质要求——12 个一级指标和 30 个二级指标，且将能力指标落实到相应的课程中（见表 4 - 3）。其次，在课程中落实培养规格要求。在将能力标准具体落实到相应课程的基础上，对原有的课程知识进行整合，形成新的课程体系。宜兴工程学院副院长讲述了关于水污染控制工程课程改革的例子。

> 如水污染控制工程是环境工程专业的主干课程之一，该课程主要介绍污水处理中最常用的物理及生物处理的方法，涉及污水水质指标、污水处理原理、常见的处理工艺等，尽管很重要，但当前工程中主要是城市污水和工业废水治理，所以根据实际情况，删减了污水的物理处理部分内容，以中小城市污水处理和中小型工业企业工业废水处理为重点，加强了废水处理工程、有机工业废水处理工程和废水处理新技术方面的知识教学，以适应新要求。（B02）

第三，注重课程衔接关系。新版的人才培养方案更加注重课程的衔接关系，具体环境工程专业课体系如图 4 - 1 所示。一方面，遵循教育规律和认知规律，在学完先行课的基础上进行专业必修课和选修课教学。另一方面，最大的改变就是，环境工程专业在宜兴环科园办学后，将实践教学主要放在宜兴工程学院进行，以便更好地就近利用园区资源和师资。B 学院教务处分管实践教学的副处长认为：

> 因为学生前两年在本部，后两年在宜兴，所以将重要的专业课程放在后两年，通过智慧教学和教师到宜兴上课解决专业课理论教学问题，将实验和实践教学放在宜兴工程学院和宜兴环科园，以实现理论

表 4 - 3　B 学院环境工程专业专业课程与毕业能力要求的对应关系矩阵

课程性质	课程名称	1. 工程知识			2. 复杂问题的分析			3. 对实际工程问题的分析及解决方法			4. 应用研究			5. 工具		6. 工程与社会			7. 环境可持续发展		8. 职业规范			9. 个人和团队		10. 沟通		11. 项目管理		12. 持续学习	
		1.1	1.2	1.3	2.1	2.2	2.3	3.1	3.2	3.3	4.1	4.2	4.3	5.1	5.2	6.1	6.2	6.3	7.1	7.2	8.1	8.2	8.3	9.1	9.2	10.1	10.2	11.1	11.2	12.1	12.2
专业必修课程	流体力学泵与风机			0.2	0.2																										
	环境工程原理			0.2	0.2																										
	固体废物处理与处置					0.2			0.15																						
	物理污染控制工程					0.2			0.15																						
	大气污染控制工程					0.3			0.25							0.3															
	水污染控制工程					0.3			0.25							0.3															
	土壤污染与修复																														
	环境监测			0.2	0.2										0.2		0.2														
	文献检索与知识产权讲座																														

续表

课程性质	课程名称	1. 工程知识			2. 复杂问题的分析			3. 对实际工程问题的分析及解决方法			4. 应用研究			5. 工具		6. 工程与社会			7. 环境可持续发展		8. 职业规范			9. 个人和团队		10. 沟通		11. 项目管理		12. 持续学习	
		1.1	1.2	1.3	2.1	2.2	2.3	3.1	3.2	3.3	4.1	4.2	4.3	5.1	5.2	6.1	6.2	6.3	7.1	7.2	8.1	8.2	8.3	9.1	9.2	10.1	10.2	11.1	11.2	12.1	12.2
专业选修课程	环境工程微生物学			0.15	0.2							0.2																			
	环境生态学			0.1															0.6												
	环境规划与管理																														
	环境工程CAD		0.15						0.1																	0.2					
	环境工程专业英语																									0.3					0.5
	环境工程土建概论																														
	环境影响评价																0.3											0.6	0.6		
	环境工程进展								0.1											0.4						0.4					
	环境工程管理及项目概预算									0.2						0.2												0.4	0.4		

教学学校教师主讲、企业专家辅讲、专家学者专题讲，实践教学学校练、企业做、师傅教。（B05）

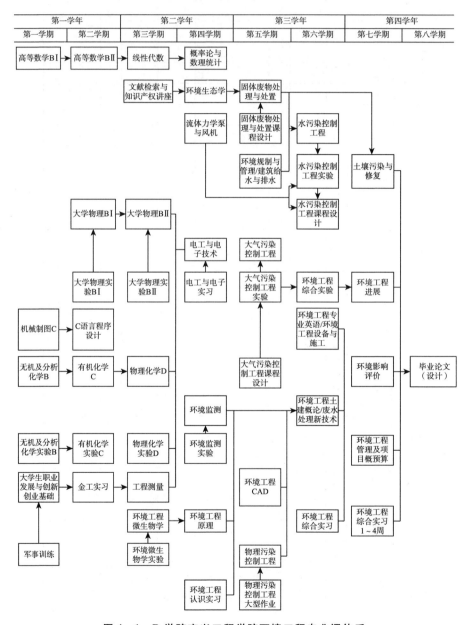

图 4-1　B 学院宜兴工程学院环境工程专业课体系

第四，与企业共同开发教材。为实现课程内容与职业标准对接，B 学院参考企业的实际工作情况、典型工作场景、典型工作岗位的能力要求，与企业专业技术人员一道，对原有的课程体系、教学内容、具体教学安排予以调整，编写了《环境影响评价》《水污染控制》《中小企业环境管理手册》《中小企业环保设备运行管理手册》等特色教材 11 部。

（三）行业师资加入与师资重构

环境工程专业到宜兴办学后，不仅继续保持了其专业优势，且通过深度产业融合，师资队伍不断壮大。除了师资队伍数量增加外，双师型教师队伍也在不断成长，企业师资发挥了重要作用。这主要表现在以下四个方面。

一是师资总量在稳步增加。截至 2022 年 5 月，B 学院有院士专家工作站进站院士 2 人，国务院政府特殊津贴专家 1 人，H 省政府专项津贴专家 2 人，"彩虹学者" 1 人，特聘教授 5 人，产业教授 4 人，"东楚学子" 2 人，环境工程专业教师 44 人。

二是鼓励和资助专业教师取得职业资格证书，建设"双师双能型"教师队伍。环境工程专业所在的环境科学与工程学院鼓励青年教师进一步深造，鼓励中青年教师参加专业相关的职业资格学习，对获得"注册环境影响评价工程师""注册环境保护工程师""注册安全工程师""注册工程师"等资格的老师予以费用支持，同时为教师参加"安全评价师""清洁生产审核师""环境影响评价岗位证书"学习提供便利条件。通过补助和奖励，学院专业教师获得各类国家环保执业资格的共 19 人次。在谈到为什么以奖励和补助的形式，鼓励教师获取资格证书时，环境科学与工程学院副院长说：

> 简单来说，两个原因：一是培养教师的工程能力，通过考证，让教师更贴近工程实际；二是有了职业资格证书后，学院成立了 B 市理工环保研究与设计院，取得执业资质，可以以企业形式去接项目，通过实际项目来锻炼教师队伍。比如，我们的环保研究与设计院承接了贵州仁怀市名酒工业园内一个项目，就是对 10 余家酒类企业产生的高浓度有机废水处理进行设计、施工、调试，解决了园区内酒类企业对赤水河的污染问题，这些项目既带来了经济效益，又锻炼了教师队伍。（B06）

三是在园区支持下，通过制度创新，增加"双师双能型"教师数量。根据《B学院——中国宜兴环保科技工业园合作办学协议书》，宜兴环科园按照"管用分离"的原则，负责每年至少3名教师的聘用工作，即园区将教师编制纳入宜兴市统一管理，负责工资、福利，学院享有使用权，负责培养、考核和管理；原则上，从园区中具有硕士学历的企业工程师中选拔。2021年12月1日，宜兴环科园共招聘了7名常驻校园的、由企业工程师转行的教师，进入宜兴工程学院工作，这些教师在教学尤其是实践教学中发挥了重要作用。

四是发挥产业教授和兼职教授的作用。其一，宜兴工程学院聘请了5位企业家为学校的兼职教授参与教学工作。其二，宜兴工程学院聘请了一些产业教授为学生授课。笔者在调研期间，参加了一场由B学院产业教授、校友、瑞鼎环境工程有限公司（简称"瑞鼎环境"）副总经理DKJ主讲的一次讲座，下面是笔者对此次课堂的记录（见表4-4）。笔者在课后询问了部分学生，他们赞同笔者的观点：课程生动，既讲到了前沿、立意高远，又浅显易懂。

表4-4 B学院校友DKJ《含盐工业废水处理技术及前景》讲座内容

项目	工业废水中工业盐的危害	技术迭代			关键问题
类比	高盐饮食对人的危害	土灶做菜，菜做好了，但是灶头烧没了	菜做好了，那里面还有沙子没法清理，且要雇人定期清理烟囱	菜做好了，还顺便烙了几个饼	技术：材料防腐和焚烧效果 技术融合：人工智能 产品：成本和效益
举例	巴西米纳斯吉拉斯州含盐工业废水造成约60万人的饮用水短缺；伊朗德黑兰省水质硝酸盐含量超标，居民患病率提高26%；江苏盐城一工厂将大量钾盐废水排放至河道内导致20多万居民饮用水停水长达66小时40分	第一代技术，纯粹的高温焚烧技术，锅炉受高温熔盐的腐蚀，使用寿命3个月	第二代技术，热碱碳化焚烧技术，锅炉耐火材料解决了，但有残渣和大量的积炭	第三代技术，国外情况，价格昂贵。国内企业情况，开发出在特制的锅炉里焚烧含盐废水，一次性投资降低30%，占地面积减少30%，多回收30%蒸汽	

资料来源：笔者根据听课笔记整理。

（四）面向产业链与实践教学重构

第一，增加实践教学学分。在 2009 年环境工程专业培养方案中，实践教学占总学分的 28%，新的人才培养方案则变成 33.5%，其中最主要的变化是专业必修课，如大气污染控制工程、水污染控制工程、固体废物处理与处置、物理污染控制工程课堂实验和实践教学课时增加，对此后文将详细描述。

第二，调整课堂实践教学学分和学时。总体看，学分由 4.5 分增加到 8.5 分，学时数由 154 个增加到 282 个。具体来讲，改革前，课程教学主要是纯理论课程，采取传统的教师讲学生听的方式，改革前没有环境工程专业有关大气、水方面的课程课堂实践教学。改革后，增加了大气污染控制工程实验、水污染控制工程实验、环境微生物学实验三门实验课，分别占 16 个学时，共 48 个学时，1.5 个学分。改革前，没有开设环境监测实验、环境工程综合实验；改革后，两门实验课新增了 80 个学时，2.5 个学分。此外，改革后还加强了化学实验课程，2009 版方案中只有基础化学实验共 32 个学时，1 个学分，改革后化学实验一分为三，分别是无机及分析化学实验 B、有机化学实验 C、物理化学实验 D。其中无机及分析化学实验 B、有机化学实验 C 均为 32 个学时，1 个学分；物理化学实验 D 为 16 个学时，0.5 个学分。由此共增加 80 个学时，2.5 个学分。关于这一变化，宜兴工程学院院长回应：

> 主要是学校的硬件条件，即有关水污染控制、大气污染控制、固体废物处理与处置等基础实验室因为耗资大，没有在校内建立起来，替代方案是依托集中性实践，即到企业，利用企业的资源进行解决。到宜兴办学时，我们就提出要宜兴环科园协调园区企业建立相关的教学实验室，建成了环境模拟与污染控制重点实验室（宜兴工程学院），所以就实现了在专业主干课学习的同时，除了纯理论外，还有相应的实验教学。（B01）

实际上，就如前文所述，环境工程专业学生在 B 学院先学习两年，而这两年主要学习通识课和数学、物理、化学、生命科学等学科基础知识，到第三年、第四年才在宜兴工程学院进行系统的专业核心课程学习。

第三，强化集中式实践教学。在实践教学方面，其一，最大的变化是强调到企业集中实践，增加了面向环保产业的实习实训，如固体废物处理与处置，2周2个学分；物理污染控制工程，2周2个学分；大气污染控制工程，2周2个学分；水污染控制工程，2周2个学分；环境工程综合实验，8周8个学分；土壤污染与修复，1周1个学分；环境影响评价，1周1个学分。其二，在时间安排上，均放在第五学期和第六学期，也就是学习完先行课程之后，才开始系统学习核心课程。大气污染控制工程、水污染控制工程、固体废物处理与处置、物理污染控制工程等，在核心课程学习上先进行理论教学，同时依托专业实验室进行实验教学，在这两项结束后，到园区相应企业进行实践教学。以水污染控制工程为例，学习者要在第四学期完成流体力学泵与风机的课程学习，在第五学期完成环境规制与管理或者建筑给水与排水课程学习后，到第六学期进行水污染控制工程、水污染控制工程实验、水污染控制工程课程设计的学习。其三，与集中性实践教学的调整相关，环境工程专业依托当地龙头企业和重要企业，开展实践教学，其突出特征是学校练、企业做、师傅教，真正有条件做到实训依照操作要求，设计依照工艺要求，创新依照市场需求。B学院环境工程专业主要实践教学环节开展情况如表4-5所示。

表4-5　B学院环境工程专业主要实践教学环节开展情况

代表实习企业名称	公司专长	实践项目
瑞鼎环境	大气污染防治：烟气除尘脱硫脱硝，工业废气及恶臭气体处理	大气污染控制工程
宜兴亨达	水处理环保（化工废水处理设备、冷却塔淋水填料、中水回用设备、电厂除盐设备、钢厂污水处理、加药装置及其他锅炉辅机设备，生活污水处理设备）	水污染控制工程
江苏绿景	废弃物高效焚烧并回收利用、热解焚烧、蓄热催化氧化焚烧	固体废物处理与处置
江苏一环	三废治理，拥有江苏省环境污染治理（废水治理、废气治理、固废治理）甲级资质证书	环境工程综合实验

资料来源：笔者根据B学院环境工程专业教学资料整理。

在到宜兴环科园办学以前，B 学院课堂实验教学和实践教学开课不足，到了园区以后，发生重大变化，根本原因在于，宜兴环科园有比较完整的环保产业链。宜兴工程学院副院长道出了其中原委：

> 某个企业是不能完整的代表这个行业的水平的，跟单一的企业进行校企合作，实践面很窄。所以，最好要跟一个产业合作，像宜兴环科园这样的产业园区，产业链完整，所有的环保类内容，都能在这个产业园里找到相应的实践机会，有能够完成实验实训的条件。（B02）

第四，毕业设计真题真做。衡量实践教学和学生应用能力的一个重要指标是，毕业设计（论文）课题来源，一般来说，课题来源于生产一线、社会实践，课题能够从工程实践中来，说明应用型人才培养成效明显。[①] 具体到 B 学院，其一，根据《环境工程专业办学情况汇报（2018 年）》，环境工程专业因办在产业园区，学生毕业设计（论文）来源于生产一线的有 80% 以上，做到了真题真做。其二，在调研中，笔者发现，环境工程专业学生的毕业设计正在进行新的改革，除了强调要面向企业生产实际问题外，还鼓励团队合作、专业交叉。宜兴工程学院院长讲述了目前改革的情况以及下一步的方向：

> 某一个行业某一个产业的发展，实际上它是多学科多专业综合作用的结果。在宜兴，我们近年开始尝试通过学科专业的交叉融合，更好地培养人才。比如，针对 2019 届毕业生，目前我们就跟企业联系，要求企业工程师给出的毕业论文选题，让一个专业的学生很难完成，需要多个专业学生的合作。团队合作、学科专业交叉，这是改革的方向，也是我们要努力的方向，好在学校支持我们利用园区的资源进行教学方式的创新，对学生毕业论文的要求进行改革。（B01）

---

① 罗印升、王建华、沈琳、刘晓杰、俞洋：《应用型本科院校工程实践训练体系构建》，《江苏高教》2016 年第 3 期，第 93～96 页。

（五）地方政府的支持与支撑条件的重构

第一，当地政府提供了物质资源。如前所述，宜兴市政府为 B 学院提供了占地面积近 4 公顷、建筑面积约 4.8 万平方米的校园，以及教学、实验、宿舍、食堂等硬件设施，总投资超过 8 亿元。

第二，当地政府提供了资金支持。比如，根据合作协议，乙方（即宜兴环科园）"2014 年 9 月至 2015 年 8 月为学校提供 400 万元运行补贴，今后每年的运行补贴根据学院绩效考核结构并结合学校发展需要决定，一般只增不减"[①]。关于学院运行具体情况，宜兴工程学院院长表示：

> 实际上，2014 年当年的拨款达到 480 万元，其后每年均在 500 万元以上，如 2015 年 521 万，2016 年 550 万，到今年（2019 年）预计会在 570 万元。当地政府提供的经费，其中一部分是给予学生的补贴，包括水电费、伙食补贴和奖学金。我的学生到这来（宜兴工程学院），宿舍提供空调、24 小时热水、通信网络，这些都不向学生收费，学院补贴；另外，给予每名学生 100 元/月伙食补贴，300 元/学年交通补贴；B 学院本部评的国家级奖学金、学校奖学金，照常评审，宜兴工程学院每个学期再加评另外一份奖学金，享受奖学金的学生占全体学生的 50%，人均约 400 元/学年。
>
> 我的体会是：培养高水平的应用型人才，办学成本是相当高的，转型发展的重要问题在于经费。如果按照现行申硕要求，学生人均办学经费 3 万元/年，在本部做不到；但在宜兴工程学院，差不多是按人均 3 万这样的来运行，它的构成是校本部的投入和当地产业园区的投入，这两块加起来应该算是比较充足的。（B01）

第三，当地政府还直接或间接推动企业为学院建立实验室。在政府协调和园区企业帮助下建设了机电控制、水污染控制、工业废气处理等三个综合实验室，实验设备由校企双方根据设备的实际工作运营情况来进行设

---

① 参见《B 学院——中国宜兴环保科技工业园合作办学协议书》。

计，使校内实验实训的内容和环境更加接近企业的工作现场实际。其外，部分实验室在满足教学需要的同时，也能够满足企业中试要求。①

第四，当地政府还支持学生参与社会实践活动。比如，支撑条件重构的另外一个重要方面是学生参与环博会。中国环博会 IE expo 是由德国环保展 IFAT 中国展与上海国际环保水展 EPTEE&BWS 联姻整合而成，自2012 年以来，连续在上海展出。因宜兴离上海距离较近，宜兴工程学院学生得以较为方便地参加环博会。会议集中展示了世界领军污水处理、泵管阀、固体废弃物处理、资源回收利用、大气污染治理、场地修复、环境监测、环境服务业等环境污染治理领域的优秀企业、前沿技术与优质方案。宜兴工程学院副院长认为：

> 老师和同学们参观了环境污染治理领域的优秀企业的先进设备，了解了环境保护、治理的前沿技术与优质方案，听取了分论坛讲座分享的最新技术与资讯，深入探析行业发展趋势，师生受益匪浅。经济发达地区，或者说区域内先进的生产技术，对我们提高人才培养质量、提升学生的理念、拓宽学生的视野等，都是很有好处的。（B02）

第五，当地政府支持学生发展，吸引学生留在当地就业。在田野调查中，受访的学生认为，宜兴市政府和学校给他们学习带来了很多便利，为他们的学习和成长提供了很多资源，这是在校本部难以做到的。

> 比如，你看我们住的宿舍，空调、热水、网络全免费，今天晚上你也去食堂体验了饭菜，不错吧！（宜兴工程）学院还给我们每月100元生活补助，这是物质上的；学习上，园区的老师到学院来上课，我们外出参观、学习、交流活动也很多；实习上，据上一届学长讲，实习企业很多，条件好，指导也好，能够真正学到不少东西。我们认为，学校的确为培养我们做出了很多努力。（B07）

---

① 余戈理：《新产教融合机制疏通人才培养"堵点"》，《中国教育报》2016 年 5 月 17 日，第 7 版。

宜兴工程学院副院长也认为，当地政府在让学生知宜兴、友宜兴、爱宜兴、留宜兴方面下了不少功夫。

> 因为是环保科技园，所以到这里来后，无论什么专业的学生都要学习环保方面的知识，他们这个专业主要是听一些讲座、参观一些环保工厂企业展示，比如上学期，2018 年 9 月到 2019 年 2 月几乎每周有一次讲座，最近一次讲座是一位当地企业家讲茶文化与紫陶文化，宜兴是紫砂壶之乡，政府这样做，也是为了让学生更多地了解宜兴，用政府官员的话说，就是让学生与当地"恋爱"，"恋爱"后你就有很大可能留在当地。（B02）

（六）专业重构后的评价

一是环境工程专业进入良性循环轨道。在专业建设过程中，学生应用能力得以提升，就业质量更高，通过官方宣传，毕业生及家长口耳相传，专业吸引力不断增强，专业一志愿率和录取分数持续高走，专业进入良性循环。比如，B 学院委托麦可思公司对 2015~2017 届毕业生进行了社会需求与培养质量评估（见表 4-6）。数据显示，环境工程专业在非失业率、一年后月收入、专业相关度、专业吻合度、就业现状满意度等方面的指标都在同地区和校内领先。这说明，通过在产业园区办学的人才培养模式改革，环境工程专业毕业生的就业竞争力和培养质量正呈稳步上升态势。

表 4-6 B 学院环境工程专业 2015~2017 届毕业生社会需求与培养质量评估

类别	非 211			B 学院			B 学院环境工程专业		
届别	2015	2016	2017	2015	2016	2017	2015	2016	2017
非失业率（%）	94.2	94.5	95	95.5	94.9	95	96	96.2	94
一年后月收入（元）	3770	3890	4090	3719	3990	4120	4646	6145	7154
专业相关度（%）	69	69	70	73	72	73	83	85	88
专业吻合度（%）	48	47	49	51	52	51	65	70	76
就业现状满意度（%）	58	59	59	59	60	62	67	70	73

资料来源：2018 年环境工程专业办学情况汇报。

二是社会声誉提升。2016 年 5 月，《中国教育报》分别以《行业有需求，学校立即有响应》《新产教融合机制疏通人才培养"堵点"》《产学"结亲"，学校与产业同跳"集体舞"》《应用转型创新发展——B 学院转型发展探索与实践》为题，对学校转型发展进行了连续四天的系列报道。6 月，中国教育在线以"新建地方本科院校——B 学院转型发展之路"为主题，专访学校主要领导。10 月，中央电视台采访学校主要领导，关注学校与宜兴环科园产教融合的进展。

三是转型发展道路得到肯定。曾经在南京大学任教的江苏省政协副主席 LYM 在考察完宜兴工程学院后说："中国宜兴环保科技工业园和 B 学院的合作卓有成效，这种合作办学模式比其他合作办学模式能更快、更有效地在学校与企业之间找到产学研的切入点和平衡点，更有利于高校与企业之间产学研的有效对接，真正实现了高校和产业的深度融合、'共赢'发展。"清华大学环境学院院长贺克斌院士在参观完 B 学院宜兴工程学院后说："环保产业的发展，既需要清华大学研究型高校培养的科技创新型人才，也需要像宜兴工程学院这样培养的技术应用型人才，现阶段更缺乏的是像 B 学院培养的技术应用型人才。"

小　结

依据"环境变化—组织变革—资源集聚"的分析框架，本章对 B 学院的环境工程专业重构过程进行了研究。

第一，详述了专业重构的过程（见图 4 - 2）。B 学院外部环境的变化主要是：B 市自近代以来，一直是以矿冶著称的重工业城市，2009 年被批准为资源枯竭城市转型试点，B 市产业向多元化转型发展，在此过程中，环保产业发展不充分，没有成为 B 市重点发展的产业。内部环境的变化主要是：在升本 10 年后，成为 H 省首批转型发展试点高校。在内外部环境变化的情况下，B 学院进行了组织变革，确定了建设服务行业和区域的应用型大学目标；实施了"校 +"合作战略；进行了共建共享型学院结构调整，增设对外合作办公室。组织的变革推动了各种资源向改革专业集聚，进而促成了专业重构。

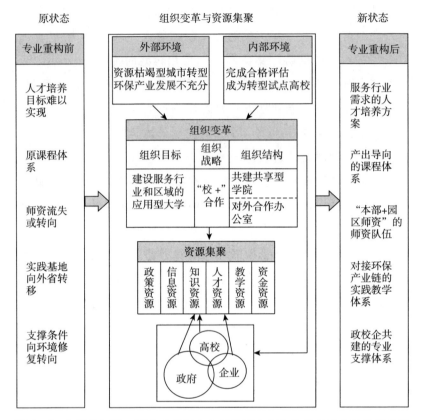

图 4 - 2　B 学院环境工程专业发挥专业优势面向行业的专业重构过程与效果

以环境工程专业为例，该专业是 B 学院于 1981 年，为服务 B 市治理矿冶工业带来的污染而开办的，在长期面向区域发展需求办学过程中，成为 H 省优势特色专业。随着矿冶产业比重下降，B 市产业发展的转型，该专业"产业需求—举办专业—服务产业"的线性发展模式被打断。基于"校 +"合作战略，2014 年，B 学院应中国环保产业之乡——江苏宜兴市政府邀请，将环境工程等环保类专业，搬到中国宜兴环保科技工业园区办学，实施两年在校本部、两年在园区学习的"2 + 2"分段培养模式。通过校政合作，该专业形成了服务行业需求的人才培养方案、产出导向的课程体系、"本部 + 园区师资"的师资队伍、对接环保产业链的实践教学体系、政校企共建的专业支撑体系。通过异地产业园区办学，环境工程专业实现了重构，服务了环保产业。

第二，政府提供了环境工程专业重构的重要资源，包括政策资源、人才资源、教学资源和资金资源。政策资源包括，宜兴市提供了占地面积近4公顷、建筑面积的4.8万平方米的校园；负责与有关政府、主管部门和企业之间关系的协调。人才资源包括，采用"管用分离"的原则，招聘了7名常驻师资供宜兴工程学院所用；支持企业为专业提供师资。教学资源包括，斥资建成了1个市级重点实验室和3个综合实验室；协助企业为专业教学提供实习实训场所。资金资源包括，每年为学校提供500万元左右的运行补贴，以及吸引学生识宜兴、友宜兴、留宜兴的相关补贴政策。

第三，企业在专业重构中也提供了信息资源、知识资源、教学资源和人才资源。信息资源体现在，为环境工程专业人才培养方案和课程体系重构提供了产业链发展现状和未来需求信息。知识资源体现在，为环境工程专业人才培养提供了更多、更易获得的陈述性知识和命题性知识。教学资源体现在，提供了"三废"治理全链条环保产业实习实训场所。人才资源体现在，园区企业就近就便提供具有丰富工程经验的行业师资。

第四，高校在专业重构中也提供了政策资源、知识资源、教学资源和人才资源。政策资源主要是，B学院根据H省出台的支持转型发展高校"加大办学体制改革力度"政策，创新中部高校支持东部地区产业发展的异地产业园区办学模式；知识资源主要是，通识课、理论知识教学和实践教学；教学资源主要是，环境工程专业学生第一学年和第二学年要在本部完成学业，本部同时肩负着后两年的学业管理责任以及立德树人的根本任务；人才资源主要是，派往宜兴工程学院的管理团队，以及线上教学和线下教学的师资。

第五，专业重构实现了高校、政府和企业三方共赢。作为引进高校办学资源所在地政府来讲，虽然花钱引进了高校，但办在产业园区的高校为其环保产业发展提供了环保类应用型人才、环保类教育培训服务和科研成果，从而实现产业发展目标。作为企业来讲，企业能够以较低的成本获得产业发展需要的人才和科技服务。作为高校来讲，专业重构提升了应用型人才培养能力，扩大了社会声誉，实现了建设服务区域和行业应用型大学的组织目标。

第五章　专业重构的企业驱动模式

2019年的最后一天，我结束了对C学院的田野调查，在回武汉的火车上，写下了以下的调研备忘录。C学院的数字媒体艺术专业是2012年在整合汉语言文学、广播电视新闻学、美术等专业力量的基础上设置的，办学起点并不高，但是经过2014年的改革，发生了翻天覆地的变化，表现在：由数字媒体艺术专业衍生的"凤凰数字媒体协同育人示范基地"是全国第11家、G省第一家"凤凰数字媒体协同育人示范基地"；所在的学院于2019年入选教育部第二批"三全育人"综合改革试点院（系）；该校校长获得了"中国产教融合创新发展杰出人物"奖；更为重要的是数字媒体艺术专业招生和就业两旺，为C市数字产业发展提供了新动力。以数字媒体艺术专业为代表，该校突破资源匮乏、内外联动不足的瓶颈，在建设特色鲜明的高水平地方应用型大学的道路上阔步前行。

而在9年之前，从文献和访谈资料看数字媒体艺术专业并没有什么值得称道的地方，那么，在这9年当中，C学院的外部环境尤其是产业环境发生了什么变化，面对这些变化，学校又是如何应对的，是什么样的组织变革推动了数字媒体艺术专业的专业重构？在C学院发生的故事，如何成为一个地方本科院校面对产业变动向应用型大学转变，成功实现专业重构的典型案例。本章将按照"环境变化—组织变革—资源集聚"的分析框架，叙述C学院数字媒体艺术专业重构的过程，探讨专业重构背后的故事。

第一节 环境分析：C 学院变革前的内外部环境

一 C 市产业发展概况及发展数字产业政策

C 学院所在的 C 市，是我国华南地区欠发达地市（州），处在由农业城市向新兴工业城市转变的发展阶段。其行政区域面积为 11753 平方千米，下辖 5 个县市区，截至 2020 年常住人口为 248.85 万人。2010～2015 年该市的 GDP 和财政收入分别为：296.70 亿元和 22.13 亿元、350.60 亿元和 26.62 亿元、393.90 亿元和 32.10 亿元、423.90 亿元和 35.76 亿元、440.00 亿元和 40.60 亿元、468.00 亿元和 47.14 亿元。

在产业布局上，C 市主要是三大产业——生态旅游、碳酸钙和新型建筑材料。截至 2015 年，生态旅游康养产业形成旅游、休闲、健康养生、健康晚年四大业态，"十二五"期末实现收入 169.80 亿元，年均增长 35.1%；碳酸钙产业产值突破 130.00 亿元，重质碳酸钙粉体产品在全国市场占有率达 61.0%；新型建筑材料产业产值接近 100.00 亿元，产业优势逐步显现。除此之外，稀土新材料、铝电子产业链逐步完善，向精加工方向延伸，产值也向百亿元大关迈进。[①] 但总体上看，C 市产业属于典型的资源密集型产业结构，靠自然资源和劳动力吃饭色彩较浓。

为了促进当地经济发展，"十三五"期间，C 市依据国家和 G 省的发展战略，结合自身实际，在明确了促进原有的碳酸钙、新型建筑材料和生态旅游三大产业，向"三个千亿元产业"发展的同时，大举实施"东融战略"。所谓的"东融战略"，是指 C 市利用地处 G 省的"东大门"、毗邻粤港澳大湾区的地理位置，坚持向东开放，全面融入珠三角，创新粤桂经济合作新模式，主动参与粤港澳大湾区、"一带一路"倡议、珠江－西江经济带和贵广高铁经济带建设。在实施"东融战略"过程中，C 市重点建设国家桂东承接产业转移示范区，示范区主要承接东部地区转移过来的装备制造、节能环保、食品加工等产业，以形成新的竞争优势。

---

① 以上数据来源于《C 市国民经济和社会发展第十三个五年规划纲要》。

在"东融战略"指引下，C 市还积极承接东部地区数字经济产业，并规划将其打造为第四个支柱产业。数字经济是以数字化的知识和信息为关键生产要素、以现代信息网络为重要载体、以信息通信技术的有效使用为效率提升和经济结构优化的重要推动力的一系列经济活动，其主要包含数字基础设施、数字交易和数字媒体三大方面。① 数字媒体与文化创意产业是数字经济的重要组成部分。联合国发布的《2019 年数字经济报告》表明，在全球 70 家最大数字平台公司中，有 28 家，即 40% 的公司是与文化创意产业相关的公司。② 2015 年，《C 市国民经济和社会发展第十三个五年规划纲要》提出，到 2020 年，全市数字经济总规模占地区生产总值的比重达到 30%。为此，C 市从四个方面发力，发展和壮大数字经济，加快培育发展文化创意、数字出版、移动多媒体等新兴文化产业。

一是规划并开工建设数字经济产业园。2015 年，C 市规划建设 G 省首个数字经济产业园，规划总面积约 1126.33 公顷，重点建设智慧城市、智慧教育、物联网产业、数字文化创意产业。2016 年 8 月，该园区一期工程开工建设，总投资额为 49 亿元，总建筑面积约 81.8 万平方米，建设展示交流中心、科创研发中心、数字总部基地等项目。

二是开展数字经济大招商。积极对接粤港澳大湾区，引进智能制造、大数据、电子商务、智慧物流、文化创意等重点的高新技术企业，全力承接粤港澳大湾区向 C 市逐步转移的数字经济产业。C 市还与深圳中美联合研究院签订《委托招商引资框架协议》，委托深圳中美联合研究院提供招商引资服务，加快引进数字产业等相关新经济新业态项目，全力承接大湾区企业转移。到 2019 年，软视科技、大皇蜂无车承运、盛源行大数据云计算中心、中生·穿越智慧浆云等大数据、信息化项目已经落地。③

---

① 金雪涛、刘怡君：《数字经济背景下中外文化创意产业研究进程——基于 CiteSpace 知识图谱的分析》，《重庆社会科学》2020 年第 8 期，第 108 ~ 122 页。

② 付晓东：《数字经济：中国经济发展的新动能》，《人民论坛》2020 年第 21 期，第 20 ~ 23 页。

③ 骆中坚：《C 市经济增速领跑全区！且看数字 C 市》，《C 市日报》2019 年 12 月 26 日，第 1 版。

三是培育本地化数字经济领军企业。加大力度培育 C 市智慧城市、大数据、文化旅游等领域正在起步、成长快速、极具潜力的企业，从政策、高端人才引进和培养、科研投入、公共资源配套等方面加大支持力度。

四是加大人才培养力度。鼓励高等院校与文化创意企业创设人才培养基地，支持高等院校开展文化创意产业研究，开设文化创意产业相关专业；实施产业人才聚集计划，对优秀文化创意人才实行不转关系、不迁户口、双向选择、能进能出的柔性管理机制，吸引优秀人才加盟。

二　C 学院变革前的发展历程

C 学院是我国华南地区一所地方应用型本科高校，学校坐落在华南和华中三省交界的 C 市，管理体制是"省市共建，以市为主"。同大多数地方应用型本科高校一样，C 学院的发展经历了两次转型，即由中专到大专再到本科的转型和由师范院校向综合性院校的转型，前者是办学层次的提升，后者是学科专业结构的调整。

C 学院的办学层次转型经历了一个漫长的过程。《C 学院校志（1943—2013）》记载：C 学院的前身是创建于 1943 年的省立师范学校；新中国成立后，C 学院主要培养中小学师资及干部，开设三年制初师班、中师班和小学行政干部培训班；"大跃进"期间，办了一届大专班；"文革"期间，学校基本停办；恢复高考后到 1987 年，主要招收两年制、三年制中师班，为当地培养中小学师资；1988 年，G 省决定在师范学校的基础上，成立 C 地区教育学院，开始大专教育；1994 年更名为 C 地区师范高等专科学校，直到 2006 年升格为本科高校。这期间，为了升本，2004 年 G 省决定将创办于 1972 年的师范学校并入 C 地区师范高等专科学校，并更名为初等教育系。上述的历史描述说明，C 学院师范教育历史悠长，积淀较深。

C 学院升本以后，从形式上完成了由中专到大专再到本科的转变，也开始了"实现办学层次由专科到本科提升"的转型。此次转型目的是建设合格本科，以迎接教育部本科教学工作水平评估为主。长期在 C 学院工作、现分管教学工作的副校长说：

　　　升本了，校名变了，学制由三年变成四年，但这不是简单的变化，我们当时从发展规划、人才培养模式、专业建设、学科建设、师资队伍建设、校园基本建设等诸多方面进行转型，也就是在'十一五'和'十二五'期间，建设合格本科。（C10）

与建设合格本科同步的是，C 学院开始由师范类高校向综合类高校转型。自建校开始，C 学院一直举办师范教育，到升本时已经有 63 年的历史，办师范教育的积累和优势比较明显。2006～2008 年，C 学院依托原有师范教育专科专业优势开办本科专业，如汉语言文学、英语、数学与应用数学、物理学、化学、思想政治教育、小学教育、计算机科学与技术、体育教育、美术学，呈现一种在已有的专科专业基础上，建设本科专业的现象。同时，C 学院开始有意识地回应经济社会发展要求，在某一专业增设专业方向，通过这种方式逐步增加新的专业布点，如汉语言文学新增新闻学、现代文秘方向，英语新增商务英语方向，数学与应用数学新增应用统计与信息处理方向，化学新增精细化工方向。2009 年，C 学院当时的学校领导班子，经过调研后，在办学定位上，提出建设应用型本科，服务区域经济社会发展；在学科专业建设思路上，强调以地方经济社会发展需要为导向，进一步调整传统学科，积极发展新兴学科，重点加强应用学科；在学科专业布局上，选定教师教育类、机电类、化学生物类、管理类、语言学类五大专业群。到"十二五"期末，形成了学科门类较为齐全、师范专业与非师范专业协调发展，优势与特色较为明显的专业结构与布局。①

2014 年，C 学院开始向应用型本科高校转型。2013 年，C 学院在接受并通过教育部本科教学工作水平评估后，根据评估专家意见，结合学校发展新阶段，制定了《C 学院发展定位规划（2013—2020）》，该规划明确：建设在区域内有一定影响力和特色鲜明的应用技术型大学；培养品德好、基础实、专业精、能力强，在基层留得住、用得上，适应地方经济社会文化发展需要的高素质应用型人才；立足地方，服务区域，面向基层，主动为地方和区域经济社会发展和文化繁荣服务。上述三大定位构成了学校"地

---

① 《C 学院"十二五"事业发展规划》（内部资料）。

方性、区域化、应用型、开放性"的办学定位和目标。[①]

第二节　行动策略：组织变革及其过程

一　组织目标：建设应用型大学

环境变化引发学校对所面临形势及自身努力方向的积极思考与探索。如前所述，C 学院是 2006 年升格为本科院校，2013 年通过教育部本科教学工作水平评估，评估结束后，C 学院在做好各项日常工作的基础上，结合本科教学工作合格评估整改工作，着力推进学校转型发展。为解决"什么是应用技术大学，怎样办好应用技术大学，怎样培养高素质应用型人才"等核心问题，学校领导班子在 2013 年底，开始了思考和探索，C 学院党委书记和校长共同署名，发表了《立足地方，深化改革，再次创业》文章，代表领导班子提出了新的战略，新战略回顾了学校 70 年的发展历程，提出要办好人民满意的大学关键在学校办学立足点、培养过程及服务面向形成一个闭环。为此，要树立改革新思维，促进学校再创业，建设全国先进水平区域内有影响力和特色鲜明的应用技术型大学。

尽管明确了转型发展、再次创业的基本思路，但是转型发展的突破口在哪里，需要探索。为此，C 学院在 2014 年开展了"转型发展大讨论"，大讨论提出了三条具体的措施——政策引路、专家指路、调研探路，即研究教育部和教育厅的转型发展政策，通过专家咨询寻找突破口，通过广泛调研找到一条契合自身实际的转型道路。通过调研和讨论，2014 年，C 学院制订了《C 学院建设应用技术大学五年行动计划（2014—2019 年)》，其中提到要找准学校转型发展的突破口，在三条路径上进行探索。

建立"C 学院合作发展联盟"。通过合作发展联盟，促进部分专业与部门、行业组织、大型企业实行共建实验设施与场所，共享教育

① 杨雄珍：《转型发展背景下新建本科院校办学定位的思考与发展探索——以 C 学院为例》，《C 学院学报》2014 年第 3 期，第 93～96 页。

资源，合作育人，合作发展。5 年内与企业（行业）共建共管 1 个专业群、2 个二级学院，学校 100% 专业集群与企业或行业签订实质性合作协议。

成立 C 学院职业教育集团，促进 C 市职业教育发展。积极争取市政府支持，将 C 市现有的 5 所中等职业学校合并，成立 C 学院职业教育集团，争取市政府在学校新校区西侧划拨土地约 66.67 公顷，建设新校区，实现整体迁建。通过组建职业教育集团，逐步建立与普通高中教育、中高等职业教育衔接机制。

与 C 市政府合作共建"C 学院大学科技园"。"C 学院大学科技园"占地面积约 26.67 公顷，由 C 市正润发展集团有限公司融资 16亿元，校地共建，通过引导企业进驻，提升学校服务发展能力。

后来的实践证明，C 学院转型发展的后两条路径没有取得实质性进展，第一条路径则经过实践和发展逐渐形成了"引企入教"战略。在谈及为什么后两条路径没有实现预期目标时，C 学院校长是这样分析的：

关于组建职业教育集团，当时的考虑，一是国家下发的两个文件《国务院关于加快发展现代职业教育的决定》和《现代职业教育体系建设规划（2014—2020 年）》，对职教发展提出了要求，尤其是支持发展职教本科，让我们看到机会；二是当时 C 市有 5 所中职，包含机电、卫生、工业、林业和技工学校，如果经过整合，可以通过提质扩面，拓展学科专业；三是通过组建职业教育集团，扩大办学规模，解决办学经费短缺问题。但后来 C 市在讨论和决策中，提出将原来的 5所中职合并组建一所大专层次的职业技术学院，以增强 C 市高等学校数量，所以，这个路径实际上受政府决策的影响，学校难以左右。

关于建立科技园区，市政府到目前为止（笔者访谈时间是 2019年 12 月）还是支持的，且有一个规划，但最大的问题是政府财力有限，作为后发展地区难以通过财政拨款或融资的方式推动学校建立科技园区，但方向是对的，一个例子是同济大学在 C 市的科技园，通过同济大学和政府的支持，已经初具雏形。这个从某种程度上也说明，

地方高校服务能力还是有限。(C11)

　　高校是一个典型的资源依赖型组织。在当前高等教育管理体制下，政府是高校资源的主要控制者，作为地方高校，在与研究型大学、老牌高校的竞争中往往处于下风。C 学院是"省市共建，以市为主"的管理体制，其经费来源主要是地方政府，所以 C 学院在转型发展道路设计上，也期望通过"有为"获取地方政府的支持，但受制于地方经济发展水平，依靠当地政府财政和政策支持，加快转型发展遇到了困难，故而 C 学院开始聚焦企业资源，争取通过合作办学，解决资源短缺问题。

　　2014 年 4 月，C 学院党委书记、校长和其他三位副校长带队，到黄淮学院、东莞理工学院、合肥学院和肇庆学院四所高校调研，调研报告详细分析了四所高校产教融合的具体做法。如调研报告指出，黄淮学院遵循"资源共享、优势互补、项目共担、互惠多赢"的思路，创新机制，成立合作发展联盟。其一，联盟成员多样化。既有政府机构，也有行业企业；既有科研院所，也有行业协会。其二，整合资源。实行多主体合作、多团队协作、多模式运作的形式，集教育、科研、服务功能于一身，协同创新。其三，成果丰硕。合作发展联盟成员有 160 余家，集聚效应、支撑效应、育人效应不断显现，成为不断成长的生命共同体，做到了与中原经济区建设同频共振。东莞理工学院充分发挥东莞先进制造业名城优势，"突出实践教学，拓展合作资源，加强政校企合作，协同创新"的应用型人才培养模式。合肥学院实施了"服务合肥提升计划"，按照"亲产业、融地方、深合作、求共赢"的原则，推进产学研合作和协同创新平台的建设，推动"八个转变"[①]。肇庆学院积极推进校企合作、产教融合，促成中巴软件园建在校内，成为大学科技产业园和学生创新创业园。

　　为此，调研报告提出学校转型发展要抓紧三件事：一是学习黄淮学

---

① 八个转变：办学定位向"应用型"转变，专业结构向"需求导向"转变，协同育人向"开放性系统"转变，培养方案向"产出导向"转变，课程体系向"知识输出"转变，考核方式向"过程考核"转变，师资队伍向"双能型"转变，质量评价向"两个满意"转变。参见人民网《合肥学院："八个转变"提升应用型人才培养质量》，http://edu.people.com.cn/n/2015/1127/c1053 - 27865572.html。

院、东莞理工学院、合肥学院的经验，以"合作、发展、共赢"为宗旨，创造条件组建"C 学院合作发展联盟"，逐步与政府、国内大中型行业、企业、高校科研院所等开展深度合作；二是学习肇庆学院，加快学校的产学研产业园区的建设，使其尽快成为学校推进校企合作、产教融合发展的重要平台，成为学校发展转型的推进器；三是从各职能部门、二级学院层面来讲，要积极回应企业需求，在合作办学、人才培养、科学研究、共建科研平台、成果推广、创新创业项目立项、文化传承创新等方面寻求结合点，找到新的增长点。

二　组织战略："引企入教"

经过探索，C 学院确立"引企入教"战略。如前所述，C 学院在寻找转型发展的突破口时，确定了三条路径，其中组建职业教育集团、与政府和企业共建科技园，因为多种原因没有成功。在通过合作发展联盟，促进部分专业与部门、行业组织、大型企业实行共建实验设施与场所、共享教育资源、合作育人、合作发展方面进行探索，取得了初步成效，并逐步发展成主要路径，其后带动了产业学院的建立。"引企入教"战略及组建产业学院路径被写入《C 学院章程》。

> 第五十二条　学校根据社会需求，采取多元化开放式的办学模式，以政府办学为主体，积极开展校企合作、中外合作等办学形式。
> 第五十三条　学校根据经济社会发展需要设置和调整学科、专业，优先建设与区域经济社会发展相适应的学科专业。支持并鼓励行业、企业参与学校管理、学科专业建设、人才培养。①

C 学院确定"引企入教"战略，经历了一个思想解放、环境分析、实践探索和经验总结的过程。在这个过程中，教育部的政策引导也起到了重要作用。

第一，思想解放。在我国高等教育管理中，教育主管部门，比如教育

---

① 《C 学院章程》，http://www.hzxy.edu.cn/info/1263/19007.htm。

部、教育厅常常组织高校主要领导到国家教育行政学院和国外学习考察，学习、讨论中国地方应用型高校发展模式与道路问题，正是 2012 年赴欧学习和考察的经历，让 C 学院校长逐渐形成了对接产业办专业的思路。

> （2012 年随教育部组织的代表团到英国的考察）英国的南安普顿索伦特大学，它那个学校也不大，海洋学院对接当地的帆船和游艇产业。它帆船和游艇专业是世界一流的，学生不愁招不进来，走出去……面向行业办专业，与企业直接进行合作，课程对接行业需求，重视创新创业教育，这些特点对我启发很大。（C11）

从组织学习的角度看，此次赴欧洲学习考察，促进了 C 学院主要领导认知和思维方式的变化，通过实地考察和座谈，增加了对以南安普顿索伦特大学为代表的英国城市大学的了解，坚定了围绕区域产业办学的信心，而这将有利于该校组织知识库的更新，进而引起组织行为的变化。

第二，环境分析。在转型发展研讨会上，C 学院列举了学校内外部环境的三个缺乏：

> 一是缺乏本科办学的专业积累、师资积累、硬件积累、科研技术积累，使学校专业特色不明显、"双师型"教师匮乏、教师专业实践能力低、实践教学硬件条件不足、科研水平和科技创新能力不高，缺乏转型发展的良好的自身基础条件。二是学校多数应用型本科专业建设时间短，基础较薄弱，应用型科技开发力量也较弱，技术服务面较窄、能力有限，对地方经济、科技和文化发展的支撑力度和推动作用不突出，企事业单位与学校开展合作育人和科技攻关的积极性不高、动力不足，产学研合作没有广泛深入实施，缺乏转型发展的良好社会合作基础。三是后发展地区一般工业化程度不高，产业基础薄弱，产业链欠缺，行业不突出，企业特别是大型企业数量少，学校在培养应用技术型人才和科技开发中选择产学研合作教育的对象范围较窄、层

次低，缺乏转型发展的良好产业行业支撑。①

第三，实践探索和经验总结。在转型发展研讨会上，C 学院教务处、科技处报告了当时校企合作的情况，职能部门认为，目前学校常规的校企合作效果不佳。

> 从我校产教融合或校企合作的现状来看，虽然我们也建立了近 100 家校外实习实训基地，但因于没有建立有效的校企合作、产教融合发展的平台，我校与企业（行业）难以建立长期深入的校企合作关系，校企合作、产教融合的力度、效果还不尽如人意。②

从上述的分析可以看出，总体而言，因为自身基础一般，学校服务企业（行业）发展能力有限，C 学院校企合作项目真正落地和长期坚持的少，对学校经费和办学资源的支持有限。

第四，在政策引导下，走上"引企入教"道路。其一，在"引企入教"战略形成过程中，教育主管部门的政策引导起到了重要作用。当时，C 学院下决心改革创新、开放办学，走跟企业合作的路子，办行业学院，在这过程中，教育部门的鼓励和肯定坚定了学校领导层的战略抉择。C 学院校长坦言：

> 当时还有些担心，怕动作（引企入教）过大引起争议，当时给教育厅、教育部汇报，高教司的一位副司长给我们鼓励，强调要大胆改革，这位副司长还透露教育部将有引导地方高校转型发展的重要政策出台。（C11）

---

① 吴郭泉、麦茂生、黄文炎：《对后发展地区新升本院校二次转型的思考——在转型发展研讨会上的讲话》，载 C 学院发展规划处编印内部资料《高教信息动态》2014 年第 2 期，第 16~21 页。

② 黄文炎、杨雄珍：《关于 C 学院转型发展的思考——黄淮学院、肇庆学院和东莞理工学院考察报告》，载 C 学院发展规划处编印内部资料《高教信息动态》2014 年第 2 期，第 35 页。

其二，转型发展会议及驻马店共识推动了该校"引企入教"的探索。2014 年 4 月 25 日，"产教融合发展战略国际论坛"2014 年春季论坛在黄淮学院举行，时任教育部副部长的鲁昕在开幕式上的讲话，拉开了引导地方高校转型发展的大幕。鲁昕强调：地方高校要坚定不移地承担产业先进技术转移、应用、积累和创新的历史责任，努力发挥区域和行业技术中心作用；要开放办学，使学校成为产业的大学、城市的大学、社区的大学；要解放思想，主动探索，通过制度创新，促进转型发展。[①] 此外，论坛系统阐明了在转型发展中地方高校的使命和责任、机遇和挑战、信心和期望的"驻马店共识"[②]，坚定了 C 学院通过"引企入教"，建设产业学院的信心。

其三，教育部的项目给"引企入教"战略实施提供了具体机会。为了落实转型发展的部署，作为教育部直属单位的教育部学校规划建设发展中心（简称教育部规建中心）在企业和高校之间搭建平台，遴选有教育情怀的行业龙头企业参与地方高校合作办学项目。

以高校数字媒体产教融合创新应用项目为例，一是项目合作方是教育部规建中心和凤凰卫视集团·凤凰教育。二是项目目的是促进校企深度合作，培养数字媒体产业发展和升级需要的应用型、管理型、技术型人才；深化高校产教融合，探索建立为美学工业培养人才的长效机制；促进数字媒体产业健康发展，参与国际竞争。三是项目合作方式是合作双方利用 5 年左右的时间，在全国范围内遴选 100 所已开设数字媒体艺术等数字媒体产业相关专业的高校，引进凤凰卫视集团·凤凰教育进高校，开展合作，共享企业在数字媒体行业的优质资源。四是合作范围是以数字媒体应用型人才培养为核心，校企合作共建四位一体的示范基地——数字媒体生态资源协同创新育人平台、数字媒体专业人才联合培养中心、数字媒体产业大学生创新创业孵化中心、数字媒体产业园区——为创新型国家建设和数字媒体行业发展提供人才支撑。[③] 领导该项目落地的 C 学院校长坦言：

---

① 高杨、赵冬冬：《构建现代职业教育体系，推进地方高校转型发展，建设中国特色应用技术大学——首届产教融合发展战略国际论坛综述》，《河南教育（高教）》2014 年第 5 期。
② 《驻马店共识》，《中国教育报》2014 年 4 月 28 日，第 3 版。
③ 陈星：《应用型高校产教融合动力研究》，博士学位论文，西南大学，2017。

凤凰项目是有教育部官方支持，类似于一个有政府信用的第三方机构，学校认为，推进与凤凰教育的合作是可行的。要以此为契机，先试先行，重点突破，以点带面，推动学校转型发展。（C11）

三 组织结构：教学学院的调整和新增职能部门

（一）教学学院组织结构的调整

在上述四个方面推动下，C 学院开始着手进行转型发展改革，这些改革具体思路和措施集中体现在其"十三五"规划上。在总结自 2014 年开始的建设行业学院的基础上，《C 学院"十三五"事业发展规划》进一步明确，要突出深化前期行业学院、校企合作办学成果，做到"三个坚持"：一是坚持需求导向，突出应用，即坚持满足需求是学校办学之要……把应用型人才培养质量视为办学生命线，致力于培养与区域经济社会发展人才需求相适应，具有创新精神和创业实践能力的高素质应用型人才；二是坚持产教融合，校企合作，即坚持走校政企合作、产学研融合转型发展之路，与国内外行业知名企业合作，建立行业学院，按"八个共同"① 的目标要求，全面深化人才培养模式的改革，努力实现教育教学与行业企业岗位需求零对接；三是坚持主动服务，支撑发展，即加快转型发展步伐，把办学思路真正转到服务地方经济社会发展上来……主动呼应、主动介入、主动服务产业发展和地方经济社会发展，拓宽办学空间。②

在发展措施上，《C 学院"十三五"事业发展规划》提出初步形成以产教融合、校企合作为路径的转型发展模式。其目标是：校政企、产学研合作平台涵盖所有专业（群）；行业学院建设管理制度完善，运行高效；按"八个共同"目标要求，推进校企合作专业人才培养制度改革；形成具有 C 学院模式特色的转型发展机制。重点方向是：加强行业学院建设，继

---

① "八个共同"：共同研究设置专业，共同设计人才培养方案，共同制定培养标准，共同开发课程和教材，共同组建教学团队，共同建设实习实训平台，共同实施培养过程和共同评价培养质量。参见《C 学院本科教学工作审核评估自评报告》第 105 页。

② 《C 学院"十三五"事业发展规划》，http://fzb.hzxy.edu.cn/info/1099/1090.htm。

续推进与政、产、学、研等共建符合地方经济社会实际需求的行业学院，加快推进"凤凰数字媒体学院"的建设工作，新建特色鲜明的行业学院3~5个（见表5-1）；与合作方共建综合技能训练平台和集成职业导向的课程模块，规范教学质量标准、质量评价；建立和完善多元化的行业学院教育教学管理运行模式和机制，规范合作办学管理，调动校企双方合作办学的积极性，发挥行业学院在建设优质特色专业方面的独特作用，并使之成为学校人才培养模式改革的特色品牌和协同育人的示范平台。

表 5-1　C 学院校企合作共建行业学院一览

行业学院名称	成立年份	合作企业	合作内容
凤凰数字媒体学院、凤凰东盟传媒学院	2014	凤凰卫视集团·凤凰教育	专业共建，合作共建广播电视编导和数字媒体艺术等专业
新道经济管理学院	2015	用友新道科技有限公司	专业共建和创新创业教育，共建财务管理专业
中兴通讯信息学院	2015	中兴通讯股份有限公司、北京华晟经世信息技术股份有限公司	专业共建，合作共建通信工程和物联网工程等本科专业
宝贤餐饮管理学院	2016	珠海市宝贤企业有限公司	实习实训及就业服务
华为 ICT 学院	2017	华为技术有限公司	专业共建、实验教学和实训
正丰生态农业学院	2017	广西贺州市正丰现代农业股份有限公司	专业共建、协同创新、实习实训及就业服务

资料来源：根据本科教学工作审核评估自评报告整理。

　　基于上述改革，C 学院教学学院形成了以企业为主导构建的"双院制"模式（见图5-1）。这种"双院制"模式，类似于行业学院，即高校的专业学院与行业的龙头企业、大型企业合作，共同培养行业人才。其特点体现在以下五个方面。一是明确合作双方投入。学校提供的是学生、生源、理论型师资，企业投入的是资金、设备、实践型师资。二是明确学院目标。通过校企合作，产教深度融合，培养面向行业企业需要的人才，促进行业技术进步，促进学生成长，促进学校转型发展。三是明确合作双方在教学过程中的作用。专业学院师资承担基础理论教学，并负责思想政治工作，把稳立德树人的根本方向；企业师资承担主要实践教学任务，企业结合实际，与学校一道开发适合行业企业岗位标准的课程体系。四是明确改革的重点方向。通过合作，让学生能够在真实的企业环境中工作和学习，能够真正促进理论和实践深度融合，能够真刀真枪地提高学生的专业技能，能够为企业产品生产、价值创造、长远发展提供人力资源和科技支撑。五是明确学院治理改革方向。行业学院执行院长可由企业相关领导担任，也可以由学校专门学院负责人担任；学校要成立产教融合中心或创新创业中心，负责推动校企合作；企业成立专门机构，如企教中心等，参与行业学院管理。

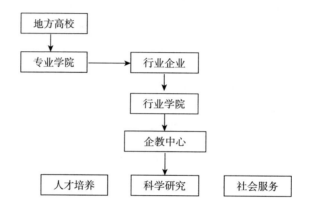

图 5-1　以企业为主导构建的"双院制"模式

资料来源：王云儿《产教融合背景下的"双院制"模式》，《高教发展与评估》2019 年第 3 期，第 82~87、108、113 页。

（二）新增职能部门：产教融合与创新创业中心

理查德·L. 达夫特在《组织理论与设计》中，分析了组织在面对复杂的外部环境，在与企业进行合作、响应政府发展产业的规划时，增加新的职位和部门是应对环境复杂性和不确定性的重要方法。[①] 2014 年 11 月 14 日，C 学院与凤凰卫视集团·凤凰教育，在教育部的牵线下，签订了《合作办学协议》。签订了合作协议，就好比两者"结婚"了，但是写在协议上的东西，毕竟是粗线条的，合作过程中有很多具体的事情、具体的问题要解决。为此，C 学院专门成立了产教融合与创新创业中心（简称产创

---

① 理查德·L. 达夫特：《组织理论与设计》（第 10 版），王凤彬、张秀萍、刘松博、石鸟云等译，清华大学出版社，2011，第 158 页。

中心），其职能如表 5 - 2 所示。在访谈中，C 学院产教融合与创新创业中心主任讲到了该部门成立的初衷及职责：

> 在产教融合和行业学院建设中，学校层面与合作方协商，是一个方面，但具体运作层面，需要有具体部门去负责管理。与凤凰教育签订协议后，学校马上就成立了产教融合与创新创业中心——正处级的机构。机构的功能很明确，企业和文传学院合作怎么样、过程中有什么要解决的问题，产创中心要经常去看一看。另外，合作有没有按照我们预期的目标来实施、实施的效果怎么样，也要进行一个评估。总之，职能部门很重要，要通过职能部门将学院与企业、与学校联系起来。用我们校长的话说，设置产教融合与创新创业中心，就是想"结婚"后有人去管家里面的事情。（C06）

表 5 - 2　C 学院产教融合与创新创业中心职能

职能类别	具体职能
政策研究与制定	负责学校产教融合工作的政策、规章制度、规划的起草和组织实施
寻求产教融合合作	积极与政府、产业、行业、企业联系，结合学校实际，搭建教学学院产教融合合作平台，维护平台良好运转
产教融合项目申报管理	负责组织校级以及上级别级别产教融合项目（平台）的申报、评审、检查、评估与考核等工作；统筹负责全校产教融合合作协议的审核、登记和协议起草工作；负责学院产教融合项目的组织、协调、管理工作
对外联系	加强与应用技术大学（学院）联盟、省应用型本科高校联盟联系，负责校企合作联盟秘书处工作

资料来源：C 学院职能部门简介。

产教融合与创新创业中心的成立，发挥了积极作用。在产教融合方面，按照学校确定的"引企入教"战略，迅速行动，取得了不少成绩。主要有以下五个方面。

一是促进学校加强主干学科专业的校企合作育人平台建设，基本实现全覆盖。比如，C 学院与中兴通讯股份有限公司和北京华晟经世信息技术股份有限公司合作共建"中兴通讯信息学院"：2015 年 9 月，通信工程、物联网工程两个合作本科专业正式招生；2015 年 9 月开始，共建教育部 -

中兴通讯 ICT（信息与通信技术）产教融合创新基地；2018 年 4 月 19 日，教育部学校规划建设发展中心发布《关于公布教育部－中兴通讯 ICT 产教融合创新基地项目合作院校名单（第一批）并实施第二批认定工作的通知》（教规建中心函〔2018〕16 号），C 学院的教育部－中兴通讯 ICT 产教融合创新基地项目通过了教育部验收，成为首批通过验收的 24 所高校之一。C 学院按照"八个共同"要求，"三位一体"——知识传授、能力培养和价值塑造——进行了有益的、成功的探索。

再如，C 学院与用友新道科技有限公司（简称新道）合作共建"新道经济管理学院"：双方共建了经济管理类专业仿真实训平台，面积为 2080 平方米左右，实验仪器设备固定资产总值为 938 万元；建有虚拟现实企业管理平台（ARE）、虚拟商业社会环境实训平台（V 综）、创新创业虚拟仿真实训平台、创业心智体验中心、企业经营模拟 ERP 沙盘、企业信息化中心、营销模拟实训平台等 7 个专业实验实训室；该平台处于国内高校领先水平；通过共建行业学院，"将企业搬进校园"，有效改造了传统的教学模式。①

二是推动与凤凰卫视集团的进一步合作。笔者在访谈中了解到，该中心正在推动 C 学院与凤凰云祥的合作。凤凰云祥是凤凰卫视集团全资子公司，主要为凤凰卫视及网络建设提供技术支持；自主研发的"凤云全媒体云架构信息管理系统"采用功能化的子系统整合集成设计，提供 SCCS 应用（传输、分发、媒资、制播等）、PCCS 服务（服务引擎、统一账户管理等）、运维服务（云桌面、虚拟化等），系统平台易于维护。根据方案，C 学院将在与凤凰云祥合作过程中，探索公办本科高校混合所有制建设机制。

三是推动解决文化与传媒学院（凤凰数字媒体学院）（简称文传学院）创新。比如，学生学业考核方式改革：尝试用企业里面的工资化评价方式，对学生课程学习进行考核，增强学生学习的积极性。探索毕业生的毕业设计考核改革，该创新举措规定：文传学院学生可以三人一组，在老师

---

① 熊康俊：《地方高校吸引企业捐赠的策略探讨——以 H 学院为例》，《黑龙江教育（高教研究与评估）》2021 年第 3 期，第 6~8 页。

的指导下，参与目标电视纪录片或电视电影短片拍摄工作；小组分工又合作，协同完成影片的材料搜集、脚本撰写、拍摄、剪辑、录制等工作；鼓励学生作品在 C 市电视台或各类网络平台播出；小组合作的作品，可以作为全体成员的毕业论文（设计）作品。在这项创新举措推动下，文传学院学生拍摄的《潇贺往事之红色记忆》《潇贺往事之创业岁月》作品在 C 市电视台播出，展示了毕业设计真题真做的实效。①

四是对学校专业布局从产业发展角度提出建议。产教融合与创新创业中心在推动 C 学院专业链对接产业链过程中，注重考察产业链条上下游、产业链条关键点，以明确专业链建设主要围绕地方产业链某一环节、某一链条对接。比如，跟踪粤港澳大湾区企业会计核算中区块链技术发展趋势，拟寻求合作；跟踪大湾区智能制造产业发展趋势，推动了 C 学院智能制造工程、人工智能专业申报。②

五是注重聚焦人才培养。在田野调查中，产教融合与创新创业中心主任提到这样一个事例，即在经管学院与用友新道科技有限公司合作之初，财务管理、审计专业，在处理"北新道、南金蝶"问题上的争议和措施。

因为 C 学院地处华南，该校毕业生主要就业地在南方，而南方企业普遍使用金蝶公司的会计软件进行财务管理，但该企业不做教育公司；而新道，其软件主要在北方应用，该公司既做财务软件，也有教育公司，且教育公司发展较好，所以我们选择了与新道合作。在合作过程中，为了解决新道、金蝶两个软件学习与使用相分离的问题，建议和推动学校聘请了一名主要使用金蝶财务管理软件的大公司财务高管，到 C 学院经管学院任副院长，从实战角度教会教师和学生，如何实现新道和金蝶财务管理软件的转换，如何发挥新道公司财务教育优势，提升应用型人才培养能力。（C06）

---

① 熊高：《达标播出 讲好中国故事——C 学院举办新时代纪录片教育与创作研讨会综述》，《C 学院学报》2019 年第 1 期，第 69~72 页。

② 黎娟、吴绍萍：《我校获批增设 2 个本科专业》，http://www.hzxy.edu.cn/info/1130/20511.htm。

第三节 专业实现重构的"解释"：
"引企入教"与资源集聚

前文介绍了 C 市的产业基础、发展状况和政府的产业政策，叙述了 C 学院的基本情况，从组织目标、组织战略和组织结构三个主要方面呈现了 C 学院为了建设特色鲜明的高水平地方应用型大学的组织变革，那么通过对环境的识别，组织变革是如何推动专业重构的呢？下面以数字媒体艺术专业为例进行研究，在案例呈现的前一部分，简要介绍该专业在变革前的情况，后一部分主要描述组织变革的过程及变革是如何促进资源集聚，从而实现专业重构的。

一 数字媒体艺术专业早期的发展

在 C 市"东融战略"指引下，数字经济包括数字媒体和文化创意产业不断发展，那么，C 学院有能力应对挑战吗？根据校史资料和访谈资料，C 学院是难以通过常规的人才培养方式来培养产业发展所需要的人才的，其根源在于，数字媒体艺术专业开设的基础是走"相关专业跨类衍生模式"[1]。具体来讲，数字媒体艺术专业主干学科是计算机学、传播学、艺术设计学、多媒体技术学，[2] C 学院从原有的师范美术系基础上，结合由原中文系逐步发展起来的新闻传播类专业、由原数学系逐步发展起来的计算机类专业，跨学科开办数字媒体艺术专业。专业开办后，表现出以下六个方面的特征。

（一）常规的人才培养目标与人才培养方案

C 学院的《数字媒体艺术专业设置申请表》分析了人才需求，提出了人才培养目标。人才需求方面，《G 省人才发展"十二五"规划》提出，预计到 2015 年，以数字信息服务为核心的创意策划、创作人才需求量为

---

[1] 罗丹：《规模扩张以来高校专业结构变化研究》，广东高等教育出版社，2010，第 111 页。

[2] 中华人民共和国教育部高等教育司编《普通高等学校本科专业目录和专业介绍（2012年）》，高等教育出版社，2012，第 367 页。

13.46 万人；毗邻的广东省，文化创意人才需求量为 39 万人。人才培养定位方面，基于 G 省和广东省人才需求，数字媒体艺术专业坚持"立足 C 市，服务区域，面向全国"服务面向定位；培养有较好美术基础能力和一定的美术设计能力，掌握各种数字媒体制作基本软件，能够用数字媒体创作工具，从事数码视频编辑、数字化设计、动画制作等方面工作的高水平应用型数字媒体艺术人才；毕业生就业去向主要是企事业单位、各大传媒、电视台以及各类民营、私营企业的宣传部门。从上述资料可以看出，C 学院当初开设数字媒体艺术专业考虑到了人才需求，但缺乏对数字创意、数字媒体艺术人才具体需求的调研和考察，继而在课程设置、师资配备、支撑条件等方面没有实施对接产业的根本性调整和变革。

（二）拼接式的课程结构

以《数字媒体艺术人才培养方案》（2012 版）为例，对方案的学科基础课程、专业核心课程、专业方向课程进行梳理发现，该专业课程主要是艺术类、文学类、计算机类、数字媒体类，外加影视制作类课程，具体情况如表 5-3 所示。

表 5-3 C 学院数字媒体艺术专业主要课程一览

课程类别	课程名称
艺术类课程	基础速写、静物速写、设计素描、设计色彩、图案设计、色彩构成、立体构成、空间视觉转换
文学类课程	文艺理论、美学原理
计算机类课程	数字视频技术、数字音频技术、互动媒体设计、非线性编辑基础、计算机图文设计、网站创建与网页设计
数字媒体类课程	数字媒体概论、数字媒体发展史、数字媒体新技术与艺术欣赏、数字摄影、数字媒体图形创意
影视制作类课程	影像与剪辑艺术、数字影视合成、Nuke 软件技术、Vray 渲染、DaVinci 电影调色、多媒体光盘设计、电视节目包装、虚拟现实技术

资料来源：C 学院《数字媒体艺术专业设置申请表》。

由此可以看出，当时的数字媒体艺术专业，因为师资和专业基础限制，课程主要是在相关专业——美术教育、汉语言文学教育和计算机科学教育的基础上，增加数字媒体、影视制作方面的课程而来的。一位从美术与设计学院调至数字媒体艺术专业的教师在反思该专业教学时叙述道：

> 数字媒体的素描与色彩基础课的教学内容，与其他设计类二级专业相比，虽有"大同"也有"小异"，侧重点不一样，数字媒体艺术的素描更重视叙事能力和表述能力。可是在当初的实际教学中，由于专业惯性，很多教师还是在用传统的素描色彩要求进行教学，这无疑会使数字媒体艺术专业教学打折扣。（C02）

（三）师资缺乏且对口专业教师偏少

从整个学校看，《C 学院院志（1943—2012）》显示，2012 年 C 学院全校教职工 806 人，教师 553 人，其中教授 20 人、副教授 126 人、讲师 259 人、助教 148 人；博士教师 17 人，硕士教师 192 人。当年在校生 10410 人，生师比为 18.82∶1。[1] 本书以 C 学院的文化与传媒学院中的数字媒体艺术及相关专业为具体研究对象，从单个学院看，该院共有专任教师 56 人，其中博士教师 2 人、硕士教师 27 人，学生 1152 人，生师比为 20.57∶1。从文化传媒类专业教师看，存在对口专业教师偏少的问题，因该二级学院前身是师专中文系，以中文教育为主，在 2012 年开设的 4 个本科专业中，占主体的还是汉语言文学的师范教育方向、汉语言文学的现代文秘方向、汉语言文学的新闻方向、国际汉语教育，与数字媒体艺术与文化创意产业相关的专业是自 2009 年开始开设的广播电视编导专业（新闻编导方向）、公共事业管理专业（文化事业管理方向），学科知识基础积累一般；在教师队伍中，通过教师名录一一检索，仅有 11 名教师有广播电视、广告、数媒专业背景，总量偏少。

（四）教学支撑条件较弱

《C 学院院志（1943—2012）》显示，截至 2012 年，文传学院建有非线性编辑实验室、简易新闻实验室、文化创意实验室、演播实验室、播音与主持实验室、广播影视教学实验中心等 7 个与文化创意产业相关的专业

---

[1] C 学院院志编委会：《C 学院院志（1943—2012）》，第 428～429 页。

实验室。数字媒体艺术是一种实践性较强的学科，需要借助高性能设备，如高性能电脑、高清晰摄像机、轨道、数位板、后期处理设备等，才能达到良好的教学效果。换言之，数字媒体艺术专业要求的设备设施较昂贵。相比需求来讲，学院供给不足，支撑条件较弱，正如 C 学院校长所讲：

> 原来我们的传媒专业基础是较差的，我 2009 年到校工作的时候，没有一个像样的平台，2013 年（受访者 2012 年底成为该校主要负责人）我们的学生写了满满的两页纸，到我这里来，说我们的条件太差了，师资差、设备差，让我很揪心。我说我们有好的中文基础，中文是蛮强的，但是传媒没搞起来。但是，要想改善文化传媒类专业教学设备现状，并不容易。客观上讲，要通过争取上级拨款、自筹经费来解决数媒专业人才培养的必要设备，这个很难，学校预算总的盘子不大，各个口都需要钱，很难说为了培养数字媒体产业人才去重点投入，即使能够搞点重点投入，经费也有限。（C11）

（五）实践教学水平偏低

以《数字媒体艺术人才培养方案》（2012 版）为例，实践教学总的安排是 40 周，除毕业设计（论文）为 10 周，入学教育、毕业教育、军事训练、公益劳动等为 8 周外，主要实践教学学时为 22 周。其中，认知实习为 1 周，主要是到 C 市电视台、市群艺馆等传媒机构；艺术采风为 2 周，主要地点是 C 市周边景区；广播电视创意与策划为 1 周，依托自有的 7 个实验室及 C 市电视台开展教学；电视节目创造、电影短片创作和动画片创作各 2 周，主要依托自有的 7 个实验室、C 市电视台、市群艺馆及部分广告传媒类企业开展教学；实践教学时间最长的是毕业实习，共 12 周，依托单位为 C 市电视台、远程办等校外实践教学基地。C 学院凤凰项目校方专业负责人回忆：

> 当时的实践教学有两个问题：一个是以分散实习为主，也就是主要让教师协助学生自己去找实习单位，很多学生实习实际上是流于形

式；二是本地没有比较大的、能够容纳 8 ~ 10 人的实习单位，当时本地的传媒、广告类企业规模不大，所以，很多学生要到广东去，深圳、佛山、珠海一带的企业，一边实习一边做论文，也因此，很多学生后来就留在当地就业。（C01）

由此可见，C 学院数字媒体艺术专业在 2012 年开办的时候，一方面实践教学安排的总学时还不够，强调实践实训不够；另一方面缺乏稳固的、吸纳学生多的实践教学基地。

（六）缺乏数字媒体前沿技术的知识基础

数字媒体艺术中，三维动画、动画雕刻、3D 动画制作，以及 CR、VR，都是比较新的技术，需要经过专门的训练和实践才能够较好地掌握。[①] 就 C 学院而言，在开办数字媒体艺术专业之初，其知识基础较为缺乏。C 学院文化与传媒学院（凤凰数字媒体学院）副院长回忆道：

我们当时的师资主体是从原来美术系调整过来的教师，原有中文系文学、语言学方面的教师，补充部分是为开办新专业引进的新闻传播、广播电视编导方面的教师，最近几年才引进了数字媒体方向的教师，但学历是硕士，从学校到学校，没有企业工作经历，要想培养能够胜任企业工作，特别是承接大湾区数字媒体产业转移过来的企业工作，我们没有很大的底气。教师的知识基础不够，缺乏企业工作经历，决定了按常规方法和模式培养的人，很可能不能够适应企业的要求。这也是我们和凤凰传媒合作办学的原因之一。（C03）

二 专业重构过程：课程置换—专业共建—行业学院

C 学院与企业的合作从 2014 年开始，在笔者进入该校进行田野调查时，已经进行了五个年头，这五年的合作，可以分为三个阶段：从"项目

① 文永革、蒋平：《地方普通高校转型背景下数字媒体技术专业发展路径探析》，《绵阳师范学院学报》2017 年第 6 期，第 45 ~ 49、60 页。

制"到"点对点"的合作，再到"面对面"的融合。

（一）1.0 版：课程置换与课程重构

所谓课程置换，是高校在广泛调研行业企业典型工作岗位及岗位能力需要的基础上，通过与行业企业合作，将现有的传统专业主干课程全部或部分地替换为适合产业发展趋势及岗位工作需求的课程和实训课程体系，聘请行业企业专业技术人员全职或兼职承担替换课程的教学任务。[①] 下面以数字媒体艺术专业为案例进行剖析。

课程置换的起点基于人才培养目标的设立。C 学院在《数字媒体艺术专业设置申请表》中，表述其人才培养目标为：本专业培养德、智、体、美全面发展，具备造型艺术、影视剪辑、动画制作、艺术设计、交互设计、计算机语言、计算机图形学、信息与通信技术等方面的知识，具有较强实践能力和创新精神，能在各级电视台、融媒体、影视动画制作单位、传媒与广告公司等行业就业的应用型高级人才，其就业面向排在第一位的是各级电视台和融媒体事业单位。C 学院确定了应用型转型发展战略后，2014 年暑期，派出教师奔赴广州、深圳、清远、佛山、成都、南宁等地用人单位考察调研，到 C 市及下属县市区的用人单位走访，获得了丰富的一手资料。

在调研的基础上，数字媒体艺术专业人才培养定向进行了调整。比如，原来这一专业的定位是为各级电视台等文化部门培养人才，而事实上电视台是事业单位，在"凡进必考"的政策下，必须通过统一的招考程序才可能进入；电视台在选聘时往往强调专业对口，因此，首选传媒类专业高校；在文凭社会思想的影响下，注重招聘人才的出身，首选"双一流"等重点高校的毕业生，地方应用型本科高校的毕业生很难入选，即便是在当地也是如此。但调查的结果显示，在大量的中小企业，如传媒与广告公司、数码艺术公司、婚庆公司、形象企划公司等，对数字媒体艺术专业毕业生有着巨大的需求量。基于此，C 学院与凤凰教育将人才培养的职业面向调整为：培养的学生毕业后主要在传媒广告、游戏动画、新媒体、影视

[①] 袁君煊：《地方高校转型背景下应用技术型人才培养新模式》，《江苏教育研究》2015 年第 3 期，第 13～16 页。

制作、婚庆等企业，从事影视、动画、短视频的后期制作、网页设计策划等工作。

调整了人才培养的职业定向后，C 学院与凤凰教育从 2014 年秋季学期开始，在数字媒体艺术专业的 2012 级（当时的大三学年）及以后各年级进行整体课程置换，并称之为"凤凰班"。该项目将一学年的相关专业课程，置换成凤凰教育的课程（见表 5 - 4），由凤凰教育派出数字媒体艺术专业培训教师 4 人，常驻学校，按照行业标准进行教学和开展实训式教学活动。

表 5 - 4　C 学院数字媒体艺术专业课程置换情况

校方原方案拟开设课程	替换后的特色课程
①影视画面组接	①影视合成技术
②电视新闻编导	②Motion Graphic 运动图形制作
③电视节目包装	③30 秒商业级包装案例制作
④数字媒体技术	④影视栏目及三维包装综合案例制作
⑤电视解说词写作	⑤电影级综合合成案例制作
⑥C4A 基础	⑥三维特效技术（Maya）
⑦Nuke 软件技术	⑦三维动画综合短片分析与制作
⑧AE 合成	⑧数字雕刻技术
⑨Maya 三维建模	⑨VR 技术及项目制作

资料来源：依据《C 学院数字媒体艺术专业培养方案》整理。

课程置换分四个阶段完成。下面以数字媒体艺术（后期制作方向）为例进行说明。第一阶段，学生系统学习基础的制作绘图软件，如 Motion Graphic 运动图形制作、三维特效技术（Maya）、数字雕刻技术、VR 技术及项目制作，此阶段为后续的学习触摸前沿、储备知识、熟悉软件。第二阶段，需要学习和掌握四个方面的内容：其一，系统学习动画视觉制作过程中，需要用到的灯光、材质、UV、烘焙、贴图、绘制等技术，较为系统地掌握三维动画贴图整体制作技术；其二，掌握为角色搭建适合动画、为用户提供使用设置功能的骨骼系统这两个方面的知识；其三，将动画原理运用到动画制作过程中，系统地掌握整个动画制作流程；其四，熟悉和较为熟练地掌握影视制作中的自然特效、增强特效、魔法特效等制作技术。第三阶段，全面和系统地掌握影视、短视频、新媒体的合成制作流程、制作方法，了解画面、声音、旁白等的合成原理。第四阶段，按实训要求，根据真实项目或指定的素材，运用所学软件完成项目制作。

可以看出，课程置换后，企业将行业发展的最新技术带入课堂，首先，要求学生掌握数字媒体艺术（后期制作方向）目前使用的重要软件，并能够在大量训练的情况下，较为熟悉掌握；其次，让学生自己动手进行材料准备，并熟知其中相关技术；再次，通过项目实训的形式，将软件技术和基本制作技术，融合到具体项目制作中，从而学习和训练电影、电视合成制作技术；最后，通过承接真实外包项目，进行基于用户需求的项目制作，真刀真枪地实干。

在课程置换阶段，C 学院数字媒体艺术专业还采取了两个辅助措施。一是对"凤凰班"学生进行高强度的训练。因为，像 Motion Graphic 运动图形制作、三维特效技术（Maya）、数字雕刻技术、VR 技术及项目制作这样重要的、基础性的软件，光靠课堂上老师讲授和实际操作，按常规的 32个或 64 个学时是难以熟练掌握的，故此，该专业采取加实操课时的办法，加强学生的训练。凤凰项目企业方负责人对此表示：

> 最开始做课程置换时，专业为了加强学生对前沿软件技术的应用，基本上是从周一到周五每天安排满课时，进行高强度的训练。因为企业培养一个岗位熟练的员工，需要 6~8 个月……每天满课时，刚开始学生大部分还是很难接受这种节奏，但是随着课程内容的深入，他们确实感觉到了相比传统课程学习，自己能够学到更多知识和技能，也就能快速地进入状态，后来到学生自发的学习状态，白天是上午上课、下午上课，晚上完成作业。（C04）

二是短期培训。在"凤凰班"学生取得较好培养成效后，文化与传媒学院和凤凰教育决定，首先在文化与传媒学院其他专业学生中，其次针对全校其他学科专业学生，采取自愿报名、凤凰教育负责选拔、收取一定项目培训费的方式，对学生进行数字制作的重要软件技术培训。其目的是进一步提高学生对专业的兴趣，拓宽专业外的技能基础。这种做法，带来了两个效果。凤凰项目企业方负责人解释道：

　　有一定基础的、接受过相关课程训练的学生，能够通过实际项目，进一步深化软件的应用，提升适应行业高端和熟练岗位要求的能力，在某种程度上，实现了学校到企业的无缝对接。此外，通过短期培训也激发起学生学习与操作的激情，出现了学生主动来跟我们申请，要求晚上晚一点关机房的现象。随着学生主动学习，学习风气明显好转，逐渐进入了我们想带到的一个好学、能学和善学的学习节奏。（C04）

　　作为一种类似于服务外包的课程置换，课程提供方——凤凰教育按照每生 3000 元/年收取费用，① 短期培训则以凤凰教育的名义，坚持自愿原则，与学生订立培训合同，按 800 元/项目收取费用。总体来看，课程置换主要偏重于当前行业企业实际应用的最新技术；教学方式上，主要是通过"项目制教学"模式，帮助学生在实践中掌握行业最新技术应用、充分开展个性化实践。实践证明，凤凰数字媒体学院的教学模式颠覆了传统教学模式，极大地调动了学生的学习积极性和主动性，学生的实操能力提升很快。比如，凤凰项目校方专业负责人讲到这样一个故事：

　　一名"凤凰班"学生在 C 市电视台进行毕业实习，一般实习是师傅带徒弟模式，学生主要是帮实习指导教师做一些辅助工作，从中学习技能。但当时，因为偶然事件，电视台的指导教师不能参加某个专题片的拍摄和制作，而时间不等人，该学生则将采编、后期制作等完整地做了下来，这让电视台的指导教师很吃惊，惊叹"凤凰班"学生的能力提升很快。（C01）

（二）2.0 版：专业共建与专业重构

随着双方合作的深入，2016 年 C 学院和凤凰教育开始了专业共建的探

---

① 　关于凤凰教育在与 C 学院合作过程中，获得部分学费收入作为回报的问题，笔者在田野调查过程中没有获得合作协议文本，主要是在访谈过程中，凤凰项目校内联络人和企业方负责人口头谈到具体金额，特此说明。

索，专业共建相比课程置换而言最核心的是不仅聚焦课程层面，而且聚焦专业人才培养的全过程。关于新模式的探索，C学院文传学院院长讲到：

> 课程置换在让学生受益、学校受益的同时，也带来学院支撑条件，诸如专用计算机台套数不够的问题、购买正版软件投入的问题，以及后续学生培养问题等，因为凤凰教育只管三年级，加上学校转型发展的战略，我们双方想进一步探索，将合作拓展到专业。（C05）

相比较课程置换，专业共建的合作模式，表现出以下三个重要特征。一是共同制定培养方案。借鉴课程置换的合作经验，为了系统化培养数媒人才，专业从大一就开始设计人才培养方案，且这个方案是瞄准目前和未来8~10年行业人才需要的。具体而言，该专业进行了面向典型工作岗位、典型工作任务、行业能力标准的人才培养方案设计，其过程如图5-2所示。

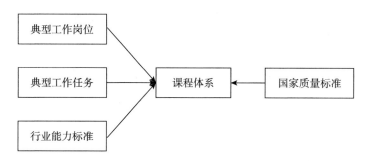

图5-2 C学院数字媒体艺术专业人才培养方案设计过程

因此，数字媒体艺术专业在分析典型工作岗位、典型工作任务和行业能力标准的基础上，结合国家质量标准要求，确定就业岗位单元和岗位需要的能力单元，进而提出培养的知识要求（见表5-5）。培养的知识要求除了着重强调专业能力外，也进一步细化了通用能力与沟通能力，尤其是专业通用能力，为学生今后毕业能够较快进入多岗位工作奠定了基础。

二是双方共同投入经费共建专业。2015年，凤凰教育投资700万元与学校共建虚拟实训室、演播厅、凤凰数字媒体协同育人示范基地、1943创意园，主要用于数字媒体艺术及广播电视新闻学专业建设。在谈到为什么

表 5-5　C 学院数字媒体艺术专业面向就业岗位单元和岗位需要的
能力单元的课程设计一览

就业岗位单元		能力单元	知识要求
专业能力	动漫制作岗位	动漫作品分析与评价、动漫造型设计、动漫设计与宣传	动漫设计与编创相关知识
	影视制作岗位	影视作品分析与评价、影视栏目包装编创、影视片编创	数字影视编创与制作相关知识
	VR 开发岗位	VR 作品分析与评价、VR 动画与特效、VR 产品开发	VR 作品创作与制作相关知识
职业能力 通用能力	常用知识及软件工具	数字手绘、数字图形设计与制作	图像设计及制作相关知识
		数字编辑与制作	MIAI 相关知识
		平面设计与制作	图形设计、图文编排相关知识
	专业知识及软件应用	影视拍摄	摄影摄像拍摄原理知识
		影视编辑技术	非线性编辑 I Premiere、非线性编辑 II After Effects
		影视特效知识	NUKE 合成、校色、抠像、擦除等技术
		三维动画技术	三维特效技术（Maya）、NUKE 三维跟踪
		VR & AR 技术	VR 应用、场景设计、动画设计、特效与 AI 设计、用户界面设计、AR 项目开发与制作
	专业沟通能力	专业交流、专业合作	学科专业知识、人文社科知识

有投入时，凤凰项目企业方负责人说：

> 课程置换，我什么都不用管，我只用把置换的课上完。那么专业共建要对这个专业负责，包括必要的投入，以改善办学条件，毕竟凤凰要拿走共建专业学生的部分学费，所以要有投入。（C04）

三是实行师资混编。在课程置换阶段，专业课程是由凤凰教育派驻的企业教师教学的；在专业共建阶段，除了通识教育课程、学科基础课程由学校教师教学之外，在专业课程和实践课程方面实行师资混编。为此，C学院文传学院出台了《文传学院学校企业师资混编实施办法》，该办法规定：其一，共建专业的专业教师要结合自己特长和意愿，经过学院统一调配，与企业师资一道参与专业课程和实践课程的教学工作；其二，被选定的学院教师在师资混编过程中，实际参与专业课程教学工作授课时数应逐年提高，第一周期为 10%，第二周期为 30%，第三周期为 30%；其三，学校教师参与师资混编以跟堂上课的形式进行，即企业教师上课时，学校教师随堂听课、学习，并辅助做好学生指导和答疑工作。同时，为了鼓励教师的积极性，该办法还规定，学校教师随堂听课，以满工作量计算绩效工作。文传学院副院长这样评价这项制度创新：

> 这种制度设计，主要是鼓励和督促相关教师必须随堂去听企业工程师上课，这既是学校自力更生的一种表现，又是教师提升工程实践能力的一种办法。通过这种不损害本院教师利益、鼓励其积极性的办法，通过这种形式的免费培训，目的是让我们的教师尽快成长起来，以逐步减少对企业师资的依赖。（C03）

四是四年全程实践不断线。在新的专业培养方案中，其一，强化了专业认知教育环节，比如，新生进校时，除了熟悉学校和校情校史教育外，请凤凰教育项目负责人给新生开讲座，讲明行业的前景、跟专业的关系、专业的培养方案；在第一个学期结束时，学校安排学生到凤凰卫视集团香港总部、北京基地、成都基地进行参观。其二，大二就是要深入地去了解这个专业。比如，开设数字媒体产业发展史课程，介绍数字媒体产业演变情况和当前趋势，并增加和拓展相关内容，如粤港澳大湾区数字创意产业转移的原因、目的等；G 省承接产业转移的战略和行动；目前 C 市数字创意产业园建设和企业情况；代表性企业主要产业方向和人才需求。让学生了解这个产业的发展历史、趋势和前景。大二时还结合案例教学，通过一个项目，告诉学生行业的通用标准。其三，大三就是小实习，小实习主要是在校内虚拟实训室、演播厅、凤凰数字媒体协同育人示范基地、1943 创意园、大学生创新创业中心进行。其四，大四大实习，到凤凰教育及其相关企业进行。文传学院院长评价道：

> 学生到凤凰卫视的成都基地、江苏南通基地去承担某一个影视项

目和作品的创作，从投标、文案起草、设计、修改、拍摄、剪辑、编辑、播出等，整个流程走下来，自然促进了知识的融会贯通，增强了实践动手能力。（C05）

（三）3.0版：成立行业学院，对接数字创意产业链

从产业看，数字创意产业主要范畴包括3个核心领域、1个新兴领域和7个衍生领域。3个核心领域：影视与传播业、动漫与游戏业、数字出版业。1个新兴领域即虚拟现实与增强现实，简称"VR/CR"产业。7个衍生领域：文化与博物业、人居环境设计业、体育与健康业、工业设计业、玩具业、时尚服饰业、旅游业等产业领域。[①] 数字创意产业的专业群有：广播电视编导、播音主持、数字媒体艺术、数字媒体技术、网络与新媒体、动漫、在线教育。[②]

2017年，C学院和凤凰教育在3年和2个阶段合作的基础上，开始谋划筹建行业学院，在谈到深化合作时，C学院校长道出了学校的思考：

> 原来是2个专业——数字媒体艺术和后来加入的广播电视编导——与凤凰教育合作，从对接产业的角度讲，还是难以涵盖数字媒体整个产业链，所以需要进一步深化，共建行业学院，构建专业链对接产业链的专业结构，同时促进专业集群发展，这是一个大的发展方向，所以学校率先与凤凰教育共建行业学院。由凤凰项目开始，我们后面与企业的合作项目也力求做到专业链对接产业链，建行业学院，集群发展。（C11）

基于学校的战略，2017年9月29日，"C学院凤凰数字媒体学院"正式挂牌，这也是全国第一所地方应用型本科高校"凤凰数字媒体学院"，在成立仪式上，凤凰卫视集团·凤凰教育行政总裁吴炜强表示：凤凰教育

---

① 王振中：《中国数字创意产业发展情况综述》，《现代电视技术》2018年第5期，第92～95页。
② 凤凰数字媒体产业教育集团·教育研究院、四川传媒学院：《中国数字创意产业人才培养白皮书（2018）》，2019，第32页。

将投入品牌、设施、设备、软件平台等一系列资源，并导入以凤凰卫视和凤凰教育为依托的极具数字媒体行业优势的专家资源、企业资源等一整套的生态体系，利用凤凰媒体的生态资源，以数字媒体应用型人才培养为核心，与学校共同打造一个国内一流的数字媒体生态资源创新育人平台，为建设具有行业竞争力和区域特色的 C 市数字媒体及数字产业生态圈做贡献。[①]

行业学院成立后，第一步，在原有数字媒体艺术专业、广播电视编导专业的基础上，将文传学院的网络新媒体专业、播音主持专业纳入其中，对接了数字创意产业链中一个核心领域，即影视与传播业。第二步，注重耕耘一个新兴领域，即虚拟现实与增强现实，简称"VR/CR"产业，组建了相关教研室和工作室。第三步，逐步在衍生领域，如文化与博物业、旅游业方面拓展，相关教研室和工作室开始进行此方面的业务。此外，笔者在田野调查中了解到，C 学院的"凤凰数字媒体学院"下一步的规划是，将更多相关专业纳入专业链中，以服务更广阔的数字经济产业，这些专业包括影视摄影与制作、视觉传达设计、环境设计、服装与服饰设计、计算机科学与技术、物联网工程、软件工程等。

笔者在田野调查中还发现，C 学院的"凤凰数字媒体学院"相比"课程置换""专业共建"呈现新的特点，除了专业链对接产业链外，突出表现在"项目制教学""工资化评价""公司式实训"的"三位一体"教学模式、教学方式创新，且形成了扩大的生态圈。

1. 项目制教学

C 学院将项目制教学定义为：在教学工作中，以企业真实项目为案例，以学生主导运营的方式，开展项目制教学，促进学生做中学，以全面提升学生的专业能力、管理能力、经营能力和创新能力。[②] 下面，以数字媒体艺术专业实施的 C 市博物馆 VR 展示项目[③]为基础，进行项目制教学的过

---

① 潘彦娇：《【高教】全国第一所"凤凰数字媒体学院"在 C 学院挂牌成立》，https://www.sohu.com/a/196259524_407299。

② 马艳青、汪进芳：《探析景观设计专业"项目制"教学模式》，《艺术科技》2014 年第 3 期，第 20 页。

③ 该项目是数字媒体艺术专业 VR 工作室承接的真实项目。项目将 C 市博物馆馆藏，按现有参观流程进行 VR 制作，参观者不必到博物馆现场，通过穿戴 VR 设备，即可实现在线游览。

程说明。

第一步，选择项目。随着合作的深入和学生动手能力的增强，凤凰教育及凤凰卫视集团的关联公司，会有一些商业项目以分包的形式委托给 C 学院凤凰数字媒体学院完成。尽管委托的项目较多，但在选择什么样的项目作为项目制教学的内容时，有两个标准。文传学院副院长解释道：

> 做的项目要适合于教学，比如我们在开三维动画课程时、在开 VR 技术及制作课程时，刚好有关联度很高的项目，可以运用到教学中。具体来说，第一个标准是适合于具体的课程教学，不适合于教学的话就不采用，而代之以之前做过的项目或者是与课程相关的专门训练材料。第二个标准是一个学期能够做下来，且学生有一定的知识储备，也就是学习过相关的先行课程。把好了这两点，项目教学的引入就符合我们的人才培养计划。此外，因为项目最后的结果是一个产品，这涉及方方面面的知识，可能这个课程知识占 20%，那个课程知识占 50%，其他课程知识占 30%，这样综合起来，一个项目才能完成。项目制教学，客观上促进了学生知识的融合，提升了学生的动手能力。（C03）

第二步，项目开题。项目开题主要是在课程开始之前，教师和项目委托方一起与学生进行交流。首先，教师说明这门课（VR 项目开发与制作）选择项目制的原因、教学目标、完成时限、分组办法及课程评价标准。在这个环节，教师还强调了如 VR 应用概论、VR 场景设计、VR 动画设计、VR 特效与 AI 设计、VR 用户界面设计等的先行课程和知识在此次项目中的运用，提示学生注意通过完成项目，学会整合知识和综合运用知识。其次，委托方介绍博物馆馆藏情况、设计要求、完成时限。最后，教师进行总结，根据先行课程学生学习效果、结合报名情况进行分组，指定小组长，建立联系群组。

第三步，现场调研。为了完成该项目，教师带领学生集体参观 C 市博物馆，对博物馆周边环境、博物馆内环境、博物馆各展厅及馆藏进行初步了解。其后，组织各小组就参观后的感受进行汇报，提出制作初步设想，师生进行讨论，教师提示各小组需要注意的问题、重难点。

第四步，中期汇报。现场调研和简要讨论后，学生要完成初创材料的收集，包括拍照、摄像、解说词制作等，此后，提出设计和制作方案，各小组的工作流程。在各小组完成上述工作基础上，教师组织中期汇报会，邀请委托方参加，委托方从项目投资及绩效的角度，对馆藏藏品的初创材料（照片和影片）品质、陈列与展示、品牌推广等与师生交流。同时，教师从用户的角度，讲解制作与设计要符合参观者的需要，要体现客户的需要。

第五步，制作设计。VR 创作阶段需要综合前几个阶段的成果，细化藏品视觉形象表达、空间立面设计、顶面设计，提供绘制设计草图、讨论碰撞、交流提升、修正草案，然后利用 AutoCAD、SketchUp、3Dmax、VR 等软件，完成制作。在此阶段，委托方和设计方多次进行沟通、教师对各小组进行具体指导。

第六步，项目验收及评价。C 市博物馆 VR 展示项目制作完成后，项目委托方组织人员进行验收，在验收的过程中，委托方项目验收小组对项目的优缺点及需要进一步改进的地方进行点评。

C 学院凤凰项目校方专业负责人在总结项目制教学时，指出：

> 以真实项目作为教学手段的教学方法，激发了学生的学习兴趣，提高了学生综合运用多门课程知识的能力，强化了分析实际问题与解决问题的能力。整个流程走下来，学生知道了整个项目的开发过程，且注重从委托方和用户的角度，去看待和评价项目设计，让学生学会了换一个角度思考问题。（C01）

2. 工资化评价

工资化评价是指借用企业的评价标准，评价学生的能力。具体来说，就是模拟企业，根据"按劳取酬"的原则，对学生能够取得的薪酬进行评价，以虚拟薪酬来判断学生现阶段的能力。凤凰项目企业方负责人介绍：

> 所谓工资化评价，具体来说，就是依据企业的工作岗位，比如动

漫制作、影视制作、VR 开发，按照专业知识的掌握程度、软件运用的熟悉程度、出品率以及是否可以独立完成某个工作任务等标准，对比市场化公司的薪酬标准，评定学生可能取得的薪酬。工资化评价有两个作用：一是让学生明白自己在劳动力市场上的真实价值，激励学生奋进；二是通过评价，实现对学生的筛选，利于分层教学和更具有针对性地指导。（C04）

3. 公司式实训

在田野调查中，笔者了解到，C 学院的数字媒体艺术专业高级别的实践教学操作办法是：通过"工资化评价"的方式，在全体学生中挑选部分得分比较高的学生，进入成都基地和江苏南通基地实习；在实习过程中，凤凰教育及其关联公司会根据公司项目情况，安排实习生进入真实的项目，这样做，既完成了项目，又实现了促进学生"做中学，学中做"的目的。凤凰项目企业方负责人介绍：

> 在实习动员的时候，我们会把这些企业发给大家，也会开一个动员会，就说这个企业什么待遇、住宿怎么样、做些什么项目，把这东西跟同学们讲清楚。比如总共甲乙丙三个企业，都是凤凰下面的一个公司，你选择甲企业，甲企业会发一个测试包给你。经过测试，甲企业觉得你符合他们的标准，OK，你就可以到企业去实习。（C04）

通过这种筛选，C 学院的学生在凤凰卫视江苏南通基地，参与电视剧《盛唐幻夜》灯光、特效制作；参与 3D 动画片《大猩猩》绑定、动画、灯光、特效制作。这些影视项目，从项目的文案起草、设计、修改、拍摄、剪辑、编辑、播出整个流程走下来，促进了学生知识的融合和应用，增强了学生实践动手能力。

客观来讲，C 学院的数字媒体艺术专业进行了三次遴选。第一次遴选是，最新的改革显示，如果学生不能适应凤凰教育高强度的学习任务，比如几乎每天 8 节课，晚上还有大量作业，要是高质量完成的话需要工作到10 点钟，可以有限度回到以前普通高校人才培养模式。第二次遴选是，通过模拟的企业评价评分制度，即"工资化评价"，选择其中得分比较高的学生进入成都基地和江苏南通基地去实习，即"公司式实训"。第三次遴选是，在参与凤凰教育及其关联公司实习的学生中遴选部分学生进入真实的项目，即产教融合创意基地中孵化的公司项目，在"做中学，学中做"。通过三次遴选，进入高质量的实习实训环节的学生较少，导致了"引企入教"改革学生受益面覆盖率不够高的问题。

4. 扩大了的生态圈

在田野调查中，受访者反复提到，与大企业的合作形成了一个大的资源库、生态圈、朋友圈。[①] 传统的校企合作，一个专业对应一个或多个企业，企业链条短，企业文化不一样；与凤凰教育合作，是与一个代表行业产业发展较高水平的企业集团合作，企业的链条长、朋友圈大、资源很多。以数字媒体艺术专业为例，该专业学生在 2019 年到凤凰教育及其关联企业实习情况如表 5-6 所示。在此过程中，学生受益（能力提升、就业更优）、教师受益（能力提升）、学校受益（资源拓展、"双师双能型"教师队伍建设）。C 学院校长在接受记者采访时表示，在与凤凰卫视集团·凤凰教育合作的五年来，一大批师生在改革进程中享受到了前所未有的红利，学校在培养应用型人才、发展应用型学科、建设应用型大学的转型发展道路上迈出了坚实的一步。[②]

表 5-6　C 学院数字媒体艺术专业学生 2019 年到凤凰教育及其关联企业实习情况

单位名称	项目名称
凤凰数媒产教集团	三维模型制作项目
凤凰数媒产教集团	微电影制作项目
影视工业网	影视剧后期特效与合成项目
南通壹零零壹文化影视传媒有限公司	影视动画制作项目
北京诺亦腾科技有限公司	虚拟现实数字内容制作项目

---

① 覃晗：《"凤凰班"飞出"金凤凰"创新模式培养传媒尖兵》，https://www.gxnews.com.cn/staticpages/20161230/newgx58660dbe-15828213-2.shtml。

② 《【凤凰新闻】吴郭泉：应用型人才要"用得上、留得住"》，http://www.hzxy.edu.cn/info/1132/19852.htm。

三　专业重构的效果

（一）专业重构后核心要素变化

如果以 2014 年 C 学院"引企入教"改革为时间节点，从专业重构的核心要素观察，"引企入教"改革产生了重要影响，简单归纳如表 5 - 7 所示。

表 5 - 7　C 学院数字媒体艺术专业重构前后变化情况

专业重构核心要素	重构前	重构后
人才培养方案	行业企业没有深度参与	开展应用型人才培养社会大调研活动； 高校与行业企业共同制定人才培养方案
课程	课程与行业企业联系不够	通过课程置换、专业共建，增加适应产业行业发展的课程； 选修课增加适应产业岗位要求的课程模块； 增加了在线课程平台：数字媒体微课程资源管理平台、数字媒体互动学习社区平台、数字媒体在线教学应用与资源平台、数字媒体生态资源协同创新育人平台等
教师队伍	双师型教师偏少	企业常驻学校师资 8 人； 引进了一些有政府、企业、事业单位多种背景的教师，其中既有一线城市从业人员，又有三线城市实战专家； 通过校企师资混编的制度设计，本校教师跟班向企业师资学习，提高工程实践能力； 成立了影视策划与写作、影视中期生产技术、影视后期剪辑与包装、影视传播、影视艺术理论等教学团队
实践教学	单一企业实习为主	南通壹零零壹文化影视传媒有限公司成为 CG 动画实训实习基地； 凤凰教育成都中心成为数字电影制作实训实习基地； 学生参与《盛唐幻夜》灯光、特效制作； 学生参与 3D 动画片《大猩猩》绑定、动画、灯光、特效制作； 学生参与 C 市博物馆 VR 制作（工作室制实践教学模式）； 凤凰教育提供数字媒体实习实训外包服务平台、数字媒体与网络新媒体运营与管理平台
支撑条件	学校筹资学校建设	凤凰教育投资 500 万元与学校共建文化演播教学实验中心；共建 1943 创意园、建有数字媒体创意产业孵化中心； 共建凤凰数字媒体产学研究院

（二）人才培养效果变化

一是培养了产业发展需要的人才。其一，数字媒体艺术专业总体情况较全校其他专业强。《C 学院 2017 年度毕业生就业质量报告》显示：C 学

院的文传学院就业率为92%，在 C 市就业的毕业生比例为16%，高于全校
5 个百分点（全校平均值为11%）；自主创业比例为2.5%，高于全校 1 个
百分点（全校平均值为1.5%）；毕业生毕业后从事数字媒体行业的约为
69%，专业对口率高出全校 11 个百分点（全校平均值为58%）。

其二，个别优秀毕业生入职凤凰卫视栏目。2018 届文化与传媒学院毕
业生 GYH，曾经做过腾讯娱乐《疯狂大爬梯》节目实习生、CCTV–4《乐
活中国》节目统筹、北京卫视《我是演说家》第五季艺人统筹，目前是凤
凰卫视《鲁豫有约》节目编导。此外，同届毕业生 RBW 也入职凤凰网，
任凤凰网 IP 工作室节目宣发统筹兼 IP 策划编导，他坦言，有了学校与凤
凰教育的合作，才有了他们现在的机遇和平台。① 这正是凤凰教育与 C 学
院产教融合提供的机会，是生态体系良性循环的成果体现。"在校期间，
我可以有许多的时间和空间来学习我感兴趣的知识，学院各个专业之间比
较融通，还有各种数字媒体虚拟实训室等各方面的条件支持，积累了不少
视频节目方面的知识。"GYH 强调。可以说，"高技术含量、高人力资本
含量和高附加值"的国际化应用型高端传媒人才的培养目标，通过 C 学院
和凤凰教育"联姻"得以实现，每一位学生都能在技能提高、职业素养上
与现实的社会市场进行充分的对接与融合。

二是学校建立了有利于创业行为产生的孵化器和平台。其一，C 学院
凤凰数字媒体学院建立了"高校数字媒体产教融合创新应用基地"，该基
地是个开放的、生态化的、协同发展的数字创意人才培养创新平台，兼备
协同创新育人平台、专业人才联合培养中心、创新创业孵化中心和产业园
区等功能，有利于创业行为产生。其二，数字媒体生态资源协同创新育人
平台，聚合数字媒体产业全生态链资源，方便教师和学生在此创业。其
三，大学生创新创业孵化中心，对接企业及金融机构，扶持高校创新创业
项目孵化地方特色数字产品。其四，合作双方在 C 市政府的支持下，建立
了高校数字媒体产业园区，有利于充分发挥高校人才优势，汇聚国际优质
企业资源，打造数字媒体产业园区。

---

① 《【凤凰新闻】吴郭泉：应用型人才要"用得上、留得住"》，https://www.hzxy.edu.cn/in-fo/1132/19852.htm。

三是毕业生创办了衍生企业。总体情况是，师生创办实体公司 8 家，年营业额为 700 万元。比如，C 市八步区添美文化传播有限责任公司，①经查询，该公司于 2015 年 6 月 19 日成立，2016 年 6 月 20 日变更企业经营范围后，开展企业形象策划、广告策划、文化艺术表演策划、摄影摄像、市场营销策划、微电影策划、图文设计制作等业务，公司注册资本为 100 万元，营业收入过千万。首批"凤凰班"优秀毕业生 ZYY 将先进的 VR 虚拟技术运用于超媒体教材，他和大学同学一起把公司开在了曾经就读的"凤凰基地"。

四是社会声誉提升。其一，C 学院从一个边缘性的学院、师范类院校转成一个综合性的、应用型地方院校，美誉度、知名度等品牌效益开始显现。比如，文传学院人才培养质量较高，学生高质量地就业，通过口耳相传，近年来学生报考人数急剧增长。文传学院院长谈到招生时，无不自豪地讲道：

> 文传学院因为做出了品牌，招生形势一年比一年好。因为是在艺术类招生，艺术报考人数 2019 年达到了 3000 人，我们的招生计划是 450 人，也就是要从 5~6 个人中挑选 1 个。这是以前，特别是开办之初的 2014 年不可想象的，从招生这一块看，"引企入教"改革促进了良性循环。（C05）

其二，C 学院校长荣获了 2017 年"影响中国数字创意产业学院改革创新奖"，C 学院凤凰数字媒体学院成为应用技术大学（学院）联盟数字媒体专业协作会理事长单位。其三，兄弟院校学习经验，近年来，全国 200 多所地方本科院校到校考察，学习借鉴该校办学经验。

小　结

本章依据"环境变化—组织变革—资源集聚"的分析框架，对 C 学院

---

① 陈丽捷：《"双创"成果迎客来　网媒记者行摄醉美贺院》，https：//news. gxnews. com. cn/staticpages/20161229/newgx5865249a－15825976. shtml。

的数字媒体艺术专业重构过程进行了研究。

第一，详述了专业重构的过程（见图5-3）。C学院外部环境的变化主要是：C市在"十三五"期间实施"东融战略"，新的产业政策是在发展生态旅游、碳酸钙和新型建筑材料三个千亿元产业的基础上，通过建设数字产业园和招商引资，发展数字产业，包括数字媒体产业。内部环境的变化主要是：在完成本科教学工作水平评估后，由合格本科高校向应用型高校转型。在内外部环境变化的情况下，C学院进行了组织变革：确定了建设应用型大学的目标；经过实践探索，确立了"引企入教"的组织战略；实施了"企业主导型"教学学院结构调整，增设了产教融合与创新创业中心。组织的变革推动了各种资源向改革专业集聚，进而促成了专业重构。

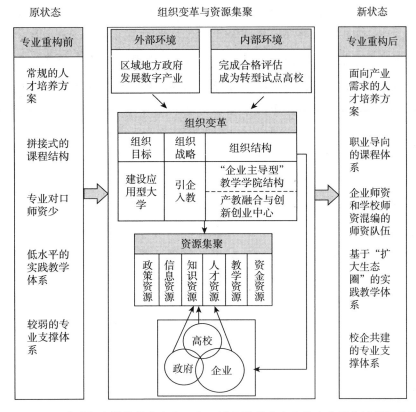

图5-3　C学院数字媒体艺术专业面向区域承接数字产业的专业重构过程与效果

以数字媒体艺术专业为例，该专业是C学院在2012年以师范专业为主体和基础新建的。随着政府发展数字产业和C学院向应用型高校转型，该专业难以较好地履行为区域数字产业服务的使命。基于"引企入教"组织战略，2014 年，C 学院引进数字传媒技术龙头企业——凤凰教育（凤凰卫视集团旗下子公司）——进入该专业，开展了"课程置换""专业共建""行业学院"三个阶段的合作。通过合作，该专业形成了面向产业需求的人才培养方案，职业导向的课程体系，企业师资和学院师资混编的师资队伍，基于"扩大生态圈"的实践教学体系，校企共建的专业支撑体系。通过"引企入教"，数字媒体艺术专业实现了重构，服务了区域数字媒体产业。

第二，企业提供了数字媒体艺术专业重构的重要资源，包括信息资源、知识资源、人才资源、教学资源和资金资源。这些资源体现在合作的三个阶段之中，在课程置换阶段，凤凰教育为 C 学院的数字媒体艺术专业替换了 9 门课程，这些课程在该专业三年级学生中讲授；课程选择基于适应行业需求、贴近行业前沿、结合学生基础；课程讲授由在凤凰卫视集团工作多年且有企业培训经历的常驻师资完成。在专业共建阶段，企业投入700 万元专业建设经费，全程参与人才培养方案制定、实践教学，同时，建设企业师资和学校师资混编的师资队伍。在行业学院阶段，文化与传媒学院（凤凰数字媒体学院）将广播电视编导、网络新媒体、播音与主持等专业囊括其中，通过对这些专业重构，形成对接数字产业中的影视与传播产业的专业集群，并实施了项目制教学、工资化评价、公司式实训的实践教学改革。

第三，高校在专业重构中也提供了政策资源、人才资源和资金资源。其一，凤凰教育与数字媒体艺术专业合作办学，是 C 学院第一个"引企入教"项目，C 学院校长挂帅，及时出台各种政策，支持该项目推进。其二，C 学院为企业师资衣食住行提供了支持，在鼓励本院师资参与师资混编方面，创新了绩效分配政策。其三，根据双方合作协议，学校也为数字媒体艺术专业提供了 1∶1 配套经费支持。

第四，政府在专业重构中也提供了政策资源。其一，教育部提供了合法性政策。高校数字媒体产教融合创新应用项目，是教育部学校规划建设发展中心与凤凰卫视集团·凤凰教育联合开展的，采取"自主申报、地方推荐、专家综合评审"的遴选方式，分批次选择合作院校。C 学院之所以选择与凤凰教育合作，得益于教育部提供的合法性政策。其二，地方政府提供了支持性政策资源。在"引企入教"上，C市作为地方政府，参与其中签订了三方协议；地方政府在"十三五"规划、《C市加快文化产业发展的实施意见（试行）》、政协委员关于发展数字创意产业意见立案办理等政策中，支持和鼓励C学院的探索；同时，随着地方政府的招商引资，一些大型数字媒体公司入驻数字产业园，为C学院人才培养提供了平台。

第五，专业重构实现了高校、政府和企业三方共赢。作为高校来讲，专业重构提升了应用型人才培养能力，较好履行了地方应用型高校服务区域经济社会发展的使命，实现了建设应用型大学的组织目标。作为政府来讲，区域内高校培养的人才能够为区域数字产业发展提供人力资本，从而实现产业发展目标。作为企业来讲，合作使得企业不仅能够为其及关联企业培养符合行业需求的高素质应用型人才，也从中获得了学校学费收入的部分。

第六章 案例比较：专业重构的共性和个性

回到原点，本书聚焦于在区域产业变动背景下，地方应用型本科高校原有专业，如何按照"专业对接产业"的要求，结合内外部环境，进行重构这一核心问题。具体问题包括：地方应用型本科高校为什么开展专业重构？专业重构的机制是什么？地方应用型本科高校如何实施专业重构？为何不同学校的专业重构存在差异？地方应用型本科高校在实施专业重构过程中，遇到哪些问题，其解决措施是什么？针对以上问题，本书在文献研究和案例研究部分，回答了为什么要重构的问题；在案例研究部分，依据"环境变动—组织变革—资源集聚"的分析框架，讲述了三个案例高校如何实施专业重构的故事，描述了案例高校专业重构过程中遇到的问题及解决措施。

本章将综合运用案例比较研究中的求同法、求异法，对三个案例的相似性和差异性进行比较，以便洞察出案例中最重要的因果关系，并对其进行机制性的分析与解释。[①] 基于此，本章将试图探讨三个案例背后的共性和个性，进一步回答专业为什么能够重构，高校是如何解决专业重构中的困难和问题，专业重构模式为什么不一样等问题。

第一节 共生性依赖是专业重构的发生逻辑

菲佛和萨兰基克提出，"识别参与者是处于竞争性的还是共生性的关

---

① 蔺亚琼：《多个案比较法及其对高等教育研究的启示》，《高等教育研究》2016 年第 11 期，第 39~50 页。

系，可以进一步区分不同种类的成果相互依赖，资源依赖可进一步区分为竞争性依赖和共生性依赖"①，他们进一步解释道，竞争性依赖类似零和博弈，共生性依赖意味着一个组织的产出，是另一个组织的投入，两个组织可能同时更好，或者同时恶化。Tihanyi 等在对企业组织研究的基础上，进一步分析指出：从企业组织生存与发展角度出发，功能大致相似的企业在市场、产品和服务方面存在竞争性依赖，因此，企业往往会根据迈克尔·波特的"五力"分析模型，采取总成本领先战略、差异化战略、集中战略；但从纵向看，在产业链的上下游企业之间，因为价值链捆绑在一起，所以存在共生性依赖关系。比如，上游的原材料企业和中游的制造企业、下游的销售企业及衍生企业之间就是依存关系，一损俱损，一荣俱荣。② 由此可见，竞争性依赖是不同组织之间为了控制相同的、关键的、稀缺的资源，彼此之间采取不同战略，相互争夺重要资源的一种关系，建构的是负向相关关系；而共生性依赖则相反，是不同组织各自拥有互补性资源，他们之间因为相互交换资源，实现了共同成长，建构出正向的"利益相关者"关系。③

依据上面的论述可知，高校、政府和企业三个主体之间存在共生性依赖关系。本书在第二章的分析框架中，分析了高校对政府、企业两个主体的依赖，下面，主要分析政府和企业对高校的依赖。这种共生性依赖关系是三个主体互动的基础。

一　地方政府对地方应用型高校的依赖

产业人才政策是地方政府产业政策的重要组成部分。阿姆斯特朗－泰勒的区域经济政策工具分类法，是应用较多的指导区域经济政策的分类法。这一分类法将促进区域经济增长的政策工具分为微观政策工具、宏观

---

① 杰弗里·菲佛、杰勒尔德·R. 萨兰基克：《组织的外部控制——对组织资源依赖的分析》，闫蕊译，东方出版社，2006，第 45 页。

② Tihanyi, L., Devinney, T. M., Pedersen, T. *Institutional Theory in International Business and Management*, New York: Nature Press, 2012.

③ 刘国强：《共生式依赖：职业教育校企合作的新视角》，《广州职业教育论坛》2015 年第 1 期，第 47～50 页。

政策工具和协调政策工具三大类六小类。其中，在劳动力重新配置政策中，无论是区域重新配置劳动力，还是劳动力空间再配置都强调对产业人才的培养、吸引、使用以及由此带来的企业的技术创新。①

但是地理空间会影响高校知识和人才的外溢。一般来说，地理空间越相邻，高校知识溢出对城市产业发展和企业创新正向效应越大。② 数据分析表明，区域高等教育资源集聚会显著促进区域产业发展和转型升级，尽管影响效果存在区域差异，但高校资源是地方政府发展产业的重要推动力量。③ 因此，从政府选择和确定发展区域产业政策的角度看，政府对本地高校存在以下三个方面的依赖。

第一，对区域高等教育资源的依赖。这是因为，空间配置对大学和产业建立合作伙伴关系至关重要，当区域拥有大学和研究院时，大学与产业、企业进行合作的范围和网络更大，合作的频次更多，紧密度更强。④国内诸多城市，如深圳、青岛、宁波、苏州、威海、珠海、舟山等，吸引"双一流"高校到当地举办分校、研究院，最主要的原因就在于此。研究表明，城市里高校越多，高校越容易与企业之间形成互动，高校毕业生留在当地的比例越高，产业人才也越容易集聚，企业技术创新发生率越高。⑤

在本书中，A市委书记的一段讲话，阐明了地方政府官员对大学的理解、地方政府对高等教育资源的渴望：

> 大学对城市的发展非常重要，大学是一座城市的知识库和人才库，为城市的发展提供智力的保障，引领城市风尚，而且智力保障是一个不断增长、不断创造、不断丰富的保障。随着大学教学科研能力

---

① 吴传清主编《区域经济学原理》，武汉大学出版社，2008，第276页。

② 叶静怡、林佳、姜蕴璐：《知识溢出、距离与创新——基于长三角城市群的实证分析》，《世界经济文汇》2016年第3期，第21~41页。

③ 王家庭、谢郁、倪方树、赵运杰：《高等教育资源集聚对提升区域创新能力的影响研究》，《创新》2016年第5期，第39~48页。

④ 刘晶：《高校异地办学的"共谋"行为与跨行政区治理》，《高等教育研究》2020年第3期，第28~35页；赵俊芳、王博书：《一流大学异地办学的生成逻辑与增值效应》，《高等教育研究》2020年第4期，第37~44页。

⑤ 张婷婷、张新民、陈德球：《产业政策、人才密度与企业创新效率——基于地区产业政策的视角》，《中山大学学报》（社会科学版）2019年第4期，第173~183页。

不断提升，大学的吸引力日益增强，对城市会不断地产生保障的增值效应。因此，大学对一个城市的发展而言，举足轻重。①

第二，对高校培养产业人才的依赖。地方政府在发展产业过程中，围绕重点产业集聚人才，最经济的办法就是将当地毕业生留下来，作为产业人才直接配置到生产、运营和销售环节，直接为产业发展服务。② 一个高校，毕业生在当地就业人数越多，该地高等教育的回报就越多，对当地经济发展的贡献也就越大。③ 究其原因：首先是当地产业能为毕业生提供合适的岗位；其次是户籍制度，留在当地特别是一线城市，毕业生在收入、再次择业、子女入学等方面具有优势；最后是毕业生因为熟悉院校地的劳动力市场，建构了一定的社会关系网络，毕业后就有很大概率留在院校所在地工作。④ 实证研究也表明，在毕业生就业创业中，区域所在地院校和本省份高校学生在这一区域就业创业的比例高达81.8%，从外省份高校返乡的生源地大学毕业生占18.2%，⑤ 本地和本省份高校毕业生比例远远超过非本地和本省份高校毕业生比例。

在本书中，宜兴市政府不惜成本吸引 B 学院到该地办学，其动因在于：

> 人才是企业不可或缺的血液。……与 B 学院对接创立宜兴工程学院，旨在围绕产业发展培育实用型人才，针对企业发展中存在的高技能人才短缺状况，加快应用型人才培训，促进宜兴环保产业转型升

---

① 胡旭：《李乐成：以鸿鹄之志，坚定办好一流大学的决心》，http://www.hbuas.edu.cn/info/1041/5318.htm。
② 王倩、邓玲：《围绕重点产业集聚人才的对策研究》，《中国人力资源开发》2007 年第 1 期，第 22~24、33 页。
③ 马莉萍、潘昆峰：《留还是流？——高校毕业生就业地选择与生源地、院校地关系的实证研究》，《清华大学教育研究》2013 年第 5 期，第 118~124 页。
④ 马莉萍、潘昆峰：《留还是流？——高校毕业生就业地选择与生源地、院校地关系的实证研究》，《清华大学教育研究》2013 年第 5 期，第 118~124 页。
⑤ 鲁德银、周尚敏、王习春、夏水想、李艳：《大学毕业生返乡创业就业特征、模式和政策——基于湖北孝感市的调查》，《中国人事科学》2020 年第 4 期，第 74~85 页；马莉萍、潘昆峰：《留还是流？——高校毕业生就业地选择与生源地、院校地关系的实证研究》，《清华大学教育研究》2013 年第 5 期，第 118~124 页。

级；旨在通过本科教育本土"落地"，实现环保专业人才培养工作从原来的"输血"向"造血"转变。……在去年毕业的首批学生中，仅环境工程专业在宜就业的就有 20 人，在宜就业率达 72%。[①]

第三，对高校推动企业技术创新的依赖。实证研究表明，地理和空间距离也是响应企业发展和创新的重要因素，公司距离大学，尤其是精英大学越近，其创新活动越受益。[②] 这主要有以下三个方面的原因。

一是从高校组织整体看，高校是以高深知识为生产材料的，高校主要通过两种形式的知识溢出，来推动企业的技术创新，第一种是所培养的毕业生，第二种是高校的教师和科研人员。

二是从高校的教师和科研人员看，高校教师除了具备专业技能之外，还掌握了相关领域前沿的创新思路、研发设想及研究路径，其参与企业创新活动，可以产生知识技能型劳动力池效应。[③] 但是，空间距离会影响教师和科研人员参与企业创新活动，因此，在改革开放之初，出现了高校科研人员到沿海乡镇企业兼职、担任技术顾问的"星期天工程师"现象，[④] 要想使高校教师和科研人员发挥作用，最有效的办法就是通过举办高校，促进附着在教师和科研人员个体上的知识进行扩散和创新，因此出现地方政府吸引高校异地办学的行为。[⑤]

在本书中，C 学院材料与化学工程学院（碳酸钙学院）院长，因杰出贡献获得 2019 年"寿城十大杰出青年"。C 市官方对他的报道表明，高校引进重要人才后，人才可以发挥智力优势促进区域产业发展，在产业协同创新平台构建、产业人才培养、技术创新方面发挥了重要作用。

---

① 高磊：《【解密】宜兴环保产业发展"新引擎"》，http://huanbao.bjx.com.cn/news/20150916/664168.shtml。

② 杨伽伦、朱玉杰、盛大林：《大学、公司创新与地理距离——来自中国的证据》，《投资研究》2020 年第 1 期，第 19～38 页。

③ 梁俊伟、黄德成：《高校知识溢出与企业创新绩效》，《经济理论与经济管理》2020 年第 1 期，第 82～95 页。

④ 周末、张宇杰、刘经纬、唐轶凡：《高校知识溢出对本地工业企业绩效的空间影响》，《科学学研究》2017 年第 7 期，第 1054～1062、1072 页。

⑤ 刘晶：《高水平大学异地办学的资源配置方式和成效》，《教育发展研究》2020 年第 5 期，第 55～61 页。

为推进学校转型发展，全面提高人才培养质量和整合资源，更好地服务地方经济社会特别是碳酸钙千亿元产业，C 学院于 2016 年 1 月和 12 月先后成立了 C 市重质碳酸钙开发与应用研究重点实验室和材料与环境工程学院（碳酸钙学院）。2015 年 5 月入职的浙江大学博士CZM 任新成立的 C 市重质碳酸钙开发与应用研究重点实验室主任，碳酸钙学院成立后，他又被任命为主持工作的副院长。据介绍，在 C 市碳酸钙产业 10 万从业人员中，有粉体相关知识的占比不到 10%。碳酸钙学院的成立，不仅肩负着 C 市碳酸钙产业人才培养的重任，还要围绕碳酸钙产业的关键技术和新产品开发需求开展技术攻关，延伸产业链、增加碳酸钙产品附加值，为碳酸钙千亿元产业发展提供智力支撑。①

三是从政府支持高校办产业相关专业具体行为看，可以推动该学科专业教师和科研人员参与和促进当地企业的技术创新，以使地方政府在相互竞争的领域，由经济竞争、政治竞争扩展到高等教育竞争，且开始通过具体政策指导和要求地方高校在领军人才、学科专业上参与竞争。②

在本书中，A 市领导在调研新能源汽车产业集群发展会议上，对学校办学提出要求和希望，其目的是通过直接指导学科专业发展方向，服务产业发展：

目前，西欧一些国家提出停止销售燃油车计划，我国新能源汽车也在加速发展，为了促进 A 市新能源汽车产业集群发展……要求我校研发团队紧密关注政策变化，积极响应市场需求，增强服务社会的能力，并建议学校在节能汽车、纯电动汽车、智能网联、轻量化技术等七个重点研究领域开展四个方面的工作：一是聚焦变革，明确路径；二是凝聚共识，协同行动；三是政策扶持，促进创新；四是交叉融

---

① 骆怡：《为千亿元产业提供"最强大脑"——C 学院碳酸钙学院速写》，https://gx.cri.cn/chinanews/20180523/f3f83066 - 8c23 - 44b3 - ca9e - 7402cd804839.html。

② 彭红玉：《政府激励与地方政府高等教育竞争》，博士学位论文，华中科技大学，2010。

合，共建平台。①

二 当地企业对地方应用型本科高校的依赖

在知识经济时代，大学这一传统的知识生产与传播机构俨然成为重要的生产要素。时至今日，大学除了所生产的人力资本能够促进经济增长外，知识要素还被补充到土地、劳动力、资本等传统生产要素上，赋予新的动能；无论是在高技术产业还是在传统制造业，都不乏大学的身影；大学－政府－企业的三螺旋理论、学术资本主义理论也揭示了大学是区域经济的重要参与者，大学超越"象牙塔"现身区域经济发展联盟当中。② 由此可见大学在促进企业发展中的作用，也因此形成了企业对高校的依赖。

尽管大家都承认大学在推动产业发展和经济增长中的作用，但如何理解地方高校在区域产业中的作用呢？理论上，企业可以通过招聘人才来满足对人才的需求，也就是说，作为企业，理论上可以不必依赖当地高校来实现企业发展，新制度经济学的分析有助于解释其中的缘由。新制度经济学代表人物威廉姆森以交易为分析单位，根据是否存在资产专用性（k）、是否有保障措施（s）将所有的交易分为三类并对应不同的价格（p），进而产生交易费用；资产专用性、不确定性和交易频率三个属性决定了交易费用，根据经济理性原则，交易者将选择使交易费用最小的交易协调机制。③ 因此，形成了企业、中间层组织、市场三种结构，分别对应科层治理、中间层治理（混合模式）和市场治理三种治理方式。④ 简言之，交易成本理论的核心在于，企业为了降低成本，往往按照交易成本最低的原则行事。以此为基础进行分析，从企业发展产业的角度看，企业对本区域应

① 聂金泉：《A 市新能源汽车产业集群建设研讨会在我校召开》，http://www.hbuas.edu.cn/info/1041/3928.htm。

② 亨利·埃茨科威兹：《三螺旋——大学·产业·政府三元一体的创新战略》，周春彦译，东方出版社，2005，第 145 页。

③ 刘志民、吴冰：《企业参与产学合作培养人才的机理研究——基于新制度经济学的分析》，《高教探索》2013 年第 5 期，第 27～32 页。

④ 王春旭、朱俊：《技术复杂性与治理结构：技能形成中的校企合作》，《教育学术月刊》2018 年第 6 期，第 48～55 页。

用型高校存在两个方面的依赖。

第一，对区域高校提供的产业人才的依赖。企业发展需要产业人才，理论上，企业可以通过三个途径来满足对产业人才的需求：一是自己培养，此时，企业需要承担大量成本，且非大型企业难以承受；二是从劳动力市场招聘产业工人，然后直接配置到相应的工作岗位，此时，企业不需要承担交易成本，但可能会出现员工上手慢，存在一定适应期的问题；三是跟学校合作培养人才，将企业的要求传导到人才培养环节，能尽快培养出企业需要的人才，此时，企业需要承担部分成本。

但问题的关键还在于，产业的发展更需要专用性程度较高的人才，也就是从劳动力市场获得人才，可能还需要企业投入培养经费。从交易成本理论看，与高校尤其是当地高校合作，开展"定制班""订单班"模式，共同参与学生选拔、教学组织、考核上岗等一系列的教学活动，经过这个过程，企业对人才的能力要求会传递给学校师生，毕业生进入企业后适应性大大增强。[①] 此外，企业参与人才培养使得学生了解企业、熟悉企业，基于情感和职业前景的考虑，其留在企业工作的可能性会更高。有研究表明，企业参与高校学生的实习实训活动，学生留在实习企业就业的概率会增加。[②]

江苏瑞鼎环境工程有限公司副总经理、B学院的兼职教授、大学生创业导师在访谈时谈到，他认为参与区域内高校人才培养，有利于企业招聘到心仪的产业人才。

> 我担任B学院的兼职教授、大学生创业导师，并积极推动B学院到宜兴来办学，主动推动自己企业和朋友企业参与环保人才的培养，除了教育情怀之外，更重要的是从中发现具有成长性的人才。尽管企业在参与人才培养过程中付出成本，自己带学生、办讲座也很辛苦，但让学生了解了企业，了解了企业正在做什么事儿，有没有前途。信息的通畅、企业的潜力和企业对人才的渴求，着实让一些优秀的学生

---

① 刘志民、吴冰：《企业参与产学合作培养人才的机理研究——基于新制度经济学的分析》，《高教探索》2013年第5期，第27~32页。
② 耿晶晶、金邦才、雷刚：《实习实训做得好 留才引才不再难》，《中国就业》2019年第10期，第20~21页。

留在了公司，而且部分人成为公司的骨干，是研发、销售、施工等团队的核心力量。（B10）

第二，对区域高校提供的科技服务和创新的依赖。地方应用型本科高校基于"立足地方、服务地方"发展理念，强调"专业对接产业""专业链对接产业链和创新链"，必然会夯实专业建设的基础：引进师资、建设学科、建设教学科研平台。现阶段，地方应用型本科高校引进的师资大多具有博士、硕士学位，受过较严格的科研训练，部分博士拥有专利技术，有一定的服务产业发展的能力，其参与到企业研发对企业创新具有显著的正向作用。[1]

虽然区域内企业可以通过区域外高校、科研院所来为其提供服务、解决企业发展难题，但基于交易成本的原则，在获得等质等量科研服务的情况下，选择区域内高校教学科研人员服务企业则更划算。

国外的研究表明，首先，区域内高校和企业，因为地理相邻，方便人员往来，降低了合作中的交通费用和交易成本。[2] 其次，地理相邻，高校教师、科研人员可以更为方便地与企业联系，也能够显著提升两者之间的交往和互动频率，推动教师和科研人员知识的传递和扩散，以较低成本实现知识、技术、人才资源的共享。[3] 最后，地理相邻，教师和科研人员更愿意走出实验室，走进公司和孵化基地，向市场发出企业具有较高研究质量的积极信号，正确引导公司的研发方向。[4]

在国内，李琳等从地理邻近视角出发，进行数据统计分析，研究发现：大学和企业合作的地理邻近效应明显，对于企业而言，尤其是传统企

---

[1] 裴开兵：《研发人力资本配置与技术创新——异质教育层次视角》，《科技进步与对策》2021 年 2 月 4 日网络首发，http://kns.cnki.net/kcms/detail/42.1224.G3.20210203.1433.002.html。

[2] Nooteboom, B. "Trust: Forms, Foundations, Functions, Failures and Figures." *Edward Elgar, Cheltenham , ParisOrganisation For Economic Co-Operation and Development（OECD）Oslo Manual: Guidelines for Collecting and Interpreting Innovation Data*, 2005 : 27 – 41.

[3] Abramovsky, L., Simpson, H. "Geographic Proximityand Firm-university Innovation Linkages: Evidence from Great Britain." *Journal of Economic Geography*, 2011, 11（6）: 949 – 977.

[4] 杨伽伦、朱玉杰、盛大林：《大学、公司创新与地理距离——来自中国的证据》，《投资研究》2020 年第 1 期，第 19 ~ 38 页。

业和中小企业，更多选择与当地高校合作，其中缘由在于，降低交通费用和交易成本；方便大学教学科研人员隐性知识的传递；与大学及教学科研人员建立信任，化解冲突。[①] 韦文雯将大学和企业之间的临近性分为三类：地理临近性（大学和企业之间的物理距离）、技术临近性（大学和企业研究领域和方向之间的相似度，用发明专利数据测量）、社会临近性（大学和企业通过共同的行动所建立起来的彼此间的信任）。研究表明：地理临近性对我国产学研合作创新绩效有正向的促进作用；技术临近性与合作创新绩效之间并不存在倒 U 型的相关关系，随着技术临近性的增加，产学研合作创新绩效也有所增加；社会临近性能正向影响产学研合作创新绩效。[②]

在本书中，C 学院文化与传媒学院（凤凰数字传媒学院）的副院长（企业派驻 C 学院合作项目负责人）在访谈时提到的观点，证实了企业对地方应用型高校输出的产业人才的依赖，且表明参与高校的人才培养，是企业增强人力资源专用性，降低交易成本的重要举措。

凤凰教育的成立既是凤凰卫视集团的产业布局，也是合理利用工作年限较长、经验丰富、技术娴熟员工资源的制度创新，更重要的是为自己和合作的企业、关联企业培养人才，因为，自己参与人才培养，可以将行业和企业发展需要的技术、知识融入课程体系里面，企业理念融入培养过程中，将凤凰及关联企业展示给学生，培养企业用得上、留得住的人才。（C04）

第二节　组织变革是专业重构的行动策略

大学组织变革的影响因素可以从外部环境和内部条件两个维度考察。外部环境方面，一是经济社会及科技发展对人才的需求，要求大学职能不

---

① 李琳、郑刚、杨军：《我国产学研合作创新中的地理邻近效应——基于产学研合作创新优秀案例的统计分析》，《工业技术经济》2012 年第 9 期，第 28~34 页。

② 韦文雯：《多维临近性对产学研合作创新绩效的影响研究》，硕士学位论文，华南理工大学，2015。

断改变。大学组织回应外部需求的结果，促成大学从保存和传授知识的组织，发展成"教学与科研相结合"的组织，《莫雷尔法案》、"赠地大学"的出现和康奈尔大学"服务社会"的办学思想，促进了大学组织服务社会职能的形成，即埃茨科威兹所谓的"两次学术革命"，第一次是将教学和科研相结合，第二次是学校开始承担社会服务的使命。[①] 二是高等教育大众化、高等教育问责制、大学竞争排名、教育政策、高等教育公平等也促进了大学组织的变革。比如，高等教育问责制，影响了大学与外部关系处理、大学内部学术权力和行政权力调适、大学组织内部结构的调整和优化。[②]

内部条件方面。现有的研究主要认为，高等教育自身的规律是高校组织变革的重要因素。伯顿·R. 克拉克在《高等教育系统——学术组织的跨国研究》中从大学组织最根本的特征出发，即"知识是大学的核心材料，大学及其成员的核心工作就是开展知识生产、传播与应用等活动"[③]。因此，随着吉本斯所论述的知识生产模式 1 向知识生产模式 2 的转变，大学组织也在相应地发生变革。学者一方面基于历史考察知识演进、学科分野与大学组织变革的关系，另一方面聚焦于知识生产模式 3 对基层学术组织的重构。[④] 比如，随着知识生产模式从 1 到 2 再到 3，大学治理出现"同行共治型""行官学商型""社会参与型"的历史嬗变。[⑤]

依据本书第二章的分析框架，从三所案例高校看，组织变革的实质是通过组织目标、组织战略、组织结构的调整，通过组织战略实施，实现高校与政府和企业互动，进而整合资源，促进专业重构。其共同点在于以下三个方面。

---

① Etzkowitz, H., Martin, B. R. "The Origin and Evolution of the University Species." *Science and Technology Policy Research*, 2000: 1~25.

② 张继明、王洪才：《问责制视角下的大学管理制度变革——兼谈新建本科院校管理机制的转变》，《国家教育行政学院学报》2008 年第 10 期，第 34~37、42 页。

③ 伯顿·R. 克拉克：《高等教育系统——学术组织的跨国研究》，王承绪、徐辉、殷企平、蒋恒译，杭州大学出版社，1994，第 55 页。

④ 陈沛酉：《高校组织转型：研究进展与分析框架》，《中国人民大学教育学刊》2018 年第 1 期，第 60~75 页。

⑤ 聂永成：《知识生产模式转型视角下的大学治理结构变革》，《国家教育行政学院学报》2019 年第 9 期，第 46~52、75 页。

第一，三所案例高校都确定了建设应用型本科大学的组织目标。在本书中，A 学院所在的区域产业经济比较发达，是全国地级市 GDP 50 强城市①，A 市有较大体量的产业基础支持 A 学院的发展，在政府的引导下，A 学院确立了建设与城市共生共荣的高水平应用型综合性大学的组织目标。要主动对接 A 市经济社会发展，以更好服务地方产业为目标，强力推进学科专业建设和内涵发展，与 A 市实现绿色崛起同向同行，跑出创建全国有影响的现代化应用型综合性大学的"加速度"，擦亮 A 市的文化名片，彰显 A 市的城市荣光，为 A 市提供更多更好的人才、智力支持，在 A 市建设区域性科技创新中心的进程中发挥主力军作用，不负 A 市市委、市政府及 A 市人民寄予的厚望。②

B 学院所在的区域产业经济也比较发达，排在全国地级市 GDP 总量第二方阵，B 学院建校之初，主要服务 B 市工业经济，因为有较长时间的办学历史积淀，所以形成了学科专业比较优势和特色，因此，B 学院确立了建设服务区域和行业的应用型大学目标。具体而言，服务"两业三域"，即服务环境保护和装备制造两大产业，以及鄂东南地域、环保产业领域、装备制造领域。

C 学院所在的区域地处不发达省份，区域产业经济也主要是资源密集型产业，GDP 总量不大。C 学院建校之初，主要举办师范教育，升格为本科时间较晚，在接受教育部本科教学工作合格评估后，再次创业，遵循转型发展的国家政策指引，确立建设全国先进水平、区域内有影响力和特色鲜明的应用型大学的目标，其服务聚焦 C 市、辐射 G 省、面向粤港澳大湾区。

第二，三所案例高校都根据自己的组织目标，结合自身的实际，经过实践探索确定了不同的组织战略。A 学院因为自身的学科专业基础较好，区域的产业基础较好，特别是汽车产业是区域龙头产业，汽车及新能源汽车产业的发展能够支持"机电汽车"学科群的发展，学科专业的进步又能够促进区域产业的发展，故而在区域政府的支持下，尤其是创建 H 省交通

---

① 汤印：《2019 年 A 市 GDP 进入全国五十强》，https：//www.sohu.com/a/391923913_120207620。

② 《【淡泊微言】惟有奋斗不负"全市之力"》，http：//www.hbuas.edu.cn/info/1041/10857.htm。

大学目标的指引下，采取了差异化竞争战略，即通过"有所为有所不为"，差异化发展思路，聚集资源，重点发展汽车与交通学科。在差异化竞争战略的指引下，"机电汽车"学科群成为 H 省优势特色学科群，2019 年车辆工程、机械设计制造及其自动化等 11 个本科专业成为 H 省一流本科专业，学校还获得了硕士学位授权。

B 学院是在 B 市发展重工业的基础上建立起来的，初衷是直接服务于 B 市的矿山开采、黑色金属冶炼、水泥制造等产业，由此形成了比较有特色的学科专业基础。随着 B 市矿产资源的枯竭以及资源依赖型城市的转型发展，其学科发展遇到缺少区域产业支撑的困难。因此，B 学院根据内外部环境的变化，确定了服务"两业三域"的战略目标，基于此目标，确定了"校＋"合作战略，以发挥其学科专业优势。比如，本书案例呈现的宜兴工程学院，以及 B 学院建立的滨江学院就是"校＋"合作战略思想的产物。

C 学院尽管确立了建设应用型大学的组织目标，但 C 学院自身升本较晚，学科专业基础主要是传统的师范类专业，且其所在的 C 市产业基础一般，经济不发达，故转型发展之初，C 学院进行了建立合作发展联盟、组建职业教育集团、共建科技园三条路径的探索，实践证明，"引企入教"是符合该校发展目标和发展基础的组织战略。随着第一个"引企入教"战略建立起来的凤凰数字传媒学院的成功，该校陆续建立了新道经济管理学院、中兴通讯信息学院、华为 ICT 学院、正丰生态农业学院和宝贤餐饮管理学院等行业学院、产业学院。

第三，三所案例高校都根据自己的组织目标、组织战略进行了组织结构的调整。首先，从职能部门结构来看，三所案例高校都建立了与政府、企业和其他高校加强合作的部门，推动开放办学和产教融合，除了职能上的差异外，机构的主要功能差别不大，且推动了学校组织战略的实施和组织目标的实现。

其次，从学院结构来讲，因为组织战略的不同，呈现不同的学院组织结构。A 学院基于差异化竞争战略，按照专业对接产业、专业链对接产业链的要求，根据学科专业属性和发展状况，进行优化组合，并将各种教学科研平台纳入学院的管理之下，旗舰式发展。比如本书呈现的车辆工程专业所在的学院——汽车与交通工程学院，包括车辆工程、交通设备与控制、自动化和汽车服务工程四个本科专业，机械工程硕士（新能源汽车方向）一个硕士点；下辖纯电动汽车动力系统设计与测试 H 省重点实验室、H 省校企共建汽轮机测控系统研发中心、H 省电动汽车控制工程技术研究中心三个省级重点平台。

B 学院基于"校 +"合作战略，充分发挥其环境保护和装备制造领域的学科专业优势，以教学科研资源为投入，与异地政府合作，共建实体性异地办学学院，并采取了董事会领导下的院长负责制，政府行业企业参与治理的管理模式。比如，本书呈现的环境工程专业所在的宜兴工程学院，探索了"高校－园区－企业"合作机制，实行了董事会领导下的总经理（院长）负责制。这种模式也在 B 学院的滨江学院得到应用和扩散。

C 学院基于"引企入教"战略，与行业标杆企业合作，逐步探索，与企业共建了行业学院，构建了以契约和协商为主的治理模式，通过"八个共同"，行业企业深度参与到应用型人才培养的全过程。比如本书呈现的数字媒体艺术专业所在的文化与传媒学院（凤凰数字媒体学院），由高校和企业共同管理，凤凰项目的企业负责人任学院副院长，参与行业学院的治理工作。

第三节　具有跨界能力的学术骨干是专业重构的重要执行者

资源依赖理论研究了环境的影响机制，即领导人的继任计划。第一，资源依赖理论认为，组织的环境具有偶然性、不确定性和相互依赖性，对组织内部的权力和控制力的分配有影响。[①]《组织的外部控制——对组织资源依赖的分析》列举了具体的案例并加以说明，一个企业在发展的初期，生产管理对企业至关重要，管理部门就控制着组织；随着生产日益惯例化和机械化，企业发展的问题就转移到产品销售上来，销售部门就日益重要；到 20 世纪 60 年代，公司由于资本短缺、合并兼并、信用崩溃等，融

---

① 杰弗里·菲佛、杰勒尔德·R. 萨兰基克：《组织的外部控制——对组织资源依赖的分析》，闫蕊译，东方出版社，2006，第 254 页。

资成为关键因素，因此，金融管理人员就要在组织中掌权；发展到最近，公司面临着调控和法律方面的问题，于是律师部门就会取代金融部门，成为控制组织的部门。① 换言之，一个组织外部环境发生变化后，控制组织发展资源的组织内部的某些部门地位会日益突出。

第二，组织内部的权力和控制力的分配，影响组织主要管理人员的任期和选拔。还是以上述案例为例，企业在发展的初期，生产管理对企业至关重要，领导人往往从直接生产管理人员中选拔；随着生产日益惯例化和机械化，产品销售成为企业发展的重要问题，市场销售的管理人员就应该取代生产管理人员，成为继任者；到 20 世纪 60 年代，公司由于资本短缺、合并兼并、信用崩溃等，对融资的需求上升，因此，金融管理人员就要开始在组织中掌权；发展到最近，公司面临着调控和法律方面的问题，于是律师作为首席执行官便理所当然。换言之，当组织内部部门权力发生变化时，要重视对组织有控制力的部门人员的选拔，因为他们会影响组织政策、组织行动和组织结构。

第三，领导人的选拔和其禀赋有关。无论是刻意的动机还是无意识的动机，新选拔的管理者的禀赋特征，应该和组织环境内容有着密切的联系。事实上，当权的组织成员会刻意地想把那些具备处理组织环境和偶然性能力特质的人，选拔到岗位上，让其处理复杂的环境。② 换言之，继任者就是要做到人岗相适，以便组织应对复杂的环境。

三螺旋理论也给组织中关键部门领导者的选择提供了解释。三螺旋理论中的趋同空间是把区域内具有不同背景与观念的各种创新活动者召集到一起的中立场所，大学、企业和政府这三类不同性质组织中的人员，在趋同空间里，就某一问题联合起来进行调研与讨论，最终形成一致意见，推动经济发展与社会创新的新思想、新战略就会出现。③ 因此，在创造富有

① 杰弗里·菲佛、杰勒尔德·R. 萨兰基克：《组织的外部控制——对组织资源依赖的分析》，闫蕊译，东方出版社，2006，第 270 页。
② 杰弗里·菲佛、杰勒尔德·R. 萨兰基克：《组织的外部控制——对组织资源依赖的分析》，闫蕊译，东方出版社，2006，第 263 页。
③ 亨利·埃茨科威兹：《三螺旋——大学·产业·政府三元一体的创新战略》，周春彦译，东方出版社，2005，第 149～150 页。

活力的趋同空间的过程中，需要吸引来自不同领域、具有足够高地位和信誉、对于采取行动能做出有力决定的代表担任领导。

从上述资源依赖理论和三螺旋理论关于分析组织继任者和趋同空间领导人选的分析中，我们可以得出一个结论：在专业重构过程中，选择一个善于与政府、企业打交道的具有跨界能力的学术骨干①，对地方应用型本科高校从不同主体中汲取资源，十分重要。这既是理论上的推导，也是本书的重要发现。

第一，多案例比较表明，三所案例高校研究专业所在学院的院长都具有高校、政府和企业工作经历。

A 学院现任副校长 WY，女，博士，二级教授，H 省十三届人大代表，A 市九三学社市委委员。曾任 A 学院机械与汽车工程学院常务副院长（2007～2011 年）、机械与汽车工程学院院长（2011～2014 年）。她自到 A 学院任教以来，曾到东风汽车公司挂职锻炼两年、A 市某区任科技副县长一年。

B 学院校务委员，宜兴工程学院院长 XC，男，博士，教授，高级工程师。曾任 B 学院机电学院教师，教务处副处长、处长，学科办主任兼研究生处处长。其本科毕业后曾在 B 市湖北东贝机电集团股份有限公司工作近五年；任 B 学院教务处副处长期间，曾到 B 市下辖区挂职科技副县长一年。

C 学院文化与传媒学院（凤凰数字媒体学院）原院长 ZW，男，硕士，教授，民建 C 市副主委，C 市政协第四届委员会委员。曾任文化与传媒学院副院长（2010～2014 年）、凤凰数字媒体学院院长（2014～2019 年），他自述，在没有任教学学院副院长前，还办过企业。任文化与传媒学院副院长期间，经选派到 C 市下辖县任县长助理一年半。

---

① 具有跨界能力的学术骨干：指高校中既从事教学科研工作，又从事治校理教、负责处理教学学院等管理工作的学术骨干。参见江爱华、施大宁、易洋、马静《新工科背景下的教师跨界发展：概念模型、工作机制和实施路径》，《高等工程教育研究》2019 年第 4 期，第 46～51 页关于教师跨界发挥和跨界培养的论述；宋晓欣、魏巍《高校"双肩挑"干部激励机制研究》，《中国高等教育》2019 年第 22 期，第 27～29 页关于"双肩挑"干部选拔培养的论述。

第二，访谈结果表明，案例高校在学校层面，为了顺利推进校政企三方合作，倾向选择具有跨界能力的学术骨干担任院长。

在访谈中，B 学院副校长谈到，为顺利实施"校 + "合作战略，办好异地产业园区学院，学校在选择主要负责人时，非常慎重。因为，选好了有利于实施学校战略，展示良好形象；选不好则不利于工作开展。

> 党委在决策到江苏宜兴去办学时，知道异地办学困难很多，责任重大，使命光荣。因此，在确定院长人选时，确实做了一番考虑，基本倾向是要找一个年富力强、有政商经验、多岗位历练的同志，能够在千里之外较好地处理各方面问题。经过讨论，党委选定了 XC，并给他配备了一个担任过光谷北斗国际学院副院长的人作为助手，让他们在那里扎下根，打下一片天地。（B09）

C 学院校长也是这样认为的，作为"引企入教"战略的主要策划者和推动者，校长十分看重与企业合作，办行业学院的院长人选，期待他发挥重要作用，达到预期目标。

> 现在回过头来看，作为学校第一个与龙头企业合作办学的学院，院长算是选对了，ZW 在同政府和企业打交道过程中，发挥了润滑剂作用，他曾经办过企业，明白企业运作是怎么回事，又有丰富的教育工作经验和一定的政府工作经验，在当时破冰改革中稳妥地促进了三方的合作，实现了学校的战略目标。（C11）

第三，在实际工作中，高校具有跨界能力的学术骨干的跨界经历对促进校政企三方互动和合作，作用明显。

首先，具有跨界能力的学术骨干在处理学校与政府的关系上，作用明显。资源依赖理论认为，政治环境对于组织来说，是一种组织将自己融进社会系统并从中不断获取支持合法性的一种方式。因此，作为政治参与者，组织通常会通过游说的形式影响政府的规章条例、政策的制定，进而改变组织环境。[1]

具体到本书中，A 学院的汽车与交通工程学院原院长，在和政府互动过程中，充分发挥了其省人大代表和民主党派人士的作用，为专业重构争取资源发挥了积极作用。比如，作为省人大代表，WY 连续几年在省人大会议上提出提案和建议，呼吁支持 A 市高等教育事业发展，支持 A 学院尽快完成转型升级，早日建成地方特色鲜明的高水平应用型综合性大学；建议省内的部属高校学科能够与省属高校相应学科建立校际的互动机制，进行结对共建；将 A 市高等教育发展纳入省级目标，支持 A 市引进国内知名高校来办分校或研究院等。这些建议很快得到回复并落实。[2] 此外，WY 还利用其 A 市九三学社市委委员的身份，推动了政府将 A 市汽车科普基地建在 A 学院，该基地拥有 12 个汽车教研实验室和两个教学实训车间，配备了大量汽车整车及零配件实物展品、演示设备，[3] 不仅起到科普作用，更重要的是利用政府资源，为 A 学院车辆工程专业重构提供了支撑条件。

其次，具有跨界能力的学术骨干在处理学校与企业的关系上，作用明显。社会学用结构洞理论来研究组织中关键的个体，比如在乡村中，乡村精英是有效联结乡村社会内外关系网络的结构洞节点，其所占据的结构洞位置，是乡村社会内部各种资源和乡村社会外部各种资源交汇、彼此交换和互利共赢的关键节点，因此，乡村精英可以利用其禀赋和资源为乡村振兴服务。[4] 与乡村精英相类似，案例高校的三位院长，其企业工作经历和社会资源，也在促进高校、政府和企业三方合作过程中，发挥了结构洞节点的功能和作用。

比如，C 学院文化与传媒学院（凤凰数字媒体学院）原院长 ZW 就谈到对与企业合作的看法：

---

① 杰弗里·菲佛、杰勒尔德·R. 萨兰基克：《组织的外部控制——对组织资源依赖的分析》，闫蕊译，东方出版社，2006，第 209 页。

② 王际凯：《【今日头条】省人大代表 WY：3 年提交 13 条建议，只为补足 A 市高等教育发展短板》，http://www.hbuas.edu.cn/info/1045/9382.htm。

③ 《九三学社湖北省委同心·科普教育实践基地揭牌》，http://tzb.xiangyang.gov.cn/ddhz/fytz/201510/t 20151010_248085.shtml。

④ 刘伟、彭琪：《结构洞理论视角下的乡村精英与乡村振兴》，《江汉论坛》2020 年第 11 期，第 133 ~ 138 页。

　　真正做好产教融合，这个院长必须有企业家意识，还要有商业知识和经验，你必须让企业有盈利，不仅是高校为企业提供人才这种利益，还要有实实在在的经济利益，在不损害高质量应用型人才培养这个前提下，要站在企业立场思考，企业有些要求要灵活妥善处理。我常在学院讲，部分利益的让渡是为了推进合作顺利进行，是为了赢得学校更好的未来。（C05）

B 学院宜兴工程学院院长坦言：

　　在宜兴办学几年，回过头来看，与企业打交道难，也不难，有了开头，有了好结果，企业很愿意与我们合作。我自己总结，还是要开门办学，开门办学就是与企业、与行业、与政府建立一个外循环，就是与其他的系统进行能量交换。（B01）

第四节　产业基础和专业基础是专业重构驱动模式差异的根源

　　在本书的第二章，详述了影响地方应用型本科高校专业重构的两个因素，外部因素是排除了其他变量的区域产业基础，内部因素是学校学科专业基础，内部因素和外部因素，共同构成了专业重构面临的环境。对地方应用型高校专业重构而言有以下两个方面的影响。

　　第一，从专业重构的自主性来看。学校学科专业基础强，意味着学校自身的资源丰富，专业重构的自主性较强。这表现在：高校开办相应专业的时间长，学科专业基础好，师资充足，教师队伍中高学历教师比例更高，教师的理论水平高，科技和社会服务能力强。根据资源依赖理论，高校受外部资源约束越小，自己拥有的相对权力越大，专业重构的自主性越强。

　　第二，从专业重构获取资源的难易来看。区域产业基础越强，意味着外在资源越丰富，学校获取企业等外部资源的难度越小，代价越低。这表现在：区域对产业人才需求量大；产业中可以用于专业重构过程的知识资源丰富、人力资源丰富；企业提供给高校的资金资源、教学场景资源充裕。根据交易成本理论，在获得同量等质支持的情况下，企业更愿意与区域内高校合作。

将区域产业基础和学校学科专业基础综合进行考量，也就是将专业重构的自主性和获取外部资源的难易程度综合进行考虑，我们可以得到一个解释地方应用型本科高校专业重构驱动模式差异根源的分析框架——产业基础与专业基础象限（见图6-1）。由这两个变量进行交互，可以产生四种不同的情况，作为分析地方应用型本科高校组织变革的行动策略的基础。

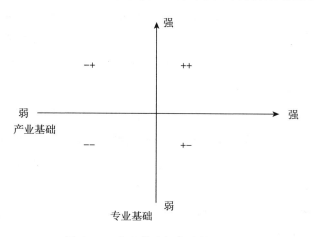

图6-1 产业基础与专业基础象限

注：图中的"+"表示高校专业重构的自主性，"+"越多，表示自主性越大；"-"表示高校获取外部资源的难易程度，"-"越多，表示难度越大。

第一种类型，"产业基础强-专业基础强"，意味着专业重构的自主性较强，获取外在资源的难度较小，学校可以自主地进行专业重构。通过建立产业学院和行业学院的方式，实现专业重构；通过差异化竞争战略，实现专业重构。根据本书的分析框架，可以称之为高校驱动模式，其专业获得资源的类别如表6-1所示。

在这种模式中，作为企业来讲，随着市场发展，产业规模扩大，产业会面临技术和人才的需求问题，为此，需要寻求合作，以较低的成本获得企业发展需要的资源。由于区域高校学科专业实力比较强，且企业和地方高校同处一个区域，地理相邻，从降低交易成本出发，企业更愿意与当地高校合作。

表 6 - 1　高校驱动的专业重构模式中专业获得资源的类别

资源类型	资源描述
政策资源	争取政府支持性政策
信息资源	主动了解产业行业对人才规模、规格和岗位能力的需求
知识资源	通过教师参与企业研发活动，增加教师缄默知识
人才资源	以自主引进和培养教师为主，以引进"双师双能型"教师、产业教授为辅
教学资源	通过与企业合作，获得实践教学资源
资金资源	以自有资金支持为主，以校友和社会捐赠资金支持为辅

作为政府来讲，为鼓励经济发展，地方政府通过制定产业规划，鼓励区域内高校和企业合作，鼓励当地的高校培养人才，进行技术服务、技术转让、成果孵化，促进校企合作。对政府而言，促进区域内资源的高度整合，是实现三方共赢的好事。

作为高校来讲，一方面，地方高校通过内部组织变革，比如建立产业学院或行业学院、调整学院结构，以更好地整合内部的师资和各种办学资源，形成合力，支撑区域产业发展；另一方面，通过与企业建立良好的合作关系，为企业实实在在地做出了贡献，企业愿意将资源投入高校的专业重构中。

当然，本书基于案例的选择，主要呈现了高校差异化竞争战略产生的专业重构的高校驱动模式。实际上，关于产业学院的研究表明，产业学院发展的重要原因之一在于，高校日益成为引领产业发展的"主引擎"和"发动机"，因此，高校回应产业发展需求，主动建设产业学院。而产业学院的建设，具有高效的资源整合能力，它不仅整合了优质的知识性资源，还整合了制度性资源和其他环境资源。①

第二种类型，"产业基础弱 - 专业基础强"，意味着专业重构的自主性较高，但获取外在资源的难度较大。学校可以采取到产业园区办学的战略，在政府的主导下，围绕组织目标，聚集政府资源，争取企业资源，实现专业重构。根据本书的分析框架，可以称之为政府驱动模式，其专业获得资源的类别如表 6-2 所示。

---

① 宣葵葵、王洪才：《高校产业学院核心竞争力的基本要素与提升路径》，《江苏高教》2018
年第 9 期，第 21~25 页。

表6-2 政府驱动的专业重构模式中专业获得资源的类别

资源类型	资源描述
政策资源	合法性政策；支持性政策
信息资源	协助提供产业行业对人才规模、规格、岗位能力需求信息
知识资源	通过引导和支持行业企业促进缄默知识获得
人才资源	直接提供部分师资、引导和支持行业企业师资进入
教学资源	直接提供实体教学资源；引导行业企业与高校合作共建教学资源
资金资源	提供资金和实物资源

在这种模式中，作为企业来讲，由于当地没有相关高校，促进产业发展的人才需要到劳动力市场上招聘，其成本较高，存在对用工进行岗前培训和再培训的问题，因此，企业希望政府吸引高等教育资源到当地办学。企业可以在地方政府的协调下，参与高校的办学，通过为地方高校异地办学提供师资力量、产业知识、实训基地等办学资源来满足高校的办学需求。

作为地方政府来讲，为了产业发展需要，根据本地产业发展情况，主动遴选和引进外部高校资源到当地办学，支撑本地企业发展，这是促进区域产业经济发展的需要，是比较经济实用的做法，也是地方政府之间的竞争在高等教育领域的延伸。地方政府可以提供资金、土地甚至政治资源来吸引和支持外地高校来当地办学，服务本地产业发展。

作为高校来讲，这类高校往往学科专业基础比较好，但当地产业支撑程度弱，高校基于自身生存发展需要，根据专业基础，可以实行产业园区办学。在本书中，案例高校是到异地产业园区办学，高校对当地的政治环境、产业环境、社会环境都非常陌生，这就需要地方政府直接参与到办学活动之中，拉近当地产业与高校之间的距离。学校在政府的协调下，按照当地产业发展现状，吸纳来自政府、产业（企业）的办学资源，一方面建立适合产业发展和资源配置的教学组织，另一方面优化人才培养方案、师资队伍等专业要素，迅速开展人才培养和技术创新活动。

但值得注意的是，在"产业基础弱－专业基础强"的情况下，尽管高校有一定的自主性，但因为获取外在资源的难度在加大，还是存在被替代的风险。依据资源依赖理论，依赖是随着环境和战略的变化而变化的，如果产业发达的地方也引进高等教育资源，直接举办高等教育，那么，作为地方政府来说，就摆脱了对异地高校的依赖，相应地，异地高校就失去了对当地政府和企业的相对权力。事实上，在调研中，宜兴市政府已经和江南大学合作，共建新校区，围绕宜兴市节能环保、新材料、健康食品等重点产业办学，[①] 2021 年秋季开始招生[②]。

第三种类型，"产业基础弱 – 专业基础弱"，意味着专业重构的自主性较低，获取外在资源的难度较大。学校可以通过"引企入教"战略，围绕组织目标，聚集企业资源，争取政府资源，实现专业重构。根据本书的分析框架，可以称之为企业驱动模式，其专业获得资源的类别如表6 – 3所示。

表 6 – 3　企业驱动的专业重构模式中专业获得资源的类别

资源类型	资源描述
政策资源	争取政府支持性政策
信息资源	主动提供产业行业对人才规模、规格、岗位能力需求信息
知识资源	通过课程，提供行业企业新知识新技术；提供项目和实习实训岗位促进教师和学生获得缄默知识
人才资源	直接提供企业师资；创造条件培养学校师资
教学资源	与高校合作，共建教学支撑资源
资金资源	提供资金和实物资源

在这种模式中，对于企业来说，参与办学是企业进入一个完全陌生的领域当中进行"投资"，企业资源的投入随时可能面临"失败"和被"侵占"的风险，但又确实有技术和人才的需求。于是在政府的担保和协商下，校企双方进行合作。[③] 企业在得到当地政府的担保后，基于自身发展，在不影响企业正常生产的情况下，会主动将自身资源用于与高校合作办学，并满足自身对人才和技术的需求。

对于高校而言，地方高校根据办学目标和主办方的要求，为地方产业

---

①　蒋梦蝶：《江南大学宜兴校区建设加快》，http：//www. zgjssw. gov. cn/shixianchuanzhen/wuxi/202005/t20200528_6663477. shtml。

②　《江南大学宜兴校区计划 2021 年秋学期开学》，https：//www. 163. com/dy/article/FPDDUGI405199GUB. html。

③　朱俊：《产权秩序与治理效率：职业教育校企合作制度变迁史的回顾》，《中国职业技术教育》2016 年第 34 期，第 172 ～ 183 页。

发展提供合适的技术和人才，就需要吸纳企业参与办学，由企业提供生产、研发、技术、人才等方面的信息，在专业层面进行两个方面的重构达到办学目标：一方面，开展专业层面的组织创新，为人才培养模式改革和技术创新提供组织保证；另一方面，实施专业内涵建设，通过重构人才培养方案、课程体系、师资队伍、实践教学体系和支撑条件，全面对接地方产业。

对地方政府而言，地方政府在通过招商引资、选引企业进驻当地后，还需要为企业提供配套的技术、人才服务。为解决企业的需求问题，地方政府会协调本地高校为企业提供产业发展所需的技术和人才。在这种模式当中，政府并不直接参与办学活动，但实际上，政府在学校和企业的合作之间，充当担保人的角色。这种信用担保是双向的：一是为企业参与地方高校办学提供合作风险担保；二是为地方高校进行内部组织创新提供政治保证，允许地方高校通过内部组织创新来吸收外部产业资源，进入内部办学活动当中。

值得注意的是，在"产业基础弱－专业基础弱"的情况下，这类地方应用型高校因为自身基础一般，获取外在资源的难度更大，要想培养出的人才适应产业发展的需要，从提高人才培养能力的角度讲，与企业合作，促进专业重构是比较现实的选择。但高校自身要付出代价，因为企业具有经济"理性人"的鲜明特征，企业参与人才培养，除了要获得人才资源外，还要获得经济利益。[①] 事实上，在调研中，C 学院的文化与传媒学院（凤凰数字媒体学院）凤凰项目负责人就透露，凤凰教育和 C 学院合作，可以获得每个学生一定比例的学费提成。也就是，"引企入教"合作是以高校让渡部分利益为代价的。

第四种类型，"产业基础强－专业基础弱"，意味着专业重构获取外在资源的难度不大，但是学校自主重构的可能性较低。尽管本书没有具体研究这类案例学校，依据本书的理论基础和分析框架，可以设想：学校可以通过建立合作联盟的战略，围绕组织目标，整合企业资源、政府资源和自

---

① 王继国、孙健：《论应用型本科的本质属性及发展关键——基于地方本科院校转型的背景》，《黑龙江高教研究》2016 年第 3 期，第 33~37 页。

身资源，实现专业重构。有研究以苏州工业园为案例，利用质性研究法分析指出了在产业发达但科教资源低丰度地区，在产业发展、产权结构、办学主体、运营机制方面的特征，并提出政府可以采取产城融合战略，鼓励和支持高校建立合作联盟，嵌入产业中，推动产教融合。①

小 结

通过多个个案的反复比较，有助于揭示社会现象或社会过程的因果机制。本章综合运用案例比较研究中的求同法、求异法，对三个案例的同质性和异质性进行比较，力求洞察出案例中重要的因果关系。② 通过比较，本书发现以下四个方面的内容。

第一，共生性依赖是专业重构发生的根本逻辑。三所案例高校专业重构的故事表明：一方面，地方应用型本科高校专业重构存在对政府和企业的资源依赖；另一方面，地方政府和区域企业，也依赖区域高校中举办的专业为其提供的产业人才资源、科研服务资源和科技创新资源。因此，高校、政府、企业三个主体之间存在共生性依赖，而非竞争性依赖关系，这是专业重构得以发生的根本逻辑。

第二，组织变革是专业重构的行动策略。三所案例高校专业重构的"解释"表明：三所高校都是在仔细分析内外部环境的基础上，实施了以组织目标为导向、以组织战略为关键、以组织结构调整为重点的组织变革。在组织变革过程中，组织目标、组织战略、组织结构三个方面相互影响，其中，组织战略的选择最为重要，其既服从于组织目标，又影响组织结构。

第三，具有跨界能力的学术骨干是专业重构的重要行动者。三所案例高校的教学学院领导都具有高校、政府和企业三个方面的工作经历，具有跨界能力，他们通过政治身份，影响政府决策；他们的企业经历和政府工

---

① 吴东照、王运来：《产教融合背景下科教资源低丰度地区高等教育园区建设的策略研究》，《复旦教育论坛》2020 年第 1 期，第 91～96 页。

② 蔺亚琼：《多个案比较法及其对高等教育研究的启示》，《高等教育研究》2016 年第 11 期，第 39～50 页。

作经历，有利于他们与政府和企业互动；他们的教育理念和高校管理经验，保证了专业重构遵循教育规律和人才成长规律。从决策执行的角度说，他们是专业重构的重要行动者。

第四，产业基础和专业基础是专业重构驱动模式差异的根源。三所案例高校专业重构的过程说明，识别组织环境是专业重构的重要前提。区域产业基础和学科专业基础两者是影响专业重构的内外部环境，其交叉组合可以形成不同的环境，针对不同的环境，不同高校采取了不同的组织战略，获得了不同类型的资源，实现了专业重构。

第七章 研究结论与展望

第一节 主要结论

第一，在进行专业对接产业、专业链对接产业链、专业集群发展的过程中不能忽视对原有专业的重构。近年来，在处理地方应用型本科高校专业建设与区域产业关系上的主要政策导向是：在新建专业上，强调"问产业需求建专业"；在专业结构调整上，强调推动学科专业建设与产业转型升级相适应；在发展方向上，强调围绕产业链、创新链调整专业设置，形成专业集群。本书发现，除了上述原则外，一是在专业对接产业，专业链对接产业链的过程中，既需要新增或关停部分专业，又需要对原有专业进行重构；二是在通过产业学院、行业学院等创新方式进行专业集群建设时，被集群的老专业，也要根据产业链和创新链的要求进行重构。

第二，专业重构内外部机制的根源在于摆脱资源依赖，从高校、政府和企业等主体中获取资源。基于资源依赖理论和三螺旋理论，结合分析框架，本书发现，专业重构依赖的资源可以归纳为以下几个方面。一是从依赖的必然性看，在我国，专业作为一个实体性组织，是不能自给自足的，它需要与环境进行交换，以获得生存和发展需要的关键性资源（稀缺资源），没有这些资源，专业重构就无法进行。二是从依赖的资源种类看，专业重构依赖的资源类型较多，包括政策资源，如合法性政策、支持性政策；信息资源，如对行业产业关于人才规模、规格、能力需求的信息，关于技术服务需求的信息等；知识资源，如显性知识、缄默知识；人才资源，如实习指导教师、"双师双能型"教师、产业教授等；教学资源；资金资源；等等。三是从资源的作用看，诸多种类的资源影响着专业的人才培养方案、课程体系、实践教学、师资队伍及支撑条件等核心要素的重构。四是从资源提供的主体看，专业重构所依赖的资源，主要是由高校、政府和企业三个主体提供的。

第三，专业重构发生的根本逻辑是高校、政府和企业三个主体之间的共生性依赖。一是尽管地方应用型本科高校面向区域产业进行专业重构时，依赖政府和企业提供的政策、信息、知识、人才、教学和资金资源，但政府和企业也依赖高校的资源。比如，政府依赖高校的教育资源、产业人才资源和技术创新资源，企业依赖高校的产业人才资源和科技服务资源，这就形成了高校、政府和企业三个主体之间的共生性依赖。因此，三个主体之间的合作，可以促进资源互补、互利共赢。二是根据交易成本理论，结合经济地理学关于地理距离与企业创新的研究，基于交易协调机制，区域内的地方政府和企业，更青睐于与区域内高校的合作。三是高校、政府和企业三个主体之间的共生性依赖是专业重构发生的根本逻辑，是三元主体互动的基础。

第四，组织变革是地方应用型本科高校实施专业重构的行动策略。一是尽管共生性依赖决定了高校、政府、企业三个主体有意愿且有动力为专业重构提供各种资源，但是，这个过程并不能自然而然发生。依据资源依赖理论，组织并不是被动地受到外部环境控制，组织可以发挥主观能动性，主动适应、改变或创造环境，以获得自身生存和发展需要的关键性资源，因此，进行组织变革是地方应用型本科高校进行专业重构的重要行动策略。二是这种组织变革是高校组织在分析区域产业基础、自身学科专业基础上做出的，以组织目标确立、组织战略选择和组织结构调整为核心，以获取资源、摆脱依赖为目的，因此，构成了"环境变化—组织变革—资源集聚"的行动逻辑。三是在组织变革过程中，组织目标、组织战略、组织结构三个方面相互影响，其中，组织战略的选择最为重要，组织战略是在分析区域产业变动和高校学科专业基础上做出的"最佳选择"，其服务于组织目标，制约着组织结构调整。

第五，具有跨界能力的学术骨干是专业重构的重要行动者。从过程上看，地方应用型本科高校面向区域产业的专业重构，实际上是众多行动者共同建构的结果，这些行动者包括校领导、具有跨界能力的学术骨干、教师、学生以及政府官员、企业家、企业技术人员和社会大众等。依据资源依赖理论和三螺旋理论关于关键行动者的研究，从高校组织层面看，教学学院院长和相关职能部门负责人是执行专业重构决策的中坚力量，而具有高校、政府和企业三个方面工作经历和能力的学术骨干，更能够发挥结构洞中关键节点的作用，促进高校、政府和企业三个主体互动，从而推动专业重构。这对高校的启示在于，要注意培养和选拔具有跨界工作经历和能力的学术骨干，促进学校事业发展。

第六，区域产业基础和高校学科专业基础是地方应用型本科高校选择专业重构模式的基础。依据资源依赖理论，组织所处的位置以及位置上的压力与限制因素，是组织抉择和行动的基础。在专业重构过程中，区域产业基础越好，高校获得专业重构资源的难度越低；学校学科专业基础越好，高校进行专业重构的自主性越强。由此，区域产业基础和高校学科专业基础的交叉组合，可以衍生出获取资源难易和专业重构自主性高低的四种形态。具体内容如下所述。

当区域产业基础强，学校学科专业基础强时，高校获取资源的难度小，自主变革的可能性大。此时，高校可以采取差异化竞争战略，从汇集校内资源入手，获取外部各种资源，由此，呈现高校驱动模式。

当区域产业基础弱，学校学科专业基础强时，高校获取资源的难度大，自主变革的可能性大。此时，高校可以确立面向行业办学的目标，选择"校+"合作战略，到产业聚集地办学，获取外部各种资源，以继续保持专业优势，由此，呈现异地产业园区办学的政府驱动模式。

当区域产业基础弱，学校学科专业基础弱时，高校获取资源的难度大，自主变革的可能性小。此时，高校可以确立"引企入教"战略，通过部分利益的让渡，获得所需的各种资源，进而实现专业重构，促进专业自身的不断发展壮大，由此，呈现企业驱动模式。

尽管本书没有考察当区域产业基础强，学校学科专业基础弱时，专业重构的案例，但依据上述分析，可以推测：在这种情况下，高校获取资源的难度小，自主变革的可能性小，高校可以采取建立合作联盟的形式，获取政府、企业和其他高校的支持，汇聚资源，进行专业重构，持续增强专业实力和服务能力。

综上所述，地方应用型本科高校面向区域产业进行专业重构时，首要的是分析区域产业基础和学校专业基础，因为这两者构成了专业重构的内外部环境，环境决定了资源依赖程度和依赖方式的差异，进而影响组织战略的选择，最终影响专业重构驱动模式的选择。

第二节　创新与不足

一　研究的主要创新点

（一）从资源依赖理论出发，揭示了地方应用型本科高校专业重构资源依赖问题

第一，高校是一个典型的"资源依赖型"组织。在现代社会分工中，高校是典型的学术性社会组织，属于非生产性部门，其本身并不能直接生产资源，只能从环境中取得，因此，高校是一种典型的"资源依赖型"组织。高校的这种资源消耗特性，决定着其生存和发展离不开与外部环境的互动，离不开源源不断的人力、物力、财力和信息等资源的输入。

第二，地方应用型本科高校普遍存在资源匮乏的问题。制度化的精英主义、政府的严格控制，导致机会与资源的制度性不平等分配，使部分由政府指定的高校在招生、教育（目标、课程、师资、教学条件）、就业、成功机会等方面享有特殊垄断性权力，[①] 形成了高校差序格局。地方应用型本科高校处在高校圈层外围，与"双一流"高校，有博士学位授权、硕士学位授权高校相比，获得发展资源更为艰难，普遍处于资源匮乏的状态。

第三，专业作为一个实体，也存在资源依赖。在我国，专业是一个实体性组织，[②] 地方应用型本科高校面向区域产业进行专业重构，依赖政策资源、信息资源、知识资源、人才资源、教学资源、资金资源等，这些资

---

① 赵炬明：《精英主义与单位制度——对中国大学组织与管理的案例研究》，《北京大学教育评论》2006 年第 1 期，第 173～191 页。

② 卢晓东、陈孝戴：《高等学校"专业"内涵研究》，《教育研究》2002 年第 7 期，第 47～52 页。

源在原有专业重构过程中，发挥重要作用。因此，专业建设包括专业重构，需要考虑争取资源和汇集资源的问题。

（二）从三螺旋理论出发，揭示了高校、政府和企业三元互动，是解决地方应用型本科高校专业重构聚集资源问题的关键

第一，专业重构资源提供有赖于高校、政府和企业三个主体。将专业作为一个组织来看待，尽管存在资源依赖问题，但资源广泛存在于高校、政府和企业三个主体中。因此，高校要开放办学，同政府和企业互动，汲取资源。

第二，高校、政府和企业三个主体的共生性依赖关系是三元互动的基础。尽管地方应用型本科高校专业重构依赖资源，但是政府为了发展产业、企业为了发展生产也依赖高校及其专业为他们提供的资源，如产业发展需要的人才、以专业组织为核心的科技服务和智力支持、以应用型学科建设和应用型科研为基础的创新，这种共生性依赖关系是专业重构能够获取高校、政府、企业资源的基础，也是专业重构发生的逻辑。

（三）从组织视角出发，揭示了组织变革是摆脱资源困境的行动策略

第一，组织变革是专业重构的行动逻辑。在"专业面向产业""专业链对接产业链、创新链"的语境下，尽管地方应用型本科专业重构依赖资源，但专业自身并不能自然而然获得资源，专业重构依赖高校的组织变革，这种变革是在分析区域产业基础的情况下，结合自身学科专业做出的"最佳选择"。

第二，具有跨界工作经历和跨界能力的学术骨干是专业重构的重要行动者。在地方应用型本科高校专业重构过程中，具有高校、政府和企业三个方面工作经历的，以及由此形成的具有跨界能力的学术骨干是执行专业重构的中坚力量，他们能够发挥结构洞中关键节点的作用，推动高校、政府和企业三个主体互动，从而促进专业重构。

（四）构建了专业重构分析框架，划分了专业重构模式

第一，依据资源依赖理论和三螺旋理论，构建了"环境变化—组织变革—资源集聚"的专业重构分析框架，用来解释地方应用型本科高校面向区域产业的专业重构逻辑，具有参考和指导意义。

第二，区域产业基础和高校学科专业基础决定了专业重构的驱动模式。为什么同是地方应用型本科高校，面对区域产业发生变动的外部环境，其专业重构的切入点、过程和方式不一样呢？依据资源依赖理论，在专业重构过程中，区域产业基础越好，高校获得专业重构资源的难度越低；高校学科专业基础越好，高校进行专业重构的自主性越强。因此，可以以高校、政府、企业三个主体提供资源的重要性和多寡，将专业重构划分为高校驱动、政府驱动和企业驱动三种模式，而模式选择的主要根源在于内外部环境。

二　研究局限

在已有相关研究的基础之上，本书虽然做了一些拓展和深化，提出了一些创新性的观点，但由于客观条件、个人精力和能力的限制，本书还存在一些局限。

第一，研究视角可能导致的局限。本书主要从资源依赖理论和三螺旋理论出发，对地方应用型本科高校面向区域产业的专业重构进行学理上的分析，认为专业重构要关注资源问题、要进行组织变革、要系统地分析内外部环境、选择合适组织战略等。但是专业建设，是一项很复杂的工程，涉及教育规律、人才成长的规律，本书在这一方面考虑得不够全面，分析得不充分、不深入。

此外，本书运用了三螺旋理论，该理论主要是关于高校、政府和企业如何进行社会创新的。从理论本身来看，亨利·埃茨科威兹提出的三螺旋理论，将高校、政府、企业视为三个重要的创新主体，三者借助市场需求这个纽带，围绕知识的生产、转化、应用、产业化以及产业升级，相互连接在一起，形成三种力量，相互影响，抱成一团，螺旋上升，构成了三重螺旋关系。这个理论是基于麻省理工学院（MIT）这样研究型的大学提出的，尽管我国学者李立国[1]等对此进行了拓展，但也是基于"双一流"高校提出的，因此，作者在把握此方面时，只是比较简单地提取了高校、政

---

[1]　李立国：《大学治理变迁的理论框架：从学术－政府－市场到大学－国家－社会》，《清华大学教育研究》2020 年第 4 期，第 1～9 页。

府、企业三个主体，以及三个主体分别拥有的属于自己的专用资源，三个主体互相提供资源、交换资源等方面，对三者之间如何进行互动缺少详细的考察和描述。

第二，专业重构复杂性导致的局限。这种局限主要表现在以下两个方面。一是关于专业重构中专业类别细分问题。本书将专业作为一个整体性概念看待，包含不同类型，如文科、理工科、医科等。实际上，文科、理工科等不同类别专业存在较大的差异，其面对区域产业的变动程度也不尽相同，鉴于其比较复杂，故而本书没有仔细区分重构的内涵。二是本书主要研究地方应用型本科高校面向区域产业的专业重构过程，缺少对质量保障体系重构的关注。实际上，应用型本科人才培养质量保障体系构建中也存在几个关键问题，比如，如何实现质量标准与应用型本科人才培养定位切实相符？如何全面考量应用型本科教育的实践教学成效？如何做到内部评估常规化、规范化？如何提高内部评估有效性？如何在人才培养的全过程实质性引入外部评价？本书对这些问题没有进行充分地分析和探讨。

第三，个案的代表性问题。本书属于对地方应用型本科高校面向区域产业的专业重构的多案例研究，但由于每一个个案都有其独特的历史情境和自身特征，进而存在个案的代表性问题，即个案研究中的发现能否推论到总体、个案的成功经验与历史教训是否值得推广。就本书而言，尽管根据演化经济地理学，从区域产业变动形态的角度，进行的目的性抽样，但每个案例的故事都是在特定的区域经济发展状况、产业背景、高校发展宏观环境以及自身发展历史阶段发生的，所以，个案高校专业重构的经验及其启示要接受实践检验，推广的效度可能具有一定的局限性。

第四，有些经验材料的收集与分析不够科学、全面。本书进行了大量的田野调查，针对一些具体的研究问题，获取了相应的经验材料，但囿于时间、精力和水平，针对有些问题的材料收集还不够充分，对材料的分析也比较简单。例如，在分析专业重构前状况时，由于历史资料难以获得，所依据的一手材料也比较简单，有些是依靠受访者的口述，材料的科学性、客观性不强。此外，在专业重构过程中，肯定是存在较多困难和矛盾的，比如，改革创新引发的教师不适应、学生不适应，高校、政府和企业之间的矛盾，专业重构中的困难及校企、校地和校政之间的复杂关系等，这些资料在较短时间内通过访谈和资料收集难以获得，需要今后持续跟踪研究。

第三节 研究展望

第一，要加强对地方应用型本科高校专业建设的研究。近年来，我国高等教育的重要政策之一是推动地方高校向应用型转型发展。转型发展落到实处，主要是在专业上。在地方应用型本科高校步入"专业为王"的时代，[①] 在地方高校日益成为区域经济"发动机""助推器"的时代，一是要加强对专业建设的研究，以推动地方应用型本科高校加快融入区域经济社会发展中去。二是要从经济地理学的角度，进一步研究区域高校对区域产业发展、技术进步的作用，增强地方应用型本科高校服务地方的自信。三是加强专业重构过程中的质量保障机制研究，比如现行的专业认证、专业国家质量标准建设、新一轮的本科教学工作审核评估以及地方应用型本科高校的专业质量保障体系建设等。

第二，跟踪和深入研究基于区域产业基础和高校学科专业基础的多元化专业重构模式。区域产业基础和高校学科专业基础是影响专业重构的内外部环境，其交叉组合可以形成不同类型的环境，针对不同环境，高校要采取不同的资源集聚战略。本书，一是只研究了其中的三种情况，再现了差异化竞争战略、"校＋"合作战略、"引企入教"战略等获取资源的模式，更多的情况和模式还有待进一步挖掘。二是实践中，专业重构肯定还有不同的模式，如产业学院发展模式、行业学院发展模式、混合所有制学院发展模式等，需要进一步梳理和研究。

第三，加强关于专业重构过程中利益相关者作用的研究。在地方应用型本科高校专业重构过程中，具有高校、政府和企业三个方面工作经历的具有跨界能力的学术骨干，作为推动三个主体互动的联结者，发挥了重要作用。但实际上，专业重构还需要依赖更多的微观行动者，从利益相关者角度看，高校领导、具有跨界能力的学术骨干、教师、学生、政府官员、

---

① 顾永安：《"专业为王"时代：高校如何应对》，《教育发展研究》2018 年第 19 期。

企业家、企业技术骨干等都在专业重构过程中发挥了作用，可以说专业重构的发生是众多利益相关者共同构建的。后续的研究，需要进一步从微观行动者的角度去延伸。

第四，加强不同类型专业重构差异的研究。应用型文科、理科专业和工科专业因为学科的差异，具有不同的专业内涵，因而也有不同的专业重构意蕴。本书将专业作为一个整体性概念看待，没有进行细分，今后将加大对不同类型的专业重构要素、重构内涵和重构意蕴的区分，对材料进行挖掘和补充，持续跟进和深入探索，以期更好地总结实践经验、提供理论探讨。

第五，加强对专业重构实践过程中困难、矛盾和解决方法的研究。专业重构的逻辑起点在于促进专业对接产业、专业链对接产业链，因而在办学实践中需要进行改革创新，但改革就是打破现有状态，引起利益调整和新的不平衡。组织变革的阻力理论的代表人物斯蒂芬·P. 罗宾斯，对抵制组织变革所产生的利弊进行了总结，认为组织及其成员出于本能会抵制变革，对变革的抵制能成为具有功能方面意义的冲突起源。比如，专业重构会引发的教师不适应、学生不适应，高校、政府和企业之间的矛盾。今后笔者将进一步关注专业重构中的困难及校企、校地和校政之间的复杂关系等，开展持续跟踪研究。

参考文献

一　中文译著

伯顿·R. 克拉克:《高等教育系统——学术组织的跨国研究》，王承绪、徐辉、殷企平、蒋恒译，杭州大学出版社，1994。

伯顿·克拉克:《大学的持续变革——创业型大学新案例和新概念》，王承绪译，人民教育出版社，2008。

伯顿·克拉克:《建立创业型大学：组织上转型的途径》，王承绪译，人民教育出版社，2003。

伯顿·克拉克主编《高等教育新论——多学科的研究》，王承绪、郑继伟、张维平、徐辉、张民选译，浙江教育出版社，2001。

Clark Kerr:《大学的功用》，陈学飞、陈恢钦、周京、刘新芝译，江西教育出版社，1993。

丹尼尔·若雷、赫伯特·谢尔曼:《从战略到变革：高校战略规划实施》，周艳、赵炬明译，广西师范大学出版社，2006。

菲利浦·塞尔兹尼克:《田纳西河流域管理局与草根组织：一个正式组织的社会学研究》，李学译，重庆大学出版社，2014。

菲利普·阿特巴赫、贾米尔·萨尔米主编《世界一流大学：发展中国家和转型国家的大学案例研究》，王庆辉、王琪、周小颖泽，上海交通大学出版社，2011。

弗雷德里克·E. 博德斯顿:《管理今日大学：为了活力、变革与卓越之战略》，王春春、赵炬明译，广西师范大学出版社，2006。

赫伯特·J. 鲁宾、艾琳·S. 鲁宾:《质性访谈方法：聆听与提问的艺术》，卢晖临、连佳佳、李丁译，重庆大学出版社，2010。

亨利·埃茨科威兹：《三螺旋——大学·产业·政府三元一体的创新战略》，周春彦译，东方出版社，2005。

亨利·埃兹科维茨、劳埃特·雷德斯多夫编《大学与全球知识经济》，夏道源译，江西教育出版社，1999。

亨利·埃兹科维茨：《麻省理工学院与创业科学的兴起》，王孙禹、袁本涛等译，清华大学出版社，2007。

杰弗里·菲佛、杰勒尔德·R. 萨兰基克：《组织的外部控制——对组织资源依赖的分析》，闫蕊译，东方出版社，2006。

杰勒德·德兰迪：《知识社会中的大学》，黄建如译，北京大学出版社，2010。

理查德·L. 达夫特：《组织理论与设计》（第 10 版），王凤彬、张秀萍、刘松博、石鸟云等译，清华大学出版社，2011。

罗伯特·G. 欧文斯：《教育组织行为学》（第 7 版），窦卫霖、温建平、王越译，华东师范大学出版社，2001。

罗伯特·K. 殷：《案例研究方法的应用》（第 2 版校订新译本），周海涛、齐心译，重庆大学出版社，2009。

罗伯特·K. 殷：《案例研究：设计与方法》（原书第 5 版），周海涛、史少杰译，重庆大学出版社，2017。

罗纳德·伯特：《结构洞：竞争的社会结构》，任敏、李璐、林虹译，格致出版社、上海人民出版社，2008。

迈尔斯、休伯曼：《质性资料的分析：方法与实践》（第 2 版），张芬芬译，重庆大学出版社，2008。

斯蒂芬·P. 罗宾斯、蒂莫西·A. 贾奇：《组织行为学》（第 12 版），李原、孙健敏译，中国人民大学出版社，2008。

斯蒂芬·布莱施泰：《迅捷组织变革：关键在中层》，王东川译，清华大学出版社，2018。

托马斯·卡明斯、克里斯托弗·沃里：《组织发展与变革》（第 7 版），李剑锋等译，清华大学出版社，2003。

W. 理查德·斯科特、杰拉尔德·F. 戴维斯：《组织理论——理性、自然与开放系统的视角》，高俊山译，中国人民大学出版社，2011。

伊恩·帕尔默、理查德·邓福德、吉布·埃金：《组织变革管理》（第2版），金永红、奚玉芹译，中国人民大学出版社，2009。

约翰.S.布鲁贝克：《高等教育哲学》，王承绪、郑继伟、张维平、徐辉、张民选译，浙江教育出版社，2001。

约翰·W.克里斯韦尔：《质的研究及其设计：方法与设计》，余东升译，中国海洋大学出版社，2009。

二　中文著作

陈向明：《教师如何作质的研究》，教育科学出版社，2001。

陈向明：《旅居者和"外国人"——留美中国学生跨文化人际交往研究》，湖南教育出版社，1998。

陈向明：《质性研究方法与社会科学研究》，教育科学出版社，2000。

陈新民：《区域经济视野下的新建本科院校转型研究》，浙江大学出版社，2014。

邱强、郭俊华：《组织资本与组织绩效：理论分析与实证检验》，上海交通大学出版社，2010。

多宏宇：《基于资源依赖视角的民间组织行动策略研究——以北京协作者社会工作发展中心为例》，经济管理出版社，2018。

葛守勤、周式中主编《美国州立大学与地方经济发展》，西北大学出版社，1993。

顾永安：《应用型院校专业集群研究论纲》，中国社会科学出版社，2021。

韩高军：《划转院校组织转型：知识、政府、市场的作用——以湖北某大学为例》，中国社会科学出版社，2014。

胡赤弟：《学科—专业—产业链构建与运行机制研究》，教育科学出版社，2013。

胡重明：《资源依赖与医疗服务组织生存的制度逻辑》，人民出版社，2020。

华长慧等：《高等教育服务经济社会的新视野——服务型区域教育体系的理论与实践》，高等教育出版社，2013。

华中科技大学院校研究中心：《院校发展研究》，华中科技大学出版社，

2003。

黄达人等：《大学的转型》，商务印书馆，2015。

李平、曹仰锋主编《案例研究方法：理论与范例——凯瑟琳·艾森哈特论文集》，北京大学出版社，2012。

刘少雪：《高等学校本科专业结构、设置及管理机制研究》，高等教育出版社，2009。

刘献君、陈敏主编《院校研究与现代大学管理》，中国海洋大学出版社，2006。

柳国梁主编《服务型区域教育体系的地方高校转型研究》，高等教育出版社，2014。

罗丹：《规模扩张以来高校专业结构变化研究》，广东高等教育出版社，2010。

潘懋元主编《应用型人才培养的理论与实践》，厦门大学出版社，2011。

任君庆编著《服务型区域教育体系的校企合作研究》，高等教育出版社，2016。

任玉珊：《建设应用型本科大学：组织转型与创新》，光明日报出版社，2012。

王桂林：《高校特色专业建设研究》，法律出版社，2016。

王建华：《我们时代的大学转型》，教育科学出版社，2012。

吴传清主编《区域经济学原理》，武汉大学出版社，2008。

武立东等编著《组织理论与设计》，机械工业出版社，2015。

夏子贵、罗洪铁：《专业变革：跨世纪人才培养的宏伟工程》，四川教育出版社，1997。

徐鸿钧：《高等教育服务经济社会的国际经验——基于对欧美五国的历史考察》，高等教育出版社，2014。

徐理勤：《现状与发展——中德应用型本科人才培养的比较研究》，浙江大学出版社，2008。

宣勇：《大学组织结构研究》，高等教育出版社，2005。

薛天祥主编《高等教育学》，广西师范大学出版社，2001。

杨秀英：《"双元制"职教理论与实践》，新华出版社，2009。

于慧：《高校本科专业设置标准研究》，广东高等教育出版社，2015。

喻立森：《服务型区域教育体系的政府行为研究》，高等教育出版社，2014。

张维迎：《大学的逻辑》，北京大学出版社，2004。

张振助：《高等教育与区域互动发展论》，广西师范大学出版社，2004。

赵炬明、余东升主编《院校研究与现代大学管理讲演录》，中国海洋大学出版社，2006。

周光礼：《大学变革与院校研究》，北京大学出版社，2017。

三　中文期刊论文

鲍计国：《应用型高校与企业共建产业学院的优势与困惑》，《西南石油大学学报》（社会科学版）2019 年第 5 期。

蔡敬民、夏琍、余国江：《应用型高校的产教融合：内涵认知与机制创新》，《中国高校科技》2019 年第 4 期。

蔡瑞林、李玉倩：《新时代产教融合高质量发展的新旧动力转换》，《现代教育管理》2020 年第 8 期。

陈锋：《产教融合：深化与演化的路径》，《中国高等教育》2018 年第 Z2 期。

陈锋：《迈向深度转型，加快建设高水平应用型本科高校》，《河南教育（高教）》2019 年第 6 期。

陈锋：《实施"大舰战略"：加快建设学科专业集群超级平台》，《中国高等教育》2016 年第 23 期。

陈克忠、董立平：《地方本科高校专业分类建设的实践探析——以厦门理工学院为例》，《龙岩学院学报》2018 年第 5 期。

陈小虎、黄洋、冯年华：《应用型本科的基本问题、内涵与定义》，《金陵科技学院学报》（社会科学版）2018 年第 4 期。

陈小虎、黄洋：《新兴应用型大学建设九个主导方向的选择》，《金陵科技学院学报》（社会科学版）2020 年第 4 期。

陈小虎、骆德军、黄洋：《应用型本科高校发展需面对的 11 个实际问题》，《金陵科技学院学报》（社会科学版）2019 年第 2 期。

陈小虎、雍海龙、黄洋：《新兴大学与转型发展》，《高等工程教育研究》
　　2016 年第 2 期。

陈啸：《突破学科定势：高等学校转型发展的一个新视角——兼论重构能
　　力导向的应用型人才培养体系》，《中国大学教学》2015 年第 2 期。

陈新民、王一涛：《教学服务型大学：新建本科院校的重要发展趋向》，
　　《教育发展研究》2011 年第 17 期。

董立平：《地方高校转型发展与建设应用技术大学》，《教育研究》2014 年
　　第 8 期。

董立平：《多样化：高等教育普及化阶段的基本特征》，《中国高等教育》
　　2016 年第 17 期。

冯向东：《关于教育的经验研究：实证与事后解释》，《教育研究》2012 年
　　第 4 期。

冯向东：《如何深化"走出高等教育'适应论'"的讨论——对教育"适
　　应论"讨论的再反思》，《复旦教育论坛》2017 年第 4 期。

冯向东：《学科、专业建设与人才培养》，《高等教育研究》2002 年第
　　3 期。

冯向东：《走出高等教育"适应论"意味着什么——对教育"适应论"讨
　　论的反思》，《北京大学教育评论》2014 年第 4 期。

顾永安、范笑仙：《应用型院校推进专业集群建设机制创新的思考》，《国
　　家教育行政学院学报》2020 年第 8 期。

顾永安：《应用本科专业集群：地方高校转型发展的重要突破口》，《中国
　　高等教育》2016 年第 22 期。

顾永安：《应用型高校推进专业集群建设的思考》，《高等工程教育研究》
　　2019 年第 6 期。

顾永安：《"专业为王"时代：高校如何应对》，《教育发展研究》2018 年
　　第 19 期。

郭建如：《地方本科高校转型发展中的核心问题探析》，《黄河科技大学学
　　报》2017 年第 1 期。

郭建如：《一流应用型本科高校建设刍议》，《北京教育（高教）》2018 年
　　第 10 期。

郭建如：《专业集群、校地服务与产教融合》，《世界教育信息》2018 年第
　　21 期。

何万国、孙泽平：《对新建地方性本科院校办学定位的再认识》，《中国高
　　教研究》2008 年第 7 期。

洪艺敏：《转型发展背景下的应用型本科高校的建设》，《中国高等教育》
　　2020 年第 5 期。

胡敏：《大学学术的资源依赖、异化及其超越》，《教育发展研究》2017 年
　　第 9 期。

胡文龙、李忠红：《论新时代高校高质量发展的"内涵扩张型"模式》，
　　《高等工程教育研究》2019 年第 4 期。

胡文龙：《论产业学院组织制度创新的逻辑：三链融合的视角》，《高等工
　　程教育研究》2018 年第 3 期。

胡文龙：《论新工科建设中治理机制的混合协同》，《高等工程教育研究》
　　2019 年第 2 期。

黄彬、姚宇华：《新工科现代产业学院：逻辑与路径》，《高等工程教育研
　　究》2019 年第 6 期。

黄红武、董立平、王爱萍：《应用型本科高校人才培养的特色化研究——
　　以厦门理工学院"亲产业"大学办学实践为例》，《大学》（学术版）
　　2012 年第 4 期。

黄懿斌：《对新建本科院校生存发展的战略思考》，《湖南人文科技学院学
　　报》2004 年第 6 期。

姜采英：《新建本科院校发展策略思考》，《盐城工学院学报》1998 年第
　　3 期。

李从浩：《资源依赖下的大学行为选择》，《高教探索》2017 年第 4 期。

李玉倩、陈万明、蔡瑞林：《交易成本视角下产教融合平台治理研究》，
　　《高等工程教育研究》2020 年第 5 期。

李忠红、胡文龙：《基于三链融合的理工科高校组织变革研究》，《高等工
　　程教育研究》2018 年第 6 期。

刘盾、魏东初：《要义求索、现状剖析、未来建构：粤港澳大湾区高校合
　　作办学新探》，《江苏高教》2020 年第 2 期。

刘焕阳、韩延伦：《地方本科高校应用型人才培养定位及其体系建设》，《教育研究》2012 年第 12 期。

刘慧珍、张熙：《哈佛大学董事会组织机构与治理改革——基于资源依赖的理论视角》，《现代教育管理》2016 年第 3 期。

刘献君：《应用型人才培养的观念与路径》，《中国高教研究》2018 年第 10 期。

刘彦军：《我国应用型高等教育的发展历程与展望》，《高等工程教育研究》2018 年第 5 期。

刘云波、郭建如：《不同举办主体的高职院校资源汲取差异分析》，《教育发展研究》2015 年第 19 期。

卢晓东、陈孝戴：《高等学校"专业"内涵研究》，《教育研究》2002 年第 7 期。

卢晓东：《大学专业设置改革路径》，《中国改革》2010 年第 5 期。

马凤岐：《对高等学校的第二轮放权：基于资源依赖理论的视角》，《高等教育研究》2015 年第 10 期。

马陆亭：《应用技术大学建设的若干思考》，《中国高等教育》2014 年第 10 期。

潘懋元、车如山：《略论应用型本科教育的定位》，《高等教育研究》2009 年第 5 期。

潘懋元：《什么是应用型本科？》，《高教探索》2010 年第 1 期。

钱国英、徐立清、袁勇军：《基于新时代产业发展需要的项目制专业学位点授权机制探索》，《研究生教育研究》2019 年第 5 期。

钱国英、杨亚萍、崔彦群：《强化行业能力的应用型人才培养体系设计与实践——以浙江万里学院专业综合改造为例》，《中国大学教学》2015 年第 3 期。

邱泽奇、由入文：《差异化需求、信息传递结构与资源依赖中的组织间合作》，《开放时代》2020 年第 2 期。

盛正发、郭军：《特色发展：新建本科院校战略发展的必然选择》，《高教探索》2011 年第 3 期。

石中英：《波兰尼的知识理论及其教育意义》，《华东师范大学学报》（教育科学版）2001 年第 2 期。

史秋衡、王爱萍：《应用型本科教育的基本特征》，《教育发展研究》2008
　　年第 21 期。

孙振忠、黄辉宇：《现代产业学院协同共建的新模式——以东莞理工学院
　　先进制造学院（长安）为例》，《高等工程教育研究》2019 年第 4 期。

王保宇：《深化产教融合：协同主体及影响因素》，《职业技术教育》2018
　　年第 18 期。

王传金、周嘉禾：《地方应用型高校专业建设的应然求索》，《中国大学教
　　学》2017 年第 12 期。

吴仁华：《论应用技术大学专业建设的基本特征》，《高等工程教育研究》
　　2016 年第 4 期。

吴仁华：《应用型本科高校专业集群建设探究》，《高等工程教育研究》
　　2016 年第 6 期。

吴仁华：《应用型高校中层干部办学定位认知分析与启示——基于对某高
　　校本科教学审核评估整改回访的研究》，《国家教育行政学院学报》
　　2018 年第 6 期。

谢学、闫飞：《基于产教融合的应用型本科人才培养共同体构建——以常
　　熟理工学院为例》，《中国高校科技》2020 年第 8 期。

邢政权、姜华、李欣欣、曹茂甲：《基于资源依赖理论的一流学科发展策
　　略》，《中国高校科技》2020 年第 Z1 期。

徐立清、钱国英、马建荣：《地方本科院校转型发展中的专业综合改革探
　　索与实践》，《中国高教研究》2014 年第 12 期。

荀振芳、李双辰：《"双一流"建设背景下高水平行业特色型大学的资源配
　　置与发展》，《高等教育研究》2019 年第 5 期。

燕山、郭建如：《资源依赖理论视角下异地办学校区办学特征与问题》，
　　《高教探索》2020 年第 9 期。

殷辉、陈劲、杨学春：《新兴产业对研究型和创业型大学合作行为的演化
　　博弈分析》，《科技管理研究》2016 年第 13 期。

余东升、郭战伟：《专业教育：概念与历史》，《高等工程教育研究》2019
　　年第 3 期。

余东升：《质的方法在院校研究中的适用性及其范围》，《高等工程教育研究》2009 年第 6 期。

余东升：《质性研究：教育研究的人文学范式》，《高等教育研究》2010 年第 7 期。

余国江：《课程模块化：地方本科院校课程转型的路径探索》，《中国高教研究》2014 年第 11 期。

张大良：《把握"学校主体、地方主责"工作定位 积极引导部分地方本科高校转型发展》，《中国高等教育》2015 年第 10 期。

张晞、顾永安、张根华：《地方应用型高校一流本科专业推进策略——基于江苏 20 所高校特色专业建设的调研》，《中国高校科技》2019 年第 11 期。

张彦群、徐梦阳：《构建新时代产教融合发展平台战略》，《中国高等教育》2019 年第 24 期。

张应强：《从政府与大学的关系看地方本科高校转型发展》，《江苏高教》2014 年第 6 期。

张应强：《地方本科高校转型发展：可能效应与主要问题》，《大学教育科学》2014 年第 6 期。

张应强、蒋华林：《关于地方本科高校转型发展若干问题的思考》，《现代大学教育》2014 年第 6 期。

张元宝：《校企合作中利益相关者的博弈与协调》，《中国高校科技》2019 年第 9 期。

赵康：《专业、专业属性及判断成熟专业的六条标准——一个社会学角度的分析》，《社会学研究》2000 年第 5 期。

郑超、楚旋：《基于扎根理论的地方本科高校战略转型模式分析》，《教育科学》2016 年第 1 期。

钟秉林、王新凤：《我国地方普通本科院校转型发展若干热点问题辨析》，《教育研究》2016 年第 4 期。

钟秉林、王新凤：《我国地方普通本科院校转型发展实践路径探析》，《高等教育研究》2016 年第 10 期。

周光礼：《"双一流"建设中的学术突破——论大学学科、专业、课程一体

化建设 》,《教育研究》2016 年第 5 期。

周荣蓉:《产业结构与就业结构互动关系的实证分析》,《统计与决策》
　　2016 年第 10 期。

朱文章、葛晓宏、陈克忠、董立平、廖文婕:《育人为本　协同创新　培
　　养亲产业应用技术型人才》,《宁波工程学院学报》2014 年第 3 期。

四　学位论文

陈星:《应用型高校产教融合动力研究》,硕士学位论文,西南大学,2017。

程瑛:《社会转型期我国大学资源竞争研究》,博士学位论文,华中科技大
　　学,2011。

方华梁:《大学通识课程统整的模式与机理——基于 A 大学田野调查的个
　　案研究》,博士学位论文,华中科技大学,2016。

郝进仕:《新建地方本科院校发展战略与战略管理研究》,博士学位论文,
　　华中科技大学,2010。

何君燕:《地方普通本科院校转型发展中的专业建设研究——以重庆××
　　学院为例》,硕士学位论文,广西师范大学,2017。

黄容霞:《全球化时代的大学变革（1980—2010 年）——组织转型的制度
　　根源》,博士学位论文,华中科技大学,2012。

李培凤:《基于三螺旋创新理论的大学发展模式变革研究》,博士学位论
　　文,山西大学,2015。

李小丽:《三螺旋模式下大学技术转移组织构建研究》,博士学位论文,华
　　中科技大学,2013。

廖益:《大学学科专业评价研究——以广东省高等学校名牌专业和重点学
　　科为例》,博士学位论文,厦门大学,2006。

林蕙青:《高等学校学科专业结构调整研究》,博士学位论文,厦门大
　　学,2006

吕景泉:《高等职业教育专业建设实践的研究》,博士学位论文,天津大
　　学,2014。

彭红玉:《政府激励与地方政府高等教育竞争》,博士学位论文,华中科技
　　大学,2010。

孙丽娜：《"资源依赖"理论视角下的美国创业型大学发展模式研究》，博士学位论文，东北师范大学，2016。

谭婷：《资源依赖理论视角下党组织权力再生产的逻辑和机制研究——以上海市 L 基层党组织为例》，博士学位论文，上海大学，2013。

汪漾：《高校战略性新兴产业相关专业建设研究》，硕士学位论文，武汉理工大学，2015。

王书素：《政产学合作模式研究——基于三螺旋理论的视角》，博士学位论文，中山大学，2012。

王晓玲：《高等学校专业动态调整机制研究》，博士学位论文，大连理工大学，2019。

王鑫：《H 省新建本科院校教学质量改进研究——基于组织变革视角》，博士学位论文，哈尔滨师范大学，2016。

王玉丰：《常规突破与转型跃迁——新建本科院校转型发展的自组织分析》，博士学位论文，华中科技大学，2008。

薛宪方：《组织变革背景下团队主动性特征与效能机制研究》，博士学位论文，浙江大学，2009。

张俊超：《大学场域的游离部落——研究型大学青年教师发展现状及应对策略研究》，博士学位论文，华中科技大学，2008。

朱建新：《地方应用型大学变革研究——以 X 学院为例》，博士学位论文，浙大大学，2019。

朱喆：《科技社团资源依赖行为研究》，博士学位论文，华中科技大学，2016。

朱志伟：《社区基金资源动员的行动过程研究——以上海市三个不同类型的个案为例》，博士学位论文，华东理工大学，2018。

庄涛：《资源整合视角下官产学研三螺旋关系研究》，博士学位论文，北京邮电大学，2015。

五　英文文献

Alison, J. "Armstrong-Doherty. Resource Dependence-Based Perceived Control: An Examination of Canadian Interuniversity Athletics." *Journal of Sport*

Management, 1996, 10 (1).

Alvarado – Vargas, M. J. , Callaway, S. K. , Ariss, S. "Explaining Innovation Outputs by Different Types of R&D Inputs: Evidence from U. S. Universities. " *Journal of Strategy and Management*, 2017, 10 (3).

Bangert, A. W. "The Development and Validation of the Student Evaluation of Online Teaching Effectiveness. " *Computers in the Schools*, 2008, 25 (1 – 2): 25 – 47.

Boatright, J. R. "Contractors as Stakeholders: Reconciling Stakeholder Theory with the Nexus-of-Contracts Firm. " *Journal of Banking & Finance*, 2002, 26 (9): 1837 – 1852.

Chen, Y. , &Hoshower, L. B. "Student Evaluation of Teaching Effectiveness: An Assessment of Student Perception and Motivation. " *Assessment& Evaluation in Higher Education*, 2003, 28 (1): 71 – 88.

Clarysse, B. , Knockaert, M. , Lockett, A. "Outside Board Members in High Tech Start-ups. " *Small Business Economics*, 2007, 29 (3).

Clayson, D. E. , Sheffet, M. J. "Personality and the Student Evaluation of Teaching. " *Journal of Marketing Education*, 2006, 28 (2): 149 – 160.

Cook, S. J. , Parker, R. S. , Pettijohn, C. E. "The Perceptions of Interns: A longitudinal Case Study. " *Journal of Education for Business*, 2004 , 79 (3): 179 – 185.

Fan, C. C. "Industrial Agglomeration and Development: A Survey of Spatical Economic Issues in East Asia and a Statical Analysis of Chinese Regions. " *Economic Geography*, 2003, 71 (3): 295 – 319.

Geller, H. "The Experience with Energy Efficiency Polices and Programs in IEA Countries: Learning from the Cities. " Paris: *International Energy Agency*, 2005, (5): 5 – 35.

Glaser, B. , & Strauss, A. *The Discovery of Grounded Theory: Strategies for Qualitative Research* , Chicago: Aldine Publishing Company, 1967.

Graybeal, G. , Sindik, A. "University Partnerships with Area Entrepreneurial Efforts Produce Shared Benefits. " *Newspaper Research Journal*, 2016, 37

（4）.

Hannu, H. "Developing Open RDI and Education in Finnish Universities of Applied Sciences." *Data Intelligence*, 2021, 3（1）.

Harold, S. "Managing to Innovate eIn Higher Education." *British journal of Educational Studies*. 1996, 47（2）：6.

Išoraitė, M., Steiblienė, L., Mečėjienė, G. "If Obtained Professional Competences are Suitable for Sustainable Entrepreneurship：Case of Vilnius University of Applied Sciences." *Entrepreneurship and Sustainability Issues*, 2014, 1（4）.

Jin, J., Horta, H. "Same University, Same Challenges? Development Strategies of Two Schools at a Prestigious Chinese University in a Changing Higher Education Landscape." *Tertiary Education and Management*, 2018, 24（2）.

Keizer, J. A., Halman, J. L., Song, M. "From Experience：Applying the Risk Diagnosing Methodology." *Journal of Product Innovation Management*, 2010, 19（3）：183 – 256.

Kremer, M. "Population Growth and Technological Change：One Million B. C. to 1990." *Quarterly Journal of Economic*, 1993, 108（3）：681 – 716.

Krki, A., Pllysaho, S., Jaalama, K., et al. "Developing. Open RDI. and Education in Finish Universities of Applied Sciences." *Data Intelligence*, 2021, 3（1）.

Metail, J. L. "International Trends in Curriculum Framework." *The Educational Forum*, 2003, 67（4）：13 – 17.

Onuoha, L. N. "Financing Higher Education in Nigeria：The Role of Internally Generated Revenues and How University Managements Can Maximize the Sources." *Canadian Social Science*, 2013, 9（1）.

Ortagus, J. C., Yang, L. "An Examination of the Influence of Decreases in State Appropriations on Online Enrollment at Public Universities." *Research in Higher Education*, 2018, 59（7）.

Pablo Diánez-González, J. Camelo-Ordaz, C. "The Influence of the Structure of Social Networks on Academic Spin – Offs' Entrepreneurial Orientation." *Industrial Marketing Management*, 2019, 80.

Petrova, E. , Jansone, D. , Silkāne, V. "The Development and Assessment of Competencies in Vidzeme University of Applied Sciences." *Procedia – Social and Behavioral Sciences*, 2014, 140.

Ramon, J. Palacio, S. "Local Development and Business Creation. The Role of Development Works in Project Management." *Entrepreneurship Mgt*, 2006 (2): 8.

Rheinlander, K. , Kramer, M. " Green Curricula? An Analysis of Environmentally Oriented Curricula in Economics and Business Administration at German Institutions of Higher Education." *Int. J. of Environment and Sustainable Development*, 2003, 2 (4).

Schlegel, T. Pfister, C. , Harhoff, D. Backes-Gellner, U. "Innovation Effects of Universities of Applied Sciences: An Assessment of Regional Heterogeneity." *The Journal of Technology Transfer*, 2021 (prepublish).

Strauss, A. , Corbin, J. *Basics of Qualitative Research: Grounded Theory Procedures and Techniques*, Newbury Park: Sage. 1990.

Wangenge-Ouma, G. , NAukho, F. M. "Responses to Conditions of Decline: The Case of Kenya's Public Universities." *Arica Education Review*, 2011, 8 (1).

Wheeler, D. "Including the Stakeholders: The Businesscase." *Long Range Planning*, 1998, 31 (2), 201 – 210.

Yu, G. , Zhang S. "The Research on the Training Mode of Applied Technical Talents Based on BSP Ability Guidance." *Education Journal*, 2015, 4 (1).

附录一 访谈提纲

一 通用半结构访谈提纲

（一）区域产业和学校专业情况

1. 当地区域产业情况如何，其变迁情况如何？面对区域产业变化，学校的专业如何对接产业？

2. 就您所在学院或者所在专业而言，怎么做到专业对接产业、产业链？

（二）应用型本科高校专业建设核心要素

3. 您认为应用型人才的主要标志是什么？核心要素是哪些？

4. 您认为目前贵校本科专业建设的经验、困难和问题是哪些？

（三）专业设置调整与人才培养目标确立

5. 在制订人才培养方案时，依据和准备工作有哪些？

6. 在制订人才培养方案过程中，是怎么处理教育部要求、学校定位、区域企业需求、政府需求以及学生需要的？

（四）课程与实践教学方面

7. 新修订的人才培养方案在课程体系和实践上有什么新特点，当时是如何考虑的？

8. 课程建设和实践教学中成功的经验以及困难有哪些？

（五）教师队伍方面

9. 您是如何理解"双师双能型"教师定义的？"双师双能型"教师在

课程教学（课堂和实践）中与一般老师有什么差别？

10. 就您了解，学校或学院采取了什么方式培养"双师双能型"教师？您对此有什么建议？

（六）支撑条件方面

11. 您认为所负责（任教）专业支撑条件与以前相比有哪些变化，是什么促使了这些变化的发生？

12. 目前的支撑条件，还有什么需要改进的地方吗？

二　针对 A 学院个性问题的访谈提纲

1. 能否介绍一下，贵校重点发展"机电汽车"优势特色学科群的动因、过程、与城市产业的关系？

2. 学校是怎么聚焦重点发展"机电汽车"优势特色学科群的？您认为其中关键时间节点、关键人物（团体）是什么？

3. 在办学过程中，学校跟政府、企业之间有什么需要协调的问题，是怎么互动的？

三　针对 B 学院个性问题的访谈提纲

1. 能否介绍一下，贵校开办环境工程专业的动因、发展历史、与城市产业的关系？

2. B 市被国务院确定为资源枯竭型城市后，地方政府对区域产业发展政策进行了调整，面对这些变化，作为管理者，您是如何思考的？

3. 2014 年，贵校准备与江苏宜兴环科园合作时，到异地办学，为环保行业培养人才，大家（学校管理层、中层、普通职工）是什么意见？

4. 能否为我描述一下宜兴工程学院建立的过程，您认为其中关键环境、关键时间节点、关键人物（团体）是什么？

5. 环境工程专业到宜兴办学之后，发生了什么变化，为什么有这些变化？

6. 在宜兴环科园办学过程中，学校跟政府、企业之间有什么需要协调的问题，是怎么互动的？

7. 您如何评价环境工程专业在宜兴办学的做法？

四　针对 C 学院个性问题的访谈提纲

1. 能否介绍一下，贵校与凤凰教育合作举办数字媒体艺术专业的动因、过程、与城市产业的关系？

2. 凤凰教育到贵校联合办学后，数字媒体艺术专业发生了什么变化？为什么有这些变化？

3. 能否为我描述一下凤凰数字媒体学院建立的过程，您认为其中关键环境、关键时间节点、关键人物（团体）是什么？

4. 在企业合作办学过程中，学校跟政府、企业之间有什么需要协调的问题，是怎么互动的？

5. 您如何评价数字媒体艺术专业与企业合作办学的做法？

附录二 本书收集到的资料及访谈基本情况

1. 案例高校 A 学院收集到的材料及访谈基本情况

（1）收集到 A 学院材料目录：

①《A 校校史（1958—2008）》

②《A 校校史（2008—2018）》

③《A 市汽车产业的起步与勃兴》

④《A 学院"十三五"事业发展规划》

⑤《本科教学质量报告》（2014～2018 年）

⑥《A 学院本科教学工作审核评估自评报告（2018）》

⑦《A 学院专业人才培养方案汇编（2015）》

⑧《A 学院开办车辆工程专业申报书（2008 年）》

⑨《A 学院车辆工程专业人才培养方案（2018）》

⑩《A 学院车辆工程专业申报战略性新兴（支柱）产业人才培养计划项目申报书（2010）》

⑪《A 学院教学管理文件汇编（2009 年）》

⑫《A 学院规章制度汇编（2016 年）》

⑬《A 学院教学管理制度汇编（2017 年）》

⑭《A 学院科技发展报告》（2016～2018 年）

⑮《A 学院申请新增硕士学位授权报告书（2017）》

（2）A 学院正式访谈材料

A 学院正式访谈情况一览

编号	性别	职务/职称	访谈类型	访谈时间	访谈资料标号
A01	男	车辆工程专业 负责人/副教授	面访	2019 年 12 月 11 日 16：50 - 17：30	A01
A02	男	教务处前处长/教授	面访	2019 年 12 月 12 日 10：12 - 11：38	A02
A03	女	汽车与交通工程学院 副院长/副教授	面访	2019 年 12 月 12 日 16：30 - 17：40	A03
A04	男	新能源汽车研究团队 负责人之一/教授	面访	2019 年 12 月 16 日 9：45 - 10：50	A04
A05	男	汽车与交通工程 学院院长/教授	面访	2019 年 12 月 16 日 11：00 - 11：50	A05
A06	男	资产经营公司 前负责人/讲师	面访	2019 年 12 月 17 日 9：30 - 11：00	A06
A07	男	科技处处长/教授	面访	2019 年 12 月 17 日 15：30 - 17：20	A07
A08	男	学生/TSD 车队队员	面访	2019 年 12 月 17 日 19：00 - 19：30	A08
A09	男	学生/TSD 车队队员	面访	2019 年 12 月 17 日 19：40 - 20：07	A09
A10	男	汽车与交通工程学院 党委书记/副教授	面访	2019 年 12 月 18 日 9：30 - 10：40	A10
A11	女	A 学院副校长，原机械与汽车 工程学院常务副院长/教授	电话访谈	2020 年 8 月 17 日 19：50 - 20：21	A11

2. 案例高校 B 学院收集到的材料及访谈基本情况

（1）收集到 B 学院材料目录：

①《B 市市志》（上下卷）

②《B 学院"十三五"事业发展规划》

③《B 本科教学质量报告》（2013 ~ 2018 年）

④电视宣传片《转型·跨越——B 学院转型发展阶段性成果巡礼》（2015 年）

⑤《B 学院本科教学工作审核评估自评报告（2016）》

⑥ 会议交流材料汇编《B 学院转型发展探索与实践》（2018 年）

⑦《应用型本科教育教学探索与实践：B 学院十年本科教育总结》

⑧ 内部材料：B 学院申报第八届 H 省高等学校教学成果奖——《新建地方本科高校应用型人才培养"校 +"合作机制的创新与实践》

⑨《B 学院——中国宜兴环保科技工业园合作办学协议书》

⑩《B 学院宜兴工程学院董事会章程》

⑪《B 学院——武汉光谷北斗控股集团有限公司合作举办 B 学院光谷北斗国际学院协议书》

⑫《B 学院——黄梅县人民政府关于合作成立滨江学院协议书》

⑬《B 学院环境工程专业人才培养方案》（2010 年、2014 年、2018 年）

（2）B 学院正式访谈材料

B 学院正式访谈情况一览

姓名编号	性别	职务/职称	访谈类型	访谈时间	访谈资料标号
B01	男	校务委员、宜兴工程学院院长/教授	面访	2019 年 4 月 23 日 9：30 - 11：30	B01
B02	男	宜兴工程学院副院长/副教授	面访	2019 年 4 月 22 日 13：00 - 14：20	B02
B03	男	教务处处长/教授	面访	2019 年 5 月 25 日 14：40 - 16：00	B03
B04	男	发展规划处处长/副教授	面访	2019 年 5 月 23 日 16：00 - 17：40	B04
B05	男	教务处分管实践教学副处长/副教授	面访	2019 年 5 月 25 日 16：20 - 17：40	B05
B06	女	环境科学与工程学院副院长/副教授	面访	2019 年 5 月 24 日 16：10 - 17：30	B06
B07	男	环境工程专业学生	面访	2019 年 5 月 25 日 20：10 - 21：30	B07
B08	女	环境工程专业学生	面访	2019 年 5 月 26 日 9：35 - 11：20	B08
B09	男	分管教学工作副校长	微信访谈	2020 年 11 月	B09
B10	男	校友，环境科学与工程学院兼职教师	面访	2019 年 4 月 22 日 16：00 - 17：10	B10

3. 案例高校 C 学院收集到的材料及访谈基本情况

（1）收集到 C 学院材料目录：

① 《C 学院院志（2013）》（内部资料，未公开出版）

② 《C 学院章程》

③ 《C 学院"十三五"事业发展规划》

④ 《C 市国民经济和社会发展第十三个五年规划纲要》

⑤ 《C 市数字经济发展三年行动实施方案（2018—2020 年）》

⑥ 《中国数字创意产业人才培养白皮书（2018）》

⑦ C 市政协委员提案《〈关于助推 C 市发展数字创意产业的建议〉答复结果（市政协四届三次会议）》

⑧ 《C 学院建设应用技术大学五年行动计划（2014—2019 年）》

⑨ 《C 学院应用技术型人才培养研讨及实践活动实施方案（2014）》

⑩ 《C 学院本科教学工作审核评估自评报告（2019）》

⑪ 《C 学院教学管理文件汇编（2019）》

⑫ 《C 学院本科专业人才培养方案汇编（2019）》

⑬ 《C 学院数字媒体艺术专业人才培养方案》（2012 年、2014 年、2018 年、2019 年）

（2）C 学院正式访谈材料

C 学院正式访谈情况一览

姓名编号	性别	职务/职称	访谈类型	访谈时间	访谈资料标号
C01	男	凤凰项目校方专业负责人/教授	面访	2019 年 12 月 24 日 9：40－11：30	C01
C02	男	凤凰项目校方联络人/高级实验师	面访	2019 年 12 月 25 日 16：10－17：40 2019 年 12 月 26 日 15：00－16：50	C02
C03	男	文化与传媒学院（凤凰数字媒体学院）副院长/副教授	面访	2019 年 12 月 26 日 9：00－11：30	C03
C04	男	凤凰项目企业方负责人	面访	2019 年 12 月 27 日 10：00－11：40	C04

续表

姓名编号	性别	职务/职称	访谈类型	访谈时间	访谈资料标号
C05	男	文化与传媒学院（凤凰数字媒体学院）院长/教授	面访	2019 年 12 月 27 日 16：00 - 18：00	C05
C06	男	产教融合与创新创业中心主任/副教授	面访	2019 年 12 月 25 日 16：10 - 17：40	C06
C07	男	数字媒体艺术专业毕业生/VR 博物馆项目参与者	面访	2019 年 12 月 26 日 14：10 - 15：00	C07
C08	男	数字媒体艺术专业学生/VR 博物馆项目参与者	面访	2019 年 12 月 26 日 15：30 - 16：10	C08
C09	男	教务处处长/教授	面访	2019 年 12 月 28 日 16：10 - 17：40	C09
C10	男	分管教学工作副校长/教授	面访	2019 年 12 月 30 日 14：30 - 17：00	C10
C11	男	校长/教授	面访	2019 年 12 月 31 日 9：10 - 17：40	C11

后　记

本书是在我的博士学位论文基础上修订完善，由湖北省社会科学基金一般项目（后期资助）、中国高等教育学会院校研究分会资助出版的。能够走进学术的殿堂，得益于在华中科技大学的学习经历。感谢华中科技大学，在我而立之年给我学习提高的机会，让我实现继续读书的愿望。感谢华中科技大学的培养，学校的树木葱茏、碧草如茵，学校的严谨学风、博大胸怀，学校明德厚学、求是创新的校训，都让我着迷，每每徜徉其中，我都仿佛被注入了新的生机和活力，能够全身心地投入学业。感谢华中科技大学教科院，让我这个地方高校的工作人员，较为系统地学习了社会科学研究方法以及高等教育理论等知识，院校研究和工程教育研究也给我的实际工作提供了诸多帮助。

能够走进学术的殿堂，得益于诸位老师的指导和帮助。感谢教科院诸位老师的授课、指导；感谢贾永堂教授、郭卉教授、朱新卓教授、彭湃副教授、蔺亚琼副教授、魏署光副教授、张青根副教授在论文的开题和预答辩时提出的宝贵建议，我那看似不可能完成的论文，才有机会破茧成蝶、涅槃重生；感谢论文盲审专家提出的中肯和富有远见的评审意见，让我更加清楚地明白研究的不足和进一步努力的方向，并体会到学术永无止境的道理；感谢刘献君教授、顾永安教授、蔡琼教授、雷洪德教授、郭卉教授在论文答辩时提出的问题和建议，帮助我进一步完善论文，也为我后续的研究提供了重要启发。

能够走进学术的殿堂，得益于恩师的指导。感谢我的导师余东升教授，首先，感谢他给予我坚定的信心和巨大的勇气，让我战胜学科跨越的困难，战胜学术训练不够的困难，战胜读博道路上的工作和学习矛盾，一路跌跌撞撞走到今天。其次，感谢他给予我思维和方法的训练。余老师常强调：问题是起点，材料是基础，理论是指导，方法是纽带，四者来回穿梭互动，孕育产生新的学术成果。初听之，不以为然；再听之，不明所以；再听之，仍旧懵懂；反复模仿和练习，方知实在和伟大，方能会意和共情。这个思维和方法的利器将让我受益终身。再次，感谢他营造的既紧张又活泼的环境。在攻读学位最初的两年，他鼓励我们结合自己实际，自由探索；常常组织学术沙龙和小组汇报，让我们在暴露问题和短板中提高；点评和批阅研究报告、研究计划，鞭辟入里，鼓劲加油。在案例学校的选择和田野调查过程中，余老师也给予了我极大的帮助。一方面，他应案例高校的邀请，参加了五年规划的编制、本科审核评估、讲学和考察等工作，他利用工作之余的实地调查，对我案例学校的选择、论文方向的把握、案例高校改革创新精华的提炼提供了方向性的指导。另一方面，他也为论文田野调查的进入、访谈的顺利开展和资料的获取提供了支持；中期汇报交流时，余老师更是对进一步明确研究问题、优化和调整访谈提纲、分析和挖掘案例材料、构建分析框架、深入阅读和理解经典理论等提出了宝贵意见，推进了研究的大踏步前进；初稿形成后，余老师在旅行途中详细批阅，大到逻辑框架，小到斟词酌句，反复推敲；在整个论文写作中，余老师一直鼓励我"讲好每一个故事"，勉励我"严格按计划执行"。老师严谨的学术态度和关心厚爱之意，我将永远记在心中。最后，感谢老师对我日常工作和生活的关心。老师曾先后4次应我工作单位的邀请，到校讲座，指导学校规划编制工作；2019年底，我因患小疾需要做手术，老师得知后还专门打电话询问情况，劝慰我暂时放下论文、放下心里包袱，鼓励我克服困难。感恩余老师，我唯有继续努力前行，才不会辜负余老师对我这么多年的关心和指导。

　　能够走进学术的殿堂，得益于同门和同学的协助。在此，我不列出一串长长的名单，感谢你们不管是在学术研究，还是在日常生活上，都给我提供了很多有用的建议和意见，让我在感到迷茫和无奈时能够继续前行。感谢一起学习的2013级教育博士班的16位同学，大家的鼓励和帮助，让我充满信心；大家一起度过了一个又一个的学习环节，每一次的学习交流，都让我收获满满。

能够走进学术的殿堂，得益于单位的帮助。感谢湖北工程学院各位校领导和部门同志，给予我完成学业的大力支持；感谢历届办公室同事给予的巨大支持；感谢湖北工程学院教育与心理学院各位同人的帮助。读书和工作期间，是你们的包容和支持，是你们的分担和付出，给予了我完成论文和著作的时间和精力。

能够走进学术的殿堂，得益于家庭的支持。攻读学位期间，我既要做好本职工作，又要读书写论文，家里大宝一天天长大、二宝呱呱坠地，可以说是甜蜜与辛苦相伴。我的妻子承担了更多的责任，大宝的学习辅导、日常接送，小宝的日常照料、成长管理，都离不开她的付出。此外，感谢年事已高的父母和岳父母的无私付出，给予我坚定前行的力量。

能够完成学位论文，得益于案例学校和相关领导的支持。感谢所有受访的领导、老师和同学的支持，感谢在论文写作各个阶段，阅读、修改和提出宝贵建议的各位好友、同行，正是有了你们的无私帮助与支持，才使我的研究得以顺利完成。

能够出版博士期间的研究成果，得益于湖北省社会科学界联合会、中国高等教育学会院校研究分会相关领导，社会科学文献出版社政法传媒分社社长曹义恒的支持。

博士毕业只是起点，攻读学位过程中的经历和精神将指引我敢于有梦，勇于追梦，勤于圆梦；不负青春，不负韶华，不负时代。

图书在版编目（CIP）数据

产业变动、组织变革与资源集聚：应用型院校专业
重构研究 / 张振林著. -- 北京：社会科学文献出版社，
2023.11

ISBN 978 - 7 - 5228 - 2357 - 7

Ⅰ.①产⋯　Ⅱ.①张⋯　Ⅲ.①高等学校 - 专业设置 -
研究 - 中国　Ⅳ.①G649.28

中国国家版本馆 CIP 数据核字（2023）第 154058 号

产业变动、组织变革与资源集聚：应用型院校专业重构研究

著　　者／张振林

出 版 人／冀祥德
组稿编辑／曹义恒
责任编辑／吕霞云
文稿编辑／王　敏
责任印制／王京美

出　　版／社会科学文献出版社
　　　　　地址：北京市北三环中路甲 29 号院华龙大厦　邮编：100029
　　　　　网址：www. ssap. com. cn
发　　行／社会科学文献出版社（010）59367028
印　　装／三河市龙林印务有限公司

规　　格／开　本：787mm × 1092mm　1/16
　　　　　印　张：17　字　数：260 千字
版　　次／2023 年 11 月第 1 版　2023 年 11 月第 1 次印刷
书　　号／ISBN 978 - 7 - 5228 - 2357 - 7
定　　价／98.00 元

读者服务电话：4008918866